***ACCESO GRATIS** a la Lectura en la Nube*

Para visualizar el libro electrónico en la nube de lectura envíe junto a su nombre y apellidos una fotografía del código de barras situado en la contraportada del libro y otra del ticket de compra a la dirección:

ebooktirant@tirant.com

En un máximo de 72 horas laborales le enviaremos el código de acceso con sus instrucciones.

EL ARBITRAJE DE CONSUMO EN EL NUEVO REGLAMENTO: ¿ADECUACIÓN Y EFICIENCIA?

Procedimiento de selección de originales, ver página web:
www.tirant.net/index.php/editorial/procedimiento-de-seleccion-de-originales

EL ARBITRAJE DE CONSUMO EN EL NUEVO REGLAMENTO: ¿ADECUACIÓN Y EFICIENCIA?

DIANA MARCOS FRANCISCO
Profesora Titular de Derecho Procesal
Universidad Católica de Valencia San Vicente Mártir

tirant lo blanch
Valencia, 2025

En caso de erratas y actualizaciones, la Editorial Tirant lo Blanch publicará la pertinente corrección en la página web www.tirant.com.

Este trabajo ha sido realizado en el marco del proyecto de investigación "Claves para una justicia digital y algorítmica con perspectiva de género", PID2021-123170OB-I00 financiado por MCIN/AEI/10.13039/501100011033.

La presente obra ha sido sometida a la revisión de pares ciegos según el protocolo de publicación de la editorial a efectos de ofrecer el rigor y calidad correspondiente tanto en su contenido como en su forma, aplicándose los criterios específicos aprobados por la Comisión Nacional E 016 (BOE núm. 286, de 26 de noviembre de 2016).

© TIRANT LO BLANCH
EDITA: TIRANT LO BLANCH
C/ Artes Gráficas, 14 - 46010 - Valencia
TELFS.: 96/361 00 48 - 50
FAX: 96/369 41 51
Email: tlb@tirant.com
www.tirant.com
Librería virtual: www.tirant.es
DEPÓSITO LEGAL: V-4302-2024
ISBN: 978-84-1095-278-2

Si tiene alguna queja o sugerencia, envíenos un mail a: *atencioncliente@tirant.com*. En caso de no ser atendida su sugerencia, por favor, lea en *www.tirant.net/index.php/empresa/politicas-de-empresa* nuestro procedimiento de quejas.

Responsabilidad Social Corporativa: http://www.tirant.net/Docs/RSCTirant.pdf

Siguiendo a Santo Tomás de Aquino, es fundamental recordar
"los diversos elementos de que se compone la gratitud.
El primero es el reconocimiento del beneficio recibido;
el segundo, alabar y dar las gracias; el tercero, por fin,
recompensarlo según las propias posibilidades y de acuerdo
con las circunstancias más convenientes de tiempo y lugar".

Summa Theologica, Tomo IX, 2-2 q.107 a.2

A Silvia Barona, mi mentora.

Y a mi familia en general, especialmente a mis
queridísimos hijos, por el tiempo que no les he
podido dedicar para que viera la luz este libro.

Índice

Capítulo Segundo:
PRINCIPALES NOVEDADES INTRODUCIDAS POR EL NUEVO REGLAMENTO

BREVES CONSIDERACIONES FINALES

ABREVIATURAS, SIGLAS Y ACRÓNIMOS

AAP / AAAP	Auto/s de la Audiencia Provincial
ADR	*Alternative Dispute Resolution*
AP / AAPP	Audiencia Provincial / Audiencias Provinciales
ARDSAC	Anterior Real Decreto 231/2008, de 15 de febrero, regulador del Sistema Arbitral de Consumo (derogado)
ATS	Auto del Tribunal Supremo
ATSJ	Auto del Tribunal Superior de Justicia
BOE	Boletín Oficial del Estado
CCAA	Comunidades Autónomas
CC	Código Civil, publicado por Real Decreto de 24 de julio de 1889
CE	Constitución Española de 1978 (aprobada por los españoles en referéndum el 6 de diciembre y entró en vigor el 29 de diciembre de ese mismo año)
Cit.	citado/a
CGPJ	Consejo General del Poder Judicial
Coord. / coords.	Coordinador/a/es/as
Dir. / Dirs.	Director/a/es/as
FD / FJ	Fundamento/s de derecho / jurídico
INE	Instituto Nacional de Estadística
JAC	Junta/s arbitral/es de consumo
LA	Ley 60/2003, de 23 de diciembre, de Arbitraje
LEC	Ley 1/2000, de 7 de enero, de Enjuiciamiento Civil
LGT	Ley 11/2022, de 28 de junio, General de Telecomunicaciones
LJCA	Ley 29/1998, de 13 de julio, reguladora de la Jurisdicción Contencioso-Administrativa
LOFAGE	Ley 6/1997, de 14 de abril, de Organización y Funcionamiento de la Administración General del Estado (derogada)
LOPJ	Ley Orgánica 6/1985, de 1 de julio, del Poder Judicial

LOTT	Ley 16/1987, de 30 de julio, de Ordenación de los Transportes terrestres
LPH	Ley 49/1960, de 29 de julio, sobre Propiedad Horizontal
LRJAP-PAC	Ley 30/1992, de Régimen Jurídico de las Administraciones Públicas y del Procedimiento Administrativo Común (derogada)
MASC	Medios adecuados de solución de controversias
Núm. / núms.	Número/s
OMIC	Oficina/s Municipal/es de Información del Consumidor
OPA	Oferta/s pública/s de adhesión
P. ej.	Por ejemplo
PRDSAC	Proyecto de Real Decreto por el que se regula el Sistema Arbitral de Consumo de 2023
RAL	Resolución alternativa del litigio/de litigios
RJ	Razonamiento Jurídico
RSAC	Reglamento que regula el Sistema Arbitral de Consumo, aprobado por el Real Decreto 713/2024, de 23 de julio
SAC	Sistema Arbitral de Consumo
SAP / SSAP	Sentencia/s de la Audiencia Provincial
STC / SSTC	Sentencia/s del Tribunal Constitucional
STJ	Sentencia del Tribunal de Justicia (de la Unión Europea)
STJUE / SSTJUE	Sentencia/s del Tribunal de Justicia de la Unión Europea
STS / SSTS	Sentencia/s del Tribunal Supremo
STSJ	Sentencia del Tribunal Superior de Justicia
TC	Tribunal Constitucional
TIC	Tecnologías de la información y comunicación
TJUE	Tribunal de Justicia de la Unión Europea
TRLGDCU	Texto Refundido de la Ley General para la defensa de los Consumidores y Usuarios, aprobado por Real Decreto Legislativo 1/2007, de 16 de noviembre
TS	Tribunal Supremo
Vid.	Véase

INTRODUCCIÓN

Como ya indiqué hace catorce años, era prácticamente imposible imaginar que desde el Mensaje Especial del Presidente Kennedy[1] de 19 de marzo de 1962 sobre protección de los intereses de los consumidores se iba a dar un impulso tan rápido al movimiento de tutela de los mismos hasta el punto de adquirir un papel protagonista en las políticas de los Estados sociales de derecho y, especialmente, en la sociedad del siglo XXI[2]. La protección de los consumidores constituye una prioridad tanto en el ámbito de la Unión Europea como, en particular, a nivel interno. Con respecto a este segundo ámbito resulta crucial el art. 51.1 de nuestra Carta Magna, según el cual "los poderes públicos garantizarán la defensa de los consumidores y usuarios, protegiendo, mediante procedimientos eficaces, la seguridad, la salud y los legítimos intereses económicos de los mismos".

En este sentido existen numerosas normas y documentos de la Unión Europea (fundamentalmente, Directivas), así como una extensa jurisprudencia *pro consumatore* seguida por el Tribunal de Justicia de la Unión Europea que, ante todo, pretende salvaguardar los derechos e intereses de los consumidores. Se trata de toda una serie de normas que, sobre todo desde un punto de vista material, regulando o reglamentando las relaciones jurídicas con consumidores, les reconocen un gran elenco de derechos. Y lo mismo sucede a nivel estatal: existe una gran cantidad de normas sustantivas, no sólo generales, sino también sectoriales, muchas de las cuales son de gran trascendencia para los consumidores[3]. Piénsese, por ejemplo, en los sectores de la vivienda, servicios turísticos, seguros, reparaciones domésticas, contratación a distancia, prácticas y promociones comerciales, telecomunicaciones, sector eléctrico, sector de hidrocarburos,

---

1 La doctrina suele fijar este discurso como el inicio del movimiento protector del consumidor.

2 Marcos Francisco, D.: *El arbitraje de consumo y sus nuevos retos*, Tirant lo Blanch, Valencia, 2010, p. 15.

3 No es momento ni lugar para referirme a las tan numerosas normas jurídicas materiales o sustantivas que la Unión Europea, España y las Comunidades Autónomas han dictado y continuamente dictan para proteger al consumidor.

gasolineras, talleres de reparación, servicios profesionales, centros de enseñanza, servicios funerarios y seguridad de los productos, incluyendo los alimenticios y medicamentos, entre otros. Y repárese en que esta proliferación de normas en España es exponencial si tenemos en cuenta que en Estados autonómicos como el nuestro las distintas Comunidades Autónomas han asumido competencias en materia de consumo y, por tanto, han dictado incluso sus propias normas, tanto generales como sectoriales.

En definitiva, y por lo que ahora interesa destacar, el mencionado Mensaje norteamericano ha dado paso a una enorme proliferación de normas sustantivas variopintas e insospechadas que protegen al consumidor, incluyendo más recientemente al consumidor vulnerable —o, si se prefiere, en especial situación de vulnerabilidad[4]—, en

---

[4] En este sentido, en el ámbito estatal, resulta reseñable la Ley 4/2022, de 25 de febrero, de protección de los consumidores y usuarios frente a situaciones de vulnerabilidad social y económica. A nivel de la Unión Europea, como indica el Preámbulo de dicha Ley (apartado I), "ya se pronunció el Parlamento Europeo, en su Resolución de 22 de mayo de 2012 sobre una estrategia de refuerzo de los derechos de los consumidores vulnerables, o, junto con el Consejo, en el Reglamento 254/2014, de 26 de febrero de 2014, sobre el Programa plurianual de Consumidores para el período 2014-2020, que apuesta claramente por la protección de las personas consumidoras vulnerables a través de la inclusión de previsiones legislativas especiales". Y, más recientemente, la Comunicación de la Comisión Europea de 13 de noviembre de 2020, sobre la Nueva Agenda del Consumidor, "presenta la visión de la política europea de consumo para el periodo 2020-2025. Entre sus finalidades, además de abordar las necesidades actuales de las personas consumidoras ante la pandemia, se subraya la promoción de medidas para un mercado único más ecológico, digital y justo, fortaleciendo la confianza y toma de decisiones de los consumidores, así como la protección eficaz de sus intereses en las relaciones de consumo. La Agenda asume un enfoque holístico que abarca aquellas políticas de la Unión Europea que revisten especial interés para las personas consumidoras, complementando otras iniciativas como el Pacto Verde Europeo, la Economía Circular o, en el marco de Naciones Unidas, la Agenda 2030.

Para alcanzar sus objetivos, la Agenda cubre cinco ámbitos prioritarios: a) la transición ecológica; b) la transformación digital; c) la tutela y defensa de los derechos de los consumidores; d) las necesidades específicas de determinados grupos de consumidores; y e) la cooperación internacional. Entre ellos, el tercero y el cuarto son los que establecen el marco adecuado para la modificación urgente del texto refundido de la Ley General para la Defensa de los Consumidores y Usuarios, aprobado por Real Decreto Legislativo 1/2007, de 16 de noviembre".

distintos ámbitos; normas que no se han contentado con salvaguardar los intereses de los consumidores en las tradicionales contrataciones en masa propias de las sociedades desarrolladas, sino que incluso se han extendido a las entonces impensables, novedosas y cada vez mayores contrataciones *online* a través de Internet y que pretenden garantizar con una mayor protección los derechos de los consumidores en determinados casos en que la persona se ve afectada por una especial situación de vulnerabilidad, que puede incidir en su toma de decisiones e, incluso, forzarla a aceptar condiciones contractuales que en otra situación no hubiera aceptado (p. ej., las personas mayores[5]).

Dicho todo lo anterior, como ya apuntaba el Consejo Económico y Social en su Informe 1/1999, por propia iniciativa, sobre los dere-

---

5 Como indica el mismo Preámbulo de la citada Ley 4/2022, de 25 de febrero, las personas mayores son uno de los grupos más numerosos en España. Según los datos del INE de julio de 2022 (últimos disponibles en la fecha de realización de esta obra), hay 9.620.056 personas de 65 o más años para un total de población española de 47.615.034, lo que supone un 20,2% del total de la población. Son muchos los casos en que factores asociados a la edad (estado de salud, desfase generacional, nivel sociocultural, etc.) no hacen posible que estas personas mayores se desenvuelvan como consumidores en igualdad de condiciones que el resto de personas, sobre todo en la actual sociedad de la información. El aludido desfase generacional, que puede afectar a sus relaciones de consumo, se observa, p. ej., con respecto al consumo *on line*, puesto que el uso de comercio electrónico por personas de entre 65 y 74 años (4.906.836 personas) representa el 13,65%, muy por debajo del 86,35% que representa el total de la población mayor de 16 años que ha hecho uso del comercio electrónico (31.042.449 personas), de acuerdo con datos del INE de 2023 (los últimos disponibles sobre el particular).
La vulnerabilidad también tiene un componente de género. Así, y de nuevo si estamos a los datos del INE de julio de 2022 (últimos disponibles), en España las mujeres cuya edad está comprendida entre los 65 y los 99 años representan el 56,42 % (5.427.631) frente a los hombres (4.192.424). Además, como también indicaba el repetido Preámbulo, "de acuerdo con información proporcionada por el Instituto de las Mujeres, las mujeres de edad avanzada viven solas con más frecuencia que los hombres, tienen ingresos más bajos, sufren, en mayor medida, enfermedades crónicas, y tienen peor percepción subjetiva de su salud y calidad de vida. A la edad y al género debe asociarse igualmente la discapacidad que, en los supuestos de personas mayores y, especialmente, de mujeres mayores, agrava la situación de vulnerabilidad, aumentando el riesgo de exclusión. En el caso de las mujeres con discapacidad, nuevamente, el riesgo de exclusión es acusadamente mayor".

chos del consumidor y la transparencia de mercado, "los derechos del consumidor sólo tienen sentido si, en última instancia, pueden hacerse efectivos en caso de reclamación"[6]. No podemos pasar por alto que de nada serviría este protagonismo, de nada serviría el reconocimiento al consumidor de un sinfín de derechos sustantivos si carece de medios eficaces para hacerlos valer. Tengamos presente que la debilidad de los consumidores se pone sobre todo de manifiesto por la desproporción que normalmente existe entre la escasa cuantía o entidad de lo reclamado y los enormes gastos, esfuerzos y desgaste psicológico que conlleva acudir a un proceso judicial. En efecto, se hace imprescindible contar con mecanismos eficaces especialmente para determinadas reclamaciones, como son las de escasa cuantía y poca complejidad[7], casos en que al consumidor no le compensa acudir a la vía judicial (al tener que gastar dinero —recordemos que *ex* art. 23 y 31 de la vigente Ley 1/2000, de 7 de enero, de Enjuiciamiento Civil, sólo se excluye la obligatoriedad de acudir con procurador y abogado en los juicios verbales por la cuantía en que ésta no supere los 2000 euros[8]— y mantener durante un largo tiempo la tensión inherente a los conflictos judicializados)[9].

---

6 P. 109. Informe disponible en https://www.ces.es/documents/10180/18510/inf00199/911eb221-7796-45b4-9aa6-e37e0267f28f, consultada el 01.10.24. En el mismo sentido, muchos otros autores, tales como BADENAS CARPIO, J. M.: *El sistema arbitral de reclamaciones de consumo*, Conselleria de Sanitat i Consum, Valencia, 1993, p. 8.

7 Aunque es cierto que, excepcionalmente, en algunos sectores se ha "normalizado" la presentación de demandas judiciales para reclamar medianas o pequeñas cuantías, como sucede con las presentadas contra compañías aéreas al incumplir su obligación de compensación a los pasajeros en caso de denegación de embarque y de cancelación o gran retraso de los vuelos (en los términos del Reglamento (CE) Nº 261/2004, del Parlamento Europeo y del Consejo, de 11 de febrero de 2004). *Vid.* GRAMUNT FOMBUENA, M.: "¿Arbitraje de consumo obligatorio?", en ROMERO PRADAS, M. I. (dir.), *Hacia una tutela efectiva de consumidores y usuarios*, Tirant lo Blanch, Valencia, 2022, p. 606.

8 Y tengamos en cuenta que, en reclamaciones de escasa cuantía, aun no siendo preceptiva la postulación y aunque existen formularios al uso de juicios verbales, a los consumidores no les resulta nada fácil cumplimentarlos y acudir solos a un proceso judicial que, a la postre, es muy técnico y formal. De hecho, muchos consumidores —la inmensa mayoría— ni siquiera saben que no es obligatoria la postulación procesal.

9 En este orden de consideraciones, no comparto opiniones como la de ESCALER BASCOMPTE, quien propone *de lege ferenda* la defensa letrada obligatoria de las

Y de ahí precisamente que la Unión Europea igualmente haya dedicado gran parte de sus esfuerzos a elaborar una serie de normas y documentos desde un punto de vista procesal para mejorar el acceso de los consumidores a la justicia, ya sea favoreciendo su protección judicial[10] o articulando nuevos procedimientos extrajudiciales de resolución de conflictos (los conocidos como ADR: *Alternative Dispute*

---

partes en los arbitrajes de consumo y que la misma esté cubierta por la asistencia jurídica gratuita. Aunque, como bien dice tal autor, dicha defensa por abogado podría evitar el control judicial de oficio de los laudos arbitrales (*vid.* "Sobre la necesaria intervención del abogado en los arbitrajes de consumo y su incidencia en el alcance del control judicial de oficio", *Revista General de Derecho Procesal*, núm. 56, 2022, pp. 1-24), no comparto la propuesta, entre otros motivos, por los siguientes: 1) Pocos son los arbitrajes de consumo en Derecho que presentan complejidad en la práctica y, por ende, requieren de una defensa técnica; 2) Se desincentivaría de acudir al SAC a aquellos consumidores —muchos, en la práctica— a quienes no se les pudiese reconocer la justicia gratuita (lo cual no significa que se trate de consumidores con rentas muy altas y/o gran patrimonio); 3) Se generaría un formalismo y una tensión que aproximarían la vía arbitral a la judicial, lo que desincentivaría la defensa de los derechos de los consumidores (que no acudirían a la vía judicial ni a la arbitral). 4) Y sería necesario, además de modificar normativa española, que se reformara normativa de la UE. En efecto, la propuesta contraviene la pertinente no obligatoriedad de que las partes actúen asistidas por abogado o asesor jurídico, reconocida para todo consumidor en el art. 10.1 de la Ley 7/2017, de 2 de noviembre, por la que se incorpora al ordenamiento jurídico español la Directiva 2013/11/UE [*vid.* sobre el particular la STJUE —Sala Primera— de 14 de junio de 2017, asunto C-75/16 (*Tol 6162808*)], y no cohonesta bien con la pertinente gratuidad reconocida, para todo consumidor, en el art. 11 de tal Ley. Si estamos a dicha Directiva, la propuesta no respetaría la eficacia que debe tener todo ADR en consumo (art. 8): según este precepto, dicha eficacia implica la no obligatoriedad de que las partes actúen asistidas por abogado o asesor jurídico (letra b) y que el procedimiento extrajudicial sea gratuito o se preste a cambio de una cantidad de dinero simbólica (letra c), y precisamente los honorarios de abogado no suelen ser de cuantías irrisorias.

10 En este sentido, cabe destacar la Directiva (UE) 2020/1828 del Parlamento Europeo y del Consejo, de 25 de noviembre de 2020, relativa a las acciones de representación para la protección de los intereses colectivos de los consumidores, pendiente de transposición por España. El Proyecto de Ley Orgánica de medidas en materia de eficiencia del servicio público de justicia y de acciones colectivas para la protección y defensa de los derechos e intereses de los consumidores y usuarios, que está actualmente tramitándose en las Cortes (*vid.* Boletín Oficial de las Cortes Generales. Congreso de los Diputados. XV Legislatura. Serie A: Proyectos de Ley, de 22 de marzo de 2024, núm. 16-1) da cumplimiento, aunque con retraso, a la incorporación de tal Directiva.

Resolution[11]) más efectivos y eficaces, tales como la mediación o el arbitraje. Son reseñables al respecto:

1) la Directiva 2013/11/UE del Parlamento Europeo y del Consejo, de 21 de mayo de 2013, relativa a la resolución alternativa de litigios en materia de consumo y por la que se modifica el Reglamento (CE) nº 2006/2004 y la Directiva 2009/22/CE; Directiva que constituye un avance —aunque pequeño[12]— en relación con los ADR y que actualmente se encuentra en revisión[13];

2) y la norma reglamentaria que la complementa, a saber, el Reglamento (UE) Nº 524/2013 del Parlamento Europeo y del Consejo, de 21 de mayo de 2013, sobre resolución de litigios en línea en materia de consumo y por el que se modifica el Reglamento (CE) nº 2006/2004 y la Directiva 2009/22/CE, Reglamento (UE) Nº 524/2013 que pretende derogarse por la Unión Europea[14].

---

11 Surgidas hace más de tres décadas de la corriente de pensamiento conocida como "Critical Legal Studies" en la Universidad de Harvard como respuesta negativa al normativismo (*vid.* Barona Vilar, S.: *Solución extrajurisdiccional de conflictos: Alternative Disputes Resolution (ADR) y Derecho Procesal*, Tirant lo Blanch, Valencia, 1999. pp. 47 y 48).

12 Digo "pequeño" por dos motivos: 1) Por tratarse de una norma de mínimos, cuya finalidad es tan solo aproximar las legislaciones de los Estados Miembros; 2) Y porque no regula procedimientos de ADR, "sino que se basa en la propia tradición y la regulación normativa de cada Estado en la materia". *Vid.* Álvarez Moreno, M. T.: "Mediación y arbitraje de consumo", en Santos Morón, M. J. y Mato Pacín, M. N. (coords.), *Derecho de consumo: visión normativa y jurisprudencial actual*, Tecnos, Madrid, 2022, p. 369.

13 Así, existe una Propuesta de Directiva de 17 de octubre de 2023 que la modifica. Se trata, en concreto, de la Propuesta de Directiva del Parlamento Europeo y del Consejo por la que se modifica la Directiva 2013/11/UE, relativa a la resolución alternativa de litigios en materia de consumo, así como las Directivas (UE) 2015/2302, (UE) 2019/2161 y (UE) 2020/1828 (COM (2023) 649 final). Al respecto puede verse Zaballos Zurilla, M.: "Propuesta de Directiva del Parlamento Europeo y del Consejo, de 17 de octubre de 2023, por la que se modifica la Directiva 2013/11/UE, relativa a la resolución alternativa de litigios en materia de consumo, así como las Directivas (UE) 2015/2302, (UE) 2019/2161 y (UE) 2020/1828 COM (2023) 649 final: principales novedades", *Revista CESCO de Derecho de Consumo*, núm. 49, 2024, pp. 33-47.

14 La Plataforma de resolución de litigios en línea articulada por dicho Reglamento (UE) Nº 524/2013 pudo ser puesta en marcha en el año 2016 en virtud del Reglamento de Ejecución (UE) 2015/1051 de la Comisión, de 1 de julio de 2015, sobre las modalidades para el ejercicio de las funciones de la plataforma

Nuestro Estado se decantaba y abogaba especialmente por el arbitraje desde la década de los ochenta del siglo pasado; postura que se ha reafirmado recientemente con la aprobación del Real Decreto 713/2024, de 23 de julio, por el que se aprueba el Reglamento que regula el Sistema Arbitral de Consumo (en adelante, RSAC). Dicho Real Decreto, que entró a los veinte días de su publicación en el BOE[15] (*vid.* su Disposición final cuarta), esto es, el pasado día 13 de agosto, ha derogado el anterior Real Decreto 231/2008, de 15 de febrero, regulador del Sistema Arbitral de Consumo (*vid.* su Disposición derogatoria única).

A pesar de que el Sistema Arbitral de Consumo sigue siendo un desconocido para la ciudadanía[16], si estamos a los datos estadísticos podemos ver que cada vez se presentan más solicitudes en el seno de este Sistema[17] y se resuelven de una forma eficaz, siendo muchas

---

de resolución de litigios en línea, sobre las modalidades del impreso electrónico de reclamación y sobre las modalidades de cooperación entre los puntos de contacto previstos en el Reglamento (UE) nº 524/2013 del Parlamento Europeo y del Consejo sobre resolución de litigios en línea en materia de consumo. Pero dado su fracaso (su poca utilización) se propone la derogación del Reglamento (UE) Nº 524/2013 y eliminar la plataforma que contempla mediante la Propuesta de Reglamento del Parlamento Europeo y del Consejo, de 17 de octubre de 2023, por el que se deroga el Reglamento (UE) n.º 524/2013 y se modifican los Reglamentos (UE) 2017/2394 y (UE) 2018/1724 en lo que respecta a la desaparición de la plataforma europea de resolución de litigios en línea. En igual sentido la repetida Propuesta de Directiva modifica, entre otras, la citada Directiva (UE) 2020/1828 para suprimir el punto 44 de su Anexo I y, con ello, eliminar la referencia al Reglamento (UE) Nº 524/2013 que hace tal punto.

15 BOE núm. 178, de 24 de julio de 2024.

16 Sobre el particular puede verse Sigüenza López, J.: "Arbitraje de consumo: una posibilidad poco conocida, sumamente práctica y de claro interés para la ciudadanía", *Revista General de Derecho Procesal*, núm. 61, 2023.

17 Así, si estamos a las *Estadísticas de la Actividad de las Juntas Arbitrales de Consumo: 2022* del Ministerio de Consumo (las últimas disponibles en la fecha de realización del presente trabajo), disponibles en https://consumo.gob.es/sites/consumo.gob.es/files/consumo_masinfo/230405_oie_54097_actividadsac_2022.pdf (consultada el 13.09.24), "en 2022 se han presentado un total de 59.487 solicitudes de arbitraje, mientras que en la año 2021 fueron 26.346" (p. 5).
Si nos centramos en las concretas Juntas Arbitrales de Consumo, hay Juntas en las que se han presentado más solicitudes y otras en las que han disminuido. P. ej., si estamos a la Memoria de Actividades del Instituto Regional de Arbitraje de Consumo 2023 (https://www.comunidad.madrid/sites/default/files/doc/

solicitudes resueltas por acuerdos de "mediación"[18]. Ahora bien,

consumo/irac_memoria_de_actividades_2023_1.pdf, consultada el 01.10.24), "durante 2023 se han presentado ante la Junta Arbitral de Consumo de la Comunidad de Madrid un total de 17.315 solicitudes de arbitraje de consumo, frente a las 14.696 formuladas en 2022, lo que supone un incremento de un 17,82%" (*vid.* p. 11); incremento que también se observa en la forma *online* de presentación de las solicitudes. En este sentido, "en 2023 se ha producido un nuevo aumento del porcentaje de presentación de solicitudes de arbitraje a través de Internet —3,20% respecto a 2022 (año en el que alcanzaron un 64,62%)—, mediante la utilización de los formularios en línea existentes en la sede electrónica de la Comunidad de Madrid" (*vid.* p. 14 de dicha Memoria). Si estamos a la Memoria de 2021 de la Junta Arbitral de Consumo de la Comunidad Valenciana, el número total de solicitudes fue 1.437 (Memoria disponible en https://cindi.gva.es/documents/161328197/362891294/MEMORIA+2021+CAS.pdf/de6b94ec-16f9-cabe-3882-a83ed6ed5101?t=1659005122097, consultada el 13.09.24); mientras que, según la Memoria de 2022, el número total de solicitudes fue 1.376 (disponible en https://cindi.gva.es/documents/161328197/371609568/MEMORIA+2022+CAS.pdf/932ec4d8-6fd8-9b31-2841-6d0143b462db?t=1683104284761, consultada el 13.09.24) y, según la Memoria de Consumo de 2023 de la Generalitat Valenciana (accesible en https://cindi.gva.es/documents/161328197/384631646/MEMORIA+2023.pdf/10a54790-5ed8-fb8d-b213-85e994e14164?t=1721046097943, consultada el 13.09.24), el número total de solicitudes fue 1.502.
Sin embargo, si estamos a otras Juntas Arbitrales de Consumo como la de Barcelona, mientras en su Memoria de 2021 constan 912 solicitudes tramitadas (accesible en https://bcnroc.ajuntament.barcelona.cat/jspui/bitstream/11703/126683/1/Mem%C3%B2ria%20JACB%202021.pdf, consultada el 13.09.24), en la del año 2022 constan 801 (accesible en https://juntarbitral.bcn.cat/sites/default/files/arxius/memoria_jacb_2022.pdf, consultada el 13.09.24).

18 Así, p. ej., la propia Junta Arbitral de Consumo de Andalucía ha manifestado y evidenciado en su Memoria de actividades de 2022 que "en la actualidad, un porcentaje importante de los conflictos en materia de consumo que llegan a las Administraciones Públicas competentes son resueltos a través de mecanismos de mediación" (para ver los concretos datos, *vid.* las pp. 35 y 48 de dicha Memoria, disponible en https://www.consumoresponde.es/sites/default/files/articulos/Memoria%20de%20Actividades%20JACA%202022.pdf, consultada el 13.09.24). Si estamos a la Comunidad Valenciana, en el año 2022 fueron 415 las mediaciones positivas totales sumando las de las Juntas Arbitrales de Consumo de Alicante, Benidorm, Castellón y la Comunidad Valenciana, lo que representa en el total de solicitudes presentadas (2.485) el 16'70% (*vid.* la Memoria de Consumo de 2022 de la Generalitat Valenciana, accesible https://cindi.gva.es/documents/161328197/371067371/MEMORIA+2022.pdf/080eafcf-b1bf-e995-50cb-c9043809ca1b?t=1707207613766, consultada el 13.09.24). Siguiendo con datos de la Comunidad Valenciana, en 2023 fueron 421 las mediaciones totales positivas, lo que representa el 16% de la totalidad de solicitudes presentadas

también es cierto que han pasado ya más de quince años desde la aprobación del Real Decreto 231/2008, de 15 de febrero y resultaba necesaria su modificación. De ahí la existencia de un Proyecto de un nuevo Real Decreto que reglamenta el Sistema Arbitral de Consumo (en adelante, PRDSAC), que fue sometido en el pasado año 2023 a consulta pública (ésta finalizó el 11 de noviembre del año 2023) y que ha dado paso al Real Decreto 713/2024 finalmente aprobado.

Así las cosas, y ante la ausencia de obras al respecto de una normativa tan reciente, el presente trabajo[19] tiene por objeto estudiar la nueva regulación introducida por el citado Real Decreto 713/2024, de 23 de julio, haciendo especial hincapié en aquellos aspectos que sufren cambios con respecto a la anterior regulación (el mencionado Real Decreto 231/2008, de 15 de febrero, al que sustituye). Y dicho análisis se realizará teniendo en cuenta la "eficiencia" que impera en el actual contexto normativo en materia de justicia, con la finalidad de valorar si los cambios operados contribuyen a conseguir un arbitraje de consumo más eficiente, tal y como y se pretende suceda con los procesos judiciales[20] y también con el propio Sistema Arbi-

---

(2.632) (*vid.* la Memoria de Consumo de 2023 de la Generalitat Valenciana, accesible en https://cindi.gva.es/documents/161328197/384631646/MEMORIA+2023.pdf/10a54790-5ed8-fb8d-b213-85e994e14164?t=1721046097943, consultada el 13.09.24).

Pese a tales datos estadísticos, hay quien cuestiona la eficacia de la mediación porque "en realidad, aproximadamente en el 100% de los procedimientos de mediación, la persona consumidora queda en manos de las respuestas unilaterales que hacen las empresas, a sus solicitudes de mediación o de arbitraje, ofreciendo una solución, que la persona consumidora sólo puede aceptar o rechazar", y que está "muy por debajo de lo que le correspondería a la persona consumidora" en aplicación de la normativa. *Vid.* SÁNCHEZ MORAGAS, F. X.: "¿Qué novedades aporta el nuevo proyecto de real decreto por el que se regula el Sistema Arbitral de Consumo, del gobierno español?", disponible en https://es.linkedin.com/pulse/qu%C3%A9-novedades-aporta-el-nuevo-proyecto-de-real-por-se-f-xavier (consultada el 13.09.24).

19 El mismo es fruto de una invitación de la editorial Tirant lo Blanch e igualmente es fruto de la invitación a participar en la 2ª edición del curso de formación sobre el Sistema Arbitral de Consumo, dentro del Plan de Formación al Personal del Ayuntamiento de Madrid, destinado tanto a personal técnico como administrativo de la Junta Arbitral y también a jefaturas de unidad de la OMIC.

20 Hace unos años la idea del Gobierno español era acabar aprobando tres leyes trascendentales en materia de la organización, funcionamiento y digitalización en la Administración de Justicia: me refiero a la Ley de medidas de eficiencia

tral de Consumo[21], y también teniendo en cuenta las exigencias derivadas de la Unión Europea, tanto de la citada Directiva 2013/11/

procesal del servicio público de justicia, a la Ley Orgánica de eficiencia organizativa del servicio público de justicia (los Proyectos de ambas Leyes se aprobaron en Consejo de Ministros el 12 de abril de 2022) y a la Ley de eficiencia digital del servicio público de justicia (en concreto, el Proyecto de dicha Ley se aprobó en Consejo de Ministros el 19 de julio de 2022), y que formaban parte del Plan Justicia 2030 del Gobierno de España —dentro de su Plan de Recuperación, Transformación y Resiliencia, de 27 de abril de 2021—, que constituye un "programa de medidas con un horizonte temporal de 10 años para transformar el sistema de Justicia en un auténtico servicio público, consolidando los derechos y garantías de los ciudadanos, promoviendo una mayor eficiencia del servicio público y garantizando el acceso a la Justicia en todo el territorio. El Plan Justicia 2030 se vertebra en tres ejes estratégicos: Acceso a la Justicia. Consolidación de garantías y derechos, Eficiencia operativa del servicio público de la Justicia y Transformación digital, incrementando la cohesión y coordinación territorial" (*vid.* p. 254 de dicho Plan de Recuperación, accesible en https://www.lamoncloa.gob.es/temas/fondos-recuperacion/Documents/30042021-Plan_Recuperacion_%20Transformacion_%20Resiliencia.pdf). Dichos proyectos decayeron tras la disolución de las Cortes decretada por el Consejo de Ministros Extraordinario en mayo de 2023. Tras las nuevas elecciones y la constitución del nuevo Gobierno dichos proyectos se retomaron con la aprobación del Real Decreto-ley 5/2023, de 28 de junio, por el que se adoptan y prorrogan determinadas medidas de respuesta a las consecuencias económicas y sociales de la Guerra de Ucrania, de apoyo a la reconstrucción de la isla de La Palma y a otras situaciones de vulnerabilidad; de transposición de Directivas de la Unión Europea en materia de modificaciones estructurales de sociedades mercantiles y conciliación de la vida familiar y la vida profesional de los progenitores y los cuidadores; y de ejecución y cumplimiento del Derecho de la Unión Europea; y por el Real Decreto-ley 6/2023, de 19 de diciembre, por el que se aprueban medidas urgentes para la ejecución del Plan de Recuperación, Transformación y Resiliencia en materia de servicio público de justicia, función pública, régimen local y mecenazgo. Ambos Reales Decretos-ley incluyen medidas de eficiencia procesal y el 6/2023 también incluye las medidas de eficiencia digital. Por lo que respecta a la eficiencia organizativa, se ha retomado en el citado Proyecto de Ley Orgánica de medidas en materia de eficiencia del servicio público de justicia y de acciones colectivas para la protección y defensa de los derechos e intereses de los consumidores y usuarios, que está actualmente tramitándose en las Cortes y que incluye también, además de las medidas de eficiencia organizativa, otras medidas de eficiencia procesal que complementan las anteriores.

21 Así, el apartado III del Preámbulo del Real Decreto 713/2024 postula que "la norma se adecúa al principio de eficiencia, al contribuir a la gestión racional de los recursos públicos existentes y limitar las cargas administrativas a las imprescindibles para la consecución de sus fines".

UE como de la —no menos importante— Propuesta de Directiva del Parlamento Europeo y del Consejo por la que se modifica dicha Directiva 2013/11/UE, así como las Directivas (UE) 2015/2302, (UE) 2019/2161 y (UE) 2020/1828 (COM (2023) 649 final).

Y es que no hay que perder de vista que, si contar con procedimientos eficaces para la defensa de los derechos e intereses de los consumidores es prioridad en la Unión Europea y España desde hace años, lo es mucho más en la actualidad si tenemos en cuenta que la globalización y digitalización propias de la sociedad actual —incrementada esta tras la pandemia del COVID-19— implican un mayor riesgo de vulneración de tales derechos y, con ello, un aumento de litigiosidad y, también, la "celeridad en la respuesta, pues estamos en la sociedad del clic (aquí y ahora)"[22].

El nuevo RSAC viene a mantener la misma estructura del anterior RD 231/2008 al cual sustituye (sucesivamente, ARDSAC). Así, contiene un Capítulo I, dedicado a las "disposiciones generales"; un Capítulo II, sobre "organización del Sistema Arbitral de Consumo"; un Capítulo III, en materia de "convenio arbitral y ofertas públicas de adhesión de los empresarios"[23]; y un Capítulo IV[24], que versa sobre el

---

[22] Moreno Catena, V.: "Inteligencia artificial y resolución de conflictos de consumo", en Romero Pradas (dir.), *Hacia una tutela efectiva de consumidores y usuarios*, Tirant lo Blanch, Valencia, 2022, p. 852.

[23] Aunque en el ARDSAC el Capítulo III se rubricaba "convenio arbitral", lo cierto es que en dicho capítulo también se regulaban las ofertas públicas de adhesión. En efecto, aunque el ARDSAC dedicaba todo el Capítulo III, integrado por los arts. 24 a 32, a regular el "convenio arbitral", lo cierto es que en dicho Capítulo el único precepto que tenía que ver propiamente con el convenio arbitral de consumo era el art. 24 ("convenio arbitral"), sobre vías de perfección del convenio arbitral de consumo. El resto de preceptos en puridad no tenían que ver con el convenio arbitral, como son la "oferta pública de adhesión al Sistema Arbitral de Consumo" (art. 25), "oferta pública de adhesión limitada al Sistema Arbitral de Consumo" (art. 26), "competencia territorial para resolver sobre las ofertas públicas de adhesión" (art. 27), "distintivo de adhesión al Sistema Arbitral de Consumo" (art. 28), "denuncia de la oferta pública de adhesión al Sistema Arbitral de Consumo" (art. 29), "retirada del distintivo de empresa adherida al Sistema Arbitral de Consumo" (art. 30), "registro público de empresas adheridas al Sistema Arbitral de Consumo" (art. 31) y el "fomento de la adhesión al Sistema Arbitral de Consumo" (art. 32).

[24] Tal y como luego se comentará, el nuevo RSAC ha eliminado de la regulación del ARDSAC su Capítulo V (el último Capítulo, sobre "disposiciones especia-

"procedimiento arbitral y actuaciones administrativas previas"[25]. Aunque en esencia hay muchos aspectos básicos de la regulación anterior del arbitraje de consumo que siguen observándose, hay otros que han cambiado. En este sentido, dedicaré el Capítulo primero a tratar cuestiones básicas del arbitraje de consumo que no han cambiado con la nueva regulación (sobre su origen o fundamento jurídico, definición, sujetos legitimados, objeto, vías de formalización y efectos del convenio arbitral y procedimiento) o que apenas han cambiado (los cambios son accesorios o poco importantes) y el Capítulo segundo, a examinar las grandes y principales novedades que incorpora el Real Decreto 713/2024, de 23 de julio, en el nuevo RSAC; novedades que, como se explicará en la introducción de dicho Capítulo II, son de dos tipos y obedecen a distintos motivos.

Dicho esto, considero oportuno introducir una serie de precisiones terminológicas:

1.ª) En primer lugar, que, a efectos simplificativos y, en la línea del Derecho de la Unión Europea y del Derecho comparado[26], a lo largo del presente trabajo me refiero a los consumidores y usuarios bajo el término único de "consumidores", abarcando ambas realidades[27].

---

les"), que incluía normativa relativa al arbitraje de consumo electrónico, al arbitraje de consumo colectivo y al soporte administrativo de otros arbitrajes.

25 Por su parte, el ARDSAC regulaba en su Capítulo IV el "procedimiento arbitral" y —aunque no se contuviera en la rúbrica— también esas "actuaciones administrativas previas" al inicio del procedimiento, tales como la verificación de la competencia por el presidente de la Junta Arbitral de Consumo ante la que se presentaba la solicitud o el emplazamiento de la empresa reclamada para aceptar el arbitraje y la mediación previa cuando no constaba convenio arbitral previo o no era válido.

26 El término "usuario" se viene empleando tradicionalmente en las normas españolas junto al de consumidor (según el objeto del contrato sea la prestación de un servicio o la adquisición de un bien, respectivamente), a diferencia de lo que sucede en la UE y los países de nuestro entorno, que lo desconocen, y hablan indistintamente de consumidores. El nuevo RSAC sigue la tradición española y en muchas de sus normas sigue hablando de consumidores y/o usuarios (en otras normas se limita a hablar de "consumidores").

27 Lamentablemente tampoco el TRLGDCU aprovechó la ocasión para "deshacerse de los usuarios" (*vid.* Cabanillas Múgica, S.: "El Real Decreto Legislativo 1/2007, por el que se aprueba el texto refundido de la Ley General para la Defensa de los Consumidores y Usuarios y otras leyes complementarias", *Aranzadi Civil*, núm. 1, 2008, edición electrónica, p. 5).

2ª) Asimismo, se hará referencia a las "empresas" o "empresarios" en el sentido más amplio de los términos, englobando a todo agente económico que interviene en el Mercando, sean personas físicas (profesionales autónomos) o jurídicas (fundamentalmente, sociedades mercantiles) o, inclusive, entidades sin personalidad jurídica.

3ª) Y, por último, también para abreviar, en el presente trabajo emplearé los términos "presidente" o "secretario" en vez de "persona titular de la presidencia" o "persona titular de la secretaría"[28].

---

[28] Resulta curioso que el RSAC hable *ex novo* de "persona titular de la presidencia de la Junta Arbitral" (en vez de presidente), de "persona titular del ministerio con competencias en materia de consumo" (en vez de ministro) o de "persona titular de la secretaría de la Junta Arbitral" (en vez de secretario) siguiendo la línea del lenguaje inclusivo propio de las últimas leyes o normas que se aprueban y, sin embargo, no haya aprovechado la ocasión para hablar de "personas consumidoras" y "personas empresarias" en vez de "consumidores" y "empresarios".

Capítulo Primero:

CUESTIONES BÁSICAS DEL ARBITRAJE DE CONSUMO

I. ORIGEN NORMATIVO Y CONCEPTO DE ARBITRAJE DE CONSUMO

1) Fuentes jurídicas

Dado que ya hay obras que lo han hecho[29], en el presente apartado no pretendo realizar un repaso y recorrido por las distintas fuentes jurídicas, tanto nacionales como comunitarias, que han justificado, fundamentado o, al menos, recomendado la creación de procedimientos extrajudiciales eficaces para solventar litigios de consumo, como lo es nuestro peculiar arbitraje de consumo administrado por las JAC.

Me limitaré, pues, a recordar que el actual SAC es fruto de dos normas fundamentales, a saber, la Carta Magna y el Texto Refundido de la Ley General para la defensa de los Consumidores y Usuarios, aprobado por Real Decreto Legislativo 1/2007, de 16 de noviembre. En este sentido, el ya citado art. 51.1 CE ordena a los poderes públicos garantizar "la defensa de los consumidores y usuarios, protegiendo, mediante procedimientos eficaces, la seguridad, la salud y los legítimos intereses económicos de los mismos".

Pues bien, aunque la Constitución no habla expresamente del arbitraje de consumo, el legislador pensó que el mismo era un procedimiento eficaz para tutelar los derechos e intereses de los consumidores y por ello previó su creación en el Capítulo II del Título V del Libro Primero del TRLGDCU (arts. 57 y 58); Capítulo rubricado "Sistema Arbitral de Consumo". Ambos preceptos sientan las bases del SAC y ordenan al Gobierno su regulación (art. 57.2).

Dicho lo anterior conviene recordar que ya han sido tres los Reales Decretos que han reglamentado en España el SAC, a saber: 1)

---

[29] MARCOS FRANCISCO, D.: *El arbitraje de consumo y sus nuevos retos, cit.*, pp. 21-63.

Real Decreto 636/1993, de 3 de mayo; 2) Real Decreto 231/2008, de 15 de febrero; 3) y, por último, el Real Decreto, 713/2024, de 23 de julio, objeto de análisis en el presente trabajo. Adelanto ya que, siendo loable una nueva regulación, no se ha aprovechado el nuevo Reglamento para ir más allá y efectuar cambios de mayor calado, siendo mejorables e insuficientes desde mi punto de vista.

2) Definición

Si estamos a la normativa reguladora del SAC y, fundamentalmente, a los art. 57.1 TRLGDCU y 1.2 RSAC, cabe definir el arbitraje de consumo como el sistema extrajudicial de resolución de conflictos mediante el cual los órganos arbitrales, designados por la Junta Arbitral de Consumo correspondiente, resuelven, con carácter vinculante y ejecutivo para las partes[30], los litigios, tanto nacionales como transfronterizos, entre empresarios (donde sea que estén establecidos) y consumidores residentes en la Unión Europea, iniciados a instancia de estos segundos al considerar que existe una vulneración de sus derechos legal o contractualmente reconocidos.

Fíjese en que el nuevo Reglamento, a diferencia del ARDSAC, ha decidido hacer expresamente referencia a los consumidores "residentes en la Unión Europea"[31]. Ello se debe, ya no solo al aumento del comercio electrónico[32] y a que cada vez más son las controversias que pueden surgir de carácter internacional, sino a que, como indica el Preámbulo del Real Decreto 713/2024 (apartado I), "la Directiva 2013/11/UE del Parlamento Europeo y del Consejo, de 21 de mayo de 2013, obliga a los Estados miembros a garantizar a los *consumidores residentes en la Unión Europea* la posibilidad de resolver sus litigios con empresarios establecidos en cualquier Estado miembro, mediante la intervención de entidades de resolución alternativa que ofrezcan

---

30 El laudo es título ejecutivo, tal y como establece el art. 517.2, 2º LEC.

31 El PRDSAC, sin embargo, no contenía dicha referencia.

32 Las compras *online* se han incrementado un 12.9% en el segundo trimestre de 2024, lo que representa un aumento de 2 puntos porcentuales con respecto al registrado en 2023. *Vid.* https://logistica.cdecomunicacion.es/noticias/143316/consumo-aumenta-primer-semestre-2024-impulsado-comercio-electronico#:~:text=Por%20medio%20de%20pago%2C%20destaca,al%20incremento%20registrado%20en%202023, consultada el 17.09.24.

procedimientos de resolución alternativa o extrajudicial de litigios de consumo que sean independientes, imparciales, transparentes, efectivos, rápidos y justos" (la cursiva es mía); Directiva incorporada a nuestro ordenamiento jurídico por la Ley 7/2017, de 2 de noviembre, que "establece el procedimiento de acreditación y notificación a la Comisión Europea de las entidades de resolución de litigios que cumplan los requisitos en ella exigidos". Y, en dicho sentido, las JAC están obligadas, conforme a sus acuerdos de constitución[33], a solicitar su acreditación conforme a la citada Ley 7/2017[34].

Pero es que, además, es reseñable que el nuevo art. 1.2 RSAC no califique a las empresas, por lo que no se requiere que tengan su domicilio o estén establecidas en España. Esta previsión es totalmente coherente con lo que pergeña la citada Propuesta de Directiva del Parlamento Europeo y del Consejo por la que se modifica la Directiva 2013/11/UE, que pretende ampliar su ámbito subjetivo de aplicación a los litigios entre consumidores de la Unión Europea y comerciantes de terceros países (que podrán participar en los procedimientos de ADR voluntariamente, al igual que hacen los comerciantes de la propia Unión). Y ello porque, como justifica el propio Considerando 3 de la Propuesta, de cada cinco transacciones *on line*

---

33 Así, durante el año 2021 se renovaron la totalidad de convenios de constitución de las JAC y "se adoptó el compromiso de solicitar, ante la Dirección General de Consumo, en el plazo de un año, la acreditación como entidad de resolución alternativa de litigios de consumo, de conformidad con lo previsto en la Ley 7/2017, de 2 de noviembre, por la que se incorpora al ordenamiento jurídico español la Directiva 2013/11/UE, del Parlamento Europeo y del Consejo, de 21 de mayo de 2013, relativa a la resolución alternativa de litigios en materia de consumo (BOE 4.11.2017), lo que ha hecho que actualmente las Juntas Arbitrales de consumo cumplan unos elevados parámetros de calidad, al estar todas ellas acreditadas". *Vid.* SÁNCHEZ MORAGAS, F. X.: "Los problemas de identidad, del arbitraje de consumo y su reubicación como ADR, ante la aparición de los nuevos métodos adecuados de solución de controversias", *LA LEY mediación y arbitraje*, núm. 18, 2024, edición electrónica, p. 2.

34 Aunque conforme a dichas Directiva 2013/11/UE y Ley 7/2017 las entidades de resolución alternativa de litigios no están obligadas a acreditarse, de esta segunda Ley ya se desprendía la intención del legislador de que todas las JAC se acreditaran. Y ello porque su Disposición adicional tercera preveía un plan de ayudas para facilitarles "el cumplimiento del plazo de resolución previsto en el artículo 20 y acceder a la acreditación europea".

realizadas por consumidores residentes en la Unión Europea, al menos dos son con comerciantes establecidos con terceros países[35].

Quedando claro que los residentes en la Unión Europea sí pueden hacer uso del SAC, hay que tener presente que el idioma constituye una barrera importante; por lo que, si el consumidor reclamante desconoce la lengua española, y ante la falta de previsiones que auxilien a este consumidor a comprender dicho SAC (comenzando por la cumplimentación de las solicitudes de arbitraje), difícilmente se someta a éste[36].

Sabiendo que la preocupación de la Unión Europea son únicamente los consumidores que residen en su territorio, otra pregunta que surge es: ¿Y qué sucede con los consumidores que residan fuera de la Unión Europea? Una interpretación literal del art. 1.2 RSAC lleva a concluir que el arbitraje de consumo sólo resuelve conflictos con consumidores residentes en algún país de la Unión; lo que, en una interpretación sistemática con el resto de normas del RSAC, conduce a considerar que, si un consumidor no residente en la Unión Europea presenta una solicitud de arbitraje de consumo, la misma debería inadmitirse por falta de legitimación del reclamante (art. 35.2, en relación con los arts. 2.1 y, por remisión de éste, 1.2). Sin embargo, quizás deba replantearse aquella previsión, ya no solo porque el art. 57 TRLGDCU recoge las bases del "Sistema Arbitral de Consumo" sin establecer ninguna cortapisa o limitación al respecto del lugar de residencia del consumidor, sino porque dicho consumidor que

35 En este sentido la Propuesta modifica, por un lado, el art. 2.1 de la Directiva, que deja de circunscribir su aplicación a comerciantes establecidos en la Unión Europea; y, por otro, el art. 4.1, que amplía la definición de "litigio transfronterizo" en los siguientes términos: "todo litigio entre un consumidor y un comerciante relacionado con obligaciones contractuales y/o derechos de los consumidores contemplados en los actos de la Unión a que se refiere el artículo 2, apartado 1, en el que el consumidor tenga su residencia en un Estado miembro distinto del Estado miembro en el que esté establecido el comerciante o en el que el consumidor tenga su residencia en un Estado miembro y el comerciante esté establecido fuera de la Unión" (letra f).

36 A tal efecto deberían ser eficaces (o así lo pretende la repetida Propuesta de Directiva del Parlamento Europeo y del Consejo por la que se modifica la Directiva 2013/11/UE) los puntos de contacto de RAL que articula tal Propuesta (cada Estado debe nombrar uno) y que regula en el nuevo art. 14 de la Directiva 2013/11/UE.

reside fuera de la Unión ha podido adquirir bienes o servicios por comercio electrónico de una empresa española o establecida en España y ésta podría estar interesada en acudir al SAC, Sistema en que se le permite reconvenir (art. 40 RSAC). Cuestión distinta es que el consumidor no residente en la Unión Europea no se planteara o no deseara acudir a esta vía.

II. SUJETOS LEGITIMADOS

1) Introducción

Cuando hablamos de legitimación en el SAC estamos hablando de quiénes pueden ocupar la parte o posición activa o pasiva en un procedimiento arbitral de consumo. Esto es, quién puede presentar una solicitud de arbitraje para iniciar y ser parte en el correspondiente procedimiento y contra quién se puede presentar aquella atribuyéndole la condición de parte reclamada.

Ya sabemos que de los ya vistos arts. 57.1 TRLGDCU y 1.2 RSAC se desprende que pueden ser parte los consumidores o los usuarios y las empresas o profesionales[37]; y de esos mismos preceptos, y también de los 31.1 y 32.1 RSAC, se desprende que sólo los consumidores pueden ser los solicitantes (por tanto, los que ostentan legitimación activa)[38]. Nuestro SAC es unilateral o unidireccional[39].

---

37 Queda claro, pues, que se excluyen del ámbito de aplicación subjetivo del SAC las relaciones entre particulares, que estaban literalmente englobadas en la anterior definición de la LGDCU de 1984 (pues nada decía expresamente sobre el empresario o, por lo menos, no exigía su aplicación a relaciones entre consumidores y empresarios). *Vid.* CABANILLAS MÚGICA, S.: "El Real Decreto Legislativo 1/2007, por el que se aprueba el texto refundido de la Ley General para la Defensa de los Consumidores y Usuarios y otras leyes complementarias", *cit.*, p. 4.

38 Y, además, como he indicado *supra* en el epígrafe I.2) del presente Capítulo, los consumidores residentes en países de la Unión Europea, según la dicción del art. 1.2 RSAC.

39 En el ARDSAC este carácter se desprendía del 34.1. No obstante, quizá podría el Gobierno haberse planteado la bidireccionalidad o bilateralidad, propia de otros sistemas arbitrales de consumo como el portugués. Sobre este puede verse GARCÍA FAURE, M. C.: "El arbitraje de consumo desde una perspectiva compara-

¿Y cuándo estamos ante consumidores y empresas? Ante la ausencia de conceptos a sus efectos en la normativa reguladora del SAC, lo lógico es estar a la legislación sustantiva aplicable a la relación jurídica de la que deriva la controversia. Dependiendo de ésta, el concepto será más o menos amplio[40]. En consecuencia:

– Tendremos que ver si resulta aplicable una legislación específica[41].

– Y, en su defecto, deberemos estar a los conceptos generales de consumidor y empresa establecidos en el TRLGDCU (al fin y al cabo, el RDSAC se dicta en desarrollo de dicho Texto —*vid.* sus art. 57.2 y Disposición final segunda—).

Así las cosas, seguidamente me referiré a estos conceptos generales de consumidor y empresa a los efectos del TRLDGCU, si bien también haré referencia al concepto de consumidor específico previsto en la Ley 11/2022, de 28 de junio, General de Telecomunicaciones, a sus efectos, dado que un gran porcentaje de reclamaciones tienen lugar en este sector[42] y se han ocasionado no pocos problemas interpretativos en la práctica.

---

da: Derecho español, portugués y argentino", *Revista Internacional de Doctrina y Jurisprudencia*, vol. 15, 2017, pp. 1-37.

40 Entre otros, Díaz Alabart, S.: "El concepto de consumidor en el arbitraje de consumo", en Florensa i Tomàs, C. E. (Ed.), *El arbitraje de consumo: una nueva dimensión del arbitraje de Derecho privado*, Tirant lo Blanch, Valencia, 2004, p. 80; Díez García, H.: "Admisión e inadmisión a trámite de solicitudes de arbitraje de consumo", *Aranzadi Civil*, núm. 2, 2007, edición electrónica, p. 19; Marín López, M. J.: "Presente y futuro del arbitraje de consumo: 43 cuestiones controvertidas", *Revista de Derecho Privado*, Año núm. 90, Mes 9-10, 2006, edición electrónica, p. 6; Picatoste Bobillo, V.: "Breves reflexiones sobre la legitimación activa en el arbitraje de consumo", *Revista Xuridica da Universidad de Santiago de Compostela*, Vol. 16, núm. 1, 2007, p. 368-369.

41 P. ej., si resultara aplicable la Ley 16/2011, de 24 de junio, de Contratos de Crédito al Consumo, a sus efectos solo pueden ser consumidores las personas físicas (art. 2.1). O, en el ámbito de los viajes combinados, antes de la reforma operada por el Real Decreto-ley 23/2018, de 21 de diciembre, en el art. 151.1 TRLGDCU el concepto de consumidor era amplio, asimilado al de cliente, e incluía tanto los viajes vacacionales como de negocio o profesionales.

42 Según las estadísticas, las solicitudes de arbitraje de consumo más presentadas versan sobre servicios básicos (energía eléctrica, gas y suministro de agua) o telecomunicaciones (telefonía móvil, telefonía fija, servicio de acceso a internet y paquetes integrados). Así, según las mencionadas *Estadísticas de la Actividad de*

2) Consumidores

De acuerdo con el art. 3.1, 1º TRLGDCU:

"1. A efectos de esta ley, y sin perjuicio de lo dispuesto expresamente en sus libros tercero y cuarto, las personas físicas que actúen con un propósito ajeno a su actividad comercial, empresarial, oficio o profesión.

Son también consumidores a efectos de esta norma las personas jurídicas y las entidades sin personalidad jurídica que actúen sin ánimo de lucro en un ámbito ajeno a una actividad comercial o empresarial.

---

las Juntas Arbitrales de Consumo: 2022 del Ministerio de Consumo, de la totalidad de solicitudes presentadas ante el Sistema Arbitral de Consumo (59.487), la mayoría la encabezan los servicios básicos (18.464, lo que equivale a un 31'04%), seguidos de las telecomunicaciones (17.001, lo que equivale a un 28'6%). Ya hace años había Juntas Arbitrales, como la del Ayuntamiento de Zaragoza, en las que la mayoría de sus actuaciones versaban sobre las telecomunicaciones, relacionadas con la vulneración del art. 20 TRLGDCU (sobre "información necesaria en la oferta comercial de bienes y servicios"). Así, se generaban múltiples conflictos por las divergencias existentes entre las ofertas comerciales realizadas por medios telefónicos (práctica habitual), irresistibles en muchos casos para captar clientes y contratar por igual vía, y el importe de las facturaciones (sobre el particular puede verse García Fernández, F.: "El arbitraje de consumo: experiencias en la Junta Arbitral del Ayuntamiento de Zaragoza", en Argudo Peris, J. L. y González Campo, F. A. (coords.), *Estado y situación de la mediación en Aragón 2018*, Comuniter, Gobierno de Aragón, 2019, pp. 437-448). Sigue habiendo Juntas donde la mayoría de asuntos versan sobre telecomunicaciones, como la JAC del Ayuntamiento de Madrid (*vid.* Memoria Anual de Actuaciones 2022 del Instituto Municipal de Consumo de Madrid, p. 27, accesible en https://transparencia.madrid.es/FWProjects/transparencia/PlanesYMemorias/Memorias/InstitutoMunicipalConsumo/ficheros/MemoriaActividadesIMC2022.pdf [consultada el 13.09.24]). Según dicha Memoria, también la última disponible, "el grupo más numeroso corresponde a las telecomunicaciones el cual representa un 31,83% del total, seguido de servicios generales con un 20,65% y de adquisición de bienes con un 18,28%.
De manera más específica, dentro del sector de las telecomunicaciones, los subsectores más destacados son los servicios combinados de telefonía con 161 solicitudes, los de telefonía móvil con 54 solicitudes y los de telefonía fija con 42 solicitudes". De ahí que no sorprenda que haya autores que indiquen que la denominación de las Juntas Arbitrales de Consumo podría haber sido "Juntas Arbitrales de Telecomunicaciones y Energía" (Escalona Rodríguez, D.: "La transformación del sistema español de arbitraje de consumo", en Esteban De La Rosa, F. (dir.), *Justicia digital, mercado y resolución de litigios de consumo: innovación en el diseño de acceso a la justicia*, Thomson Reuters Aranzadi, 2021, p. 279).

2. Asimismo, a los efectos de esta ley y sin perjuicio de la normativa sectorial que en cada caso resulte de aplicación, tienen la consideración de personas consumidoras vulnerables respecto de relaciones concretas de consumo, aquellas personas físicas que, de forma individual o colectiva, por sus características, necesidades o circunstancias personales, económicas, educativas o sociales, se encuentran, aunque sea territorial, sectorial o temporalmente, en una especial situación de subordinación, indefensión o desprotección que les impide el ejercicio de sus derechos como personas consumidoras en condiciones de igualdad".

A) Personas físicas

Por tanto, por lo que respecta a las personas físicas, hablamos:

– De personas físicas que adquieren un bien o la prestación de un servicio al margen de toda actividad empresarial o profesional (sin que conste el destino comercial del bien o servicio contratado[43]). La condición de consumidor en personas físicas resulta fácil de determinar si dichas personas no son titulares de ningún negocio o, siéndolo, los bienes o servicios adquiridos no guardan ninguna relación con él (esto es, no se dedican o emplean directa ni indirectamente en él); adquisiciones que incluso pueden hacer con ánimo de lucro[44].

Si ostentan la titularidad de un negocio y adquieren un bien o servicio que puede guardar relación con el mismo, aunque sea indirecta (aire acondicionado, instalaciones telefónicas, etc.), las cosas se complican. Así, mientras hay Juntas Arbitrales de Consumo (como

---

43 *Vid.*, p. ej., la STS (Sala 1ª) núm. 1069/2023, de 21 de noviembre (*Tol 9797366*): "Es lo que sucede en este caso, en el que los demandantes son personas físicas y el préstamo de 2006 se solicitó para refinanciar los préstamos hipotecarios que gravaban su vivienda habitual, sin que conste el destino comercial de tales préstamos" (FD Cuarto).

44 P. ej., un notario o una persona física que tenga un taller de reparación de automóviles que adquieran acciones u otros productos financieros.

la Comunidad Valenciana[45] o la de Andalucía[46]), tribunales y autores[47] que han entendido que por el hecho de tener dicho negocio y constar como empresa ya no pueden ostentar la condición de consumidor[48]; otros, incluyendo el Tribunal Supremo, han entendido que depende del uso que se haga del bien o servicio, porque la persona fí-

---

45 Así, según el tenor literal de los términos empleados en distintas resoluciones del presidente de esta JAC (en la que tuve ocasión de prestar mis servicios) inadmitiendo solicitudes de arbitraje en estos casos, "esta Junta Arbitral de Consumo no es competente para conocer de la petición de arbitraje solicitada ya que en la documentación obrante en el expediente (...), consta que los servicios de telefonía e Internet *fueron contratados para una empresa*, por tanto, la reclamación se produce entre dos empresas, y el titular de la reclamación no tiene el carácter de consumidor final (...)" (la cursiva es mía).

46 Según ésta, "no puede solicitarse un arbitraje sobre telefonía si el contrato es para autónomos, ni un arbitraje sobre problemas de suministro eléctrico en un establecimiento comercial". *Vid.* p. 5 de la mencionada Memoria de Actividades de la Junta Arbitral de Consumo de Andalucía de 2022.

47 Herrero Perezagua, J. F.: *Jurisdicción y competencia en materia de consumidores*, Thomsom-Aranzadi, 2007, pp. 45, 188 y 195; Marín López, M. J.: "Presente y futuro del arbitraje de consumo: 43 cuestiones controvertidas", *cit.*, p. 6.

48 Así, cierta jurisprudencia menor ha venido anulando laudos por la falta de condición de consumidor del reclamante porque "el servicio telefónico afectado era de `un cliente que figuraba como dado de alta en un negocio'" (SAP La Coruña —Sección 4ª— núm. 417/2001, de 12 de noviembre [JUR 2002, 64175], FJ Segundo) o porque expresamente en el contrato se indicaba que firmaba un empresario [SAP Madrid —Sección 4ª— núm. 607/2005, de 30 de junio (*Tol 717471*), FD Segundo]. Si estamos a resoluciones más recientes dictadas por Tribunales Superiores de Justicia en casos en que se ha impugnado el laudo, podemos estar a la STSJ País Vasco (Sala de lo Civil y Penal) núm. 10/2012, de 24 de octubre (ECLI:ES:TSJPV:2012:2486), según la cual "el árbitro en el momento de dictar el laudo arbitral, tras valorar las alegaciones efectuadas por las partes intervinientes y examinar la documentación que las mismas aportaron, llegó a la conclusión de que carecía de competencia para examinar el fondo del asunto, al deducir razonablemente de la lectura de la documentación aportada que el contrato firmado por reclamante era producto de una oferta para empresas y no para consumidores" (FD Segundo).

En sentido contrario, pueden verse resoluciones como la SAP Jaén (Sección 2ª) núm. 90/2004, de 23 de abril (Tol 423056), que postula que "el carácter de empresa y autónomo que consta en el contrato promocional que se dice incumplido, no implica necesariamente que los móviles y líneas telefónicas se adquirieran para su actividad profesional, en cuyo caso también gozaría de la protección que a la condición de consumidor otorga la Ley de 1984" (FD Primero); o el AAP Madrid (Sección 18ª) núm. 208/2009, 28 septiembre (Tol 6768411), según el que no puede presumirse la no condición de consumidor

sica puede emplear el bien objeto del contrato para un uso particular (hablamos del que se conoce como consumidor mixto) mayoritario y, según la normativa de la UE[49], deben ser considerados consumidores[50]. Desde luego, aunque gran parte de la doctrina, incluso antes de dictarse la mencionada normativa europea[51], estaba a favor de la

---

"sin más de la identificación del contrato como promocional de terminales de telefonía para empresas" (RJ Primero).

49 P. ej., en la Directiva 2011/83/UE, del Parlamento Europeo y del Consejo, de 25 de octubre de 2011, sobre los derechos de los consumidores. En efecto, como ya indiqué en "Hacia un derecho de consumo uniforme en la Unión Europea", *Actualidad Civil*, núm. 12, 2012, p. 1325, esta Directiva "acoge bajo su protección al llamado «consumidor mixto» (sujeto que adquiere y utiliza un mismo bien o servicio en el ámbito productivo, de mercado o profesional y, simultáneamente, con fines privados, personales o particulares), siempre que el bien adquirido o producto contratado se destine mayoritariamente a un uso personal o, lo que es lo mismo, fuera del contexto profesional (…) Desde nuestro punto de vista los consumidores mixtos deberían considerarse excluidos del concepto de consumidor (…) fundamentalmente por la inseguridad jurídica que ello comportaría".

50 La situación problemática de los consumidores mixtos, no previstos expresamente en el art. 3 TRLGDCU, ha sido resuelta por el TS en su jurisprudencia en la línea del Considerando 17 de la mencionada Directiva 2011/83/UE (esta no se refiere en su articulado a los consumidores mixtos). Así, señala la reciente STS (Sala 1ª) núm. 59/2024, de 22 de enero (*Tol 9852329*), que "este problema ha sido abordado, entre otras, en las sentencias de esta sala 224/2017, de 5 de abril, 26/2022, de 18 de enero, y 479/2022, de 14 de junio, que, ante la ausencia de una norma expresa en nuestro Derecho nacional, consideraron adecuado seguir el criterio interpretativo establecido en el citado considerando 17 de la Directiva 2011/83/UE, que además coincide con la jurisprudencia comunitaria. En el mismo sentido, más recientemente, sentencias 969/2023, de 19 de junio, y 1609/2023, de 11 de noviembre. Así, en la STJCE de 20 de enero de 2005 (asunto C-464/01, Gruber) se consideró que el contratante es consumidor si el destino comercial es marginal en comparación con el destino privado; es decir, no basta con que se actúe principalmente en un ámbito ajeno a la actividad comercial, sino que es preciso que el uso o destino profesional sea mínimo ("insignificante en el contexto global de la operación de que se trate", en palabras textuales de la sentencia). Y posteriormente, la STJUE de 25 de enero de 2018, C-498/16, Schrems, ha reiterado la doctrina de la sentencia del caso Gruyer" (FD Tercero). Más reciente se encuentra, en igual sentido, la STJUE (Sala Quinta) de 8 de junio de 2023, asunto C-570/21 (*Tol 9594477*).

51 Díaz Alabart, S.: "El concepto de consumidor en el arbitraje de consumo", *cit.*, p. 76. De la misma forma, son muchos otros los autores que defienden la inclusión del consumidor mixto en el concepto de consumidor, tales como Torres Sánchez, F.: "La conveniencia para el sistema arbitral de consumo, de ampliar

posibilidad de incluir a estos consumidores mixtos[52], el principio de seguridad jurídica exige que expresamente así se haga constar en las propias normas.

– Pero también hablamos de "aquellas personas físicas que, de forma individual o colectiva, por sus características, necesidades o circunstancias personales, económicas, educativas o sociales, se encuentran, aunque sea territorial, sectorial o temporalmente, en una especial situación de subordinación, indefensión o desprotección que les impide el ejercicio de sus derechos como personas consumidoras en condiciones de igualdad" (tienen la consideración de personas consumidoras vulnerables). Estamos ante un concepto dinámico que, como MARÍN LÓPEZ, considero que constituye un subtipo de consumidor del art. 3.1 TRLGDCU[53] y cuyo elemento fundamental es concurrir circunstancias que impiden ejercer sus derechos en igualdad de condiciones que el resto de sujetos en quienes no concurren.

---

el concepto de consumidor", en FLORENSA I TOMÀS, C. E. (Ed.), *El arbitraje de consumo: una nueva dimensión del arbitraje de Derecho privado*, Tirant lo Blanch, Valencia, 2004, p. 88. Por su parte, también MARÍN LÓPEZ defiende la conveniencia de permitir a estos profesionales reclamar vía arbitraje de consumo, pero a su vez postula que para ello es necesaria una modificación de la legislación vigente, que actualmente no los incluye (*vid.* "Presente y futuro del arbitraje de consumo: 43 cuestiones controvertidas", *cit.*, p. 6). Y posteriormente, según HERRERO PEREZAGUA, J. F.: *Jurisdicción y competencia en materia de consumidores*, *cit.*, p. 52, si se considera oportuno que el arbitraje de consumo sirva como vía adecuada para solucionar este tipo de conflictos entre comerciantes, "lo procedente será recoger expresamente esa opción legislativa. (…) Mientras tanto, la correcta intelección de la norma aboca a estar y pasar por la noción de consumidor acogida por el Derecho material".

52 BERCOVITZ RODRÍGUEZ-CANO, A.: "Comentario al artículo 1", en BERCOVITZ RODRÍGUEZ-CANO, A. y SALAS HERNÁNDEZ, J. (coords.), *Comentarios a la Ley General para la Defensa de los Consumidores y Usuarios*, Civitas, Madrid, 1992, pp. 34-36, negaba rotundamente que en estos supuestos pudiésemos hablar de consumidores a efectos de la aplicación de la LGDCU de 1984, fundamentalmente por la inseguridad jurídica que ello comportaría y porque, al hablar de negociación entre empresas, no existe, en sede de principios, la desigualdad de la que parten las normas de protección del consumidor.

53 MARÍN LÓPEZ, M. J.: "El concepto de consumidor vulnerable en el Texto Refundido de la Ley General para la Defensa de los Consumidores y Usuarios", *Revista CESCO de Derecho de Consumo*, núm. 37, 2021, p. 116.

B) Personas jurídicas sin ánimo de lucro

En segundo lugar, del art. 3.1 TRLGDCU se desprende que también pueden ser consideradas consumidoras las personas jurídicas sin ánimo de lucro, como una fundación o una asociación. En este sentido, resoluciones como la SAP Guipúzcoa de 12 de junio de 2000 (*Tol 206738*), postulan que "será necesario que se trate de una persona jurídica que no tenga por objeto o que no realice de hecho una actividad de producción o de comercialización de bienes o servicios para el mercado, deberá ser, por tanto, como en el supuesto que nos ocupa, una persona jurídica sin finalidad de lucro y que en su caso, transmita a título gratuito los bienes o servicios adquiridos" (FD Segundo)[54].

Pero no debe creerse que el mero hecho de estar ante entidades sin ánimo de lucro como las mencionadas u otras que no transmitan los bienes o servicios adquiridos implique necesariamente ostentar la condición de consumidor, siendo crucial que no actúen en un ámbito comercial o empresarial. Y es que la actuación en un ámbito ajeno al comercial o empresarial es susceptible de diversas y amplias interpretaciones —como la operada por nuestro TS—, que pueden ir más allá de introducir el bien o servicio en la cadena productiva o destinarlos indirectamente a una actividad que, a la postre, pretende obtener beneficios económicos. Puede verse sobre el particular la STS (Sala 1ª) núm. 1592/2023, de 17 de noviembre (*Tol 9789323*), que declara inaplicable la normativa de protección del consumidor a cierto Colegio de Abogados que concierta un contrato de préstamo para financiar la reforma de su sede colegial por carecer la condición de consumidor; sede "donde o desde donde el Colegio lleva a cabo los fines que le son propios, entre los que se encuentran los de ordenación del ejercicio de la profesión, representación institucional exclusiva de la profesión, por estar sujeta a colegiación obligatoria y la defensa de los intereses profesionales de los colegiados, pero también actividades dirigidas a los colegiados y a terceros. Todo ello

---

54 Esta Sentencia se dicta en un caso en que Telefónica de España, S.A., pretendía anular el laudo dictado por la JAC del Ayuntamiento de Irún a favor de la Cruz Roja.

evidencia el desempeño de actividades dirigidas a un fin profesional que, per se, excluye la condición de consumidor" (FD Tercero)[55].

C) Sociedades de capital

Más difícil parece determinar que puedan ostentar la condición de consumidor sociedades de capital[56], dado que precisamente su finalidad al constituirse como tales (al igual que la de los profesionales autónomos) es obtener beneficios (lucrarse), por lo que podría entenderse que, a la postre, siempre que adquieran bienes o servicios

---

55 Puede verse también la posterior STS (Sala 1ª) núm. 1608/2023, de 21 de noviembre (*Tol 9796700*), que, por las mismas razones niega "la condición de consumidor de un Colegio Oficial de Arquitectos al suscribir un préstamo con garantía hipotecaria para adquirir un edificio y acondicionarlo como sede y archivo del Colegio": "porque el hecho de que en los estatutos del Colegio se defina al mismo como una corporación que carece de ánimo de lucro no excluye el carácter profesional de las actividades que se desempeñan en la sede y archivo del Colegio, y a cuya financiación de dirigen los préstamos concertados. Precisamente porque las actividades dirigidas al cumplimiento de los fines propios del Colegio (ordenación del ejercicio de la profesión, representación institucional exclusiva de la misma, así como la defensa de los intereses profesionales de los colegiados y la protección de los intereses de los consumidores y usuarios de los servicios de sus colegiados) persiguen un fin profesional debe concluirse que, per se, excluyen la condición de consumidor del Colegio Oficial de Arquitectos" (FD Tercero).
Se trata de una interpretación que podría cuestionarse por no casar bien del todo con el concepto de "actividad empresarial o profesional" que proporciona el art. 5.2 de la Ley 37/1992, de 28 de diciembre, del Impuesto sobre el Valor Añadido.

56 Entre la jurisprudencia menor más reciente que entiende inaplicable el TRLGDCU a sociedades mercantiles por no quedar acreditada su condición de consumidor, *vid.* AAP Valencia (Sección 7ª) núm. 117/2020, de 19 de mayo (*Tol 8025347*), que indica que "en este caso la demandante en el concreto contrato, sí está actuando en el ámbito de su actividad empresarial, —aunque afirme lo contrario—, la obtención de financiación para la actividad que ejerce, en concreto BBVA adquirió el 31 de octubre de 2007 a un tercero por mandato de Vinart Hotels, una finca en Palma de Mallorca para llevar a cabo la explotación de un hotel, actividad a la que se dedica la demandante, suscribiendo a la vez entre las partes un contrato de arrendamiento financiero por el que el BBVA cedía en leasing la finca referida con vencimiento al 31 de octubre de 2024, fecha en que se podía ejercer la opción de compra, y un contrato de permuta financiera para cubrir las fluctuaciones del tipo de interés variable del arrendamiento" (RJ Segundo).

(sea o no para introducirlos en la cadena productiva) va a redundar en dicho lucro. Pero también podríamos defender la condición de consumidor de estas sociedades de capital cuando el bien o servicio adquirido no entre dentro de su objeto social[57].

El problema reside, pues, una vez más, en que no hay unanimidad interpretativa en los tribunales. Así, mientras cierta jurisprudencia menor ha venido anulando laudos por la falta de condición de consumidor del reclamante; otra jurisprudencia ha entendido precisamente lo contrario[58], pese a que consten con la condición de empresa en el contrato.

D) Entidades sin personalidad jurídica

Del propio art. 3.1 TRLGDCU queda claro que también pueden ser consumidores los entes sin personalidad jurídica (pensemos, p. ej., en una comunidad de propietarios), siempre que —una vez más— "actúen sin ánimo de lucro en un ámbito ajeno a una actividad comercial o empresarial". Pero la pregunta que surge inmediatamente es: ¿Y puede un ente sin personalidad con la condición de con-

---

57 Entre otras resoluciones, el AAP de Valencia (sección 7ª) núm. 63/2023, de 21 de febrero (*Tol 9549627*), según el cual "sin que en el presente caso sea posible considerar que la suscripción del contrato de confirmación de SWAP se verificara fuera del ámbito propio de la actividad empresarial de INCISOL, cuyo objeto social es el diseño, promoción, instalación, gestión y explotación de plantas de energía fotovoltaica y parques de energía eólica. Efectivamente, en el hecho segundo del escrito de demanda se refiere que desde el momento de iniciarse las conversaciones entre las partes para la concesión de un préstamo para la financiación de un huerto solar fotovoltaico" (RJ Segundo).

58 P. ej., la SAP Madrid (Sección 21ª) núm. 59/2007, de 30 de enero (*Tol 1091171*), FD Octavo, según el cual "en principio no está probado, y la misma (se refiere a la empresa demandada en anulación) no ha articulado prueba a fin de determinar que no sea consumidora, pese a ser un profesional-persona jurídica, en cuanto que no consta que no sea destinatario final, porque no existe prueba de que esos móviles estén destinados a fines de producción o insertos en su proceso productivo" (el paréntesis es mío); o la SAP Valencia (Sección 8ª) núm. 115/2007, de 27 de febrero (*Tol 1140578*), FJ 2º, que señala que "el hecho de que se trate de una sociedad mercantil no excluye el que tenga dicho carácter cuando (…) el objeto del contrato no coincide con el tráfico o giro de la empresa demandante, al tratarse en el caso enjuiciado de un contrato promocional de Terminal de telefonía móvil".

sumidor presentar una solicitud de arbitraje de consumo o deben hacerlo todos sus integrantes?

Nada dice al respecto la regulación del SAC. Pero este problema de la legitimación activa de entes sin personalidad no es exclusivo del arbitraje de consumo, dado que también existe en el ámbito procesal. Y ello porque el art. 6.5 de la Ley 1/2000, de 7 de enero, de Enjuiciamiento Civil, no atribuye capacidad para ser parte en el proceso civil a todo ente sin personalidad sino sólo a "las entidades sin personalidad jurídica a las que la ley reconozca capacidad para ser parte".

Hay, pues, una remisión a la ley sustantiva. Hay casos en que está claro (p. ej., el de las comunidades de propietarios, como se desprende claramente de varios preceptos de la Ley 49/1960, de 29 de julio, sobre Propiedad Horizontal). Pero fuera de este concreto caso, ya no está tan claro si pueden ser parte otras comunidades de bienes u otros entes sin personalidad como las sociedades civiles.

Ante la falta de una regulación clara (hay leyes sustantivas que no dicen nada al respecto) en la jurisprudencia menor encontramos posturas encontradas, a saber:

– Quienes defienden que las comunidades de bienes tienen capacidad para ser parte actora. *Vid.* SAP de Huesca (Sección 1ª) núm. 255/2005, de 26 de octubre (*Tol 780909*); SAP de Cádiz (Sección 5ª) núm. 20/2012, de 23 de enero (ECLI:ES:APCA:2012:40); SAP de Huelva (Sección 2ª) núm. 509/2020, de 15 julio (*Tol 8123610*).
– Y quienes defienden lo contrario[59].

Y como es crucial la postura del TS al respecto, conviene apuntar las dos líneas fundamentales de la misma. Así:

– Es jurisprudencia consolidada que un solo comunero puede litigar en beneficio de la comunidad cuando no exista oposición

[59] Para más detalles *vid.* GUERRA PÉREZ, M.: "Desafíos legales de las comunidades de bienes en procesos civiles", 23 noviembre 2021, accesible en https://blog.sepin.es/2021/11/capacidad-comunidades-bienes-procesos-civiles (consultada el 16.09.24).

del resto de copropietarios [STS —Sala 1ª— núm. 1051/2000, de 18 de noviembre (*Tol 4974163*)][60].

- El TS distingue entre comunidades de bienes "estáticas" (explotan sus bienes con la finalidad de conservarlos) y "dinámicas" (los explotan con finalidad de lograr ganancias y repartirlas entre los partícipes) y considera que incluso a las comunidades de bienes "dinámicas", en la medida en que intervienen en el tráfico jurídico y explotan un negocio, al igual que a las sociedades civiles, se les debe reconocer capacidad para ser parte y legitimación activa[61].

Dicha doctrina podría, pues, extrapolarse al ámbito del SAC. Cuestión distinta es que en caso de presentar la solicitud de arbitraje un único comunero o socio en nombre y beneficio de la entidad, lo conveniente sea recabar el consentimiento de todos los demás (salvo que se haya aportado copia del acuerdo del órgano de gobierno de la entidad en que conste la sumisión a arbitraje) dada la naturaleza voluntaria del arbitraje de consumo (art. 58.1 TRLGDCU y art. 1.3 RSAC) para evitar que, una vez dictado el laudo, se pretenda su anulación alegando que el convenio arbitral no existe (art. 41.1.a) LA).

E) En el sector de las telecomunicaciones

Por último, conviene centrarnos, aunque sea brevemente, en el concepto de consumidor en el concreto sector de las telecomunica-

---

60 Existe una presunción *iuris tantum* de que se litiga en beneficio de la comunidad. Es más, incluso existiendo oposición de la mayoría de comuneros, el TS ha llegado admitir la legitimación del comunero individual en contra de la mayoría cuando en el proceso haya quedado probado el bien o beneficio para la comunidad [STS —Sala 1ª— núm. 198/2023, de 9 de febrero (*Tol 9398563*)]. En el ámbito de la Propiedad Horizontal las cosas no son tan fáciles porque del art. 17.7 LPH se desprende que el ejercicio o no de acciones judiciales o extrajudiciales será acordado por la mayoría simple de los propietarios presentes adoptada en la Junta convocada al efecto. Con lo cual, si la mayoría ha decidido no presentar una solicitud de arbitraje de consumo, lo primero que debería hacer el comunero es impugnar el acuerdo alcanzado.
Y también es jurisprudencia consolidada que se debe demandar a todos los comuneros [STS —Sala 1ª— núm. 105/1998, de 16 de febrero (*Tol 5157271*); STS —Sala 1ª— núm. 336/2005, de 13 mayo (ECLI:ES:TS:2005:3060)].

61 *Vid.* STS 469/2020, de 16 septiembre (ECLI:ES:TS:2020:2933).

ciones[62]. En dicho ámbito resulta crucial el art. 78 de la nueva Ley 11/2022, de 28 de junio, General de Telecomunicaciones, que regula la "resolución de controversias", cuyo tenor literal es el siguiente:

> "1. Los usuarios finales que sean personas físicas, incluidos los autónomos o trabajadores por cuenta propia, y las microempresas tendrán derecho a disponer de un procedimiento extrajudicial, transparente, no discriminatorio, sencillo y gratuito para resolver sus controversias con los operadores que suministren redes o presten servicios de comunicaciones electrónicas disponibles al público y otros agentes que intervienen el mercado de las telecomunicaciones, como los prestadores de servicios de tarificación adicional, cuando tales controversias se refieran a sus derechos específicos como usuarios finales de servicios de comunicaciones electrónicas reconocidos en esta ley y su normativa de desarrollo y de acuerdo con lo recogido en la normativa europea.
>
> A tal fin, el Ministerio de Asuntos Económicos y Transformación Digital establecerá mediante orden un procedimiento conforme al cual, los usuarios finales podrán someterle dichas controversias, con arreglo a los principios establecidos en el apartado anterior. Los operadores y otros agentes que intervienen el mercado de las telecomunicaciones estarán obligados a someterse al procedimiento, así como a cumplir la resolución que le ponga fin. En cualquier caso, el procedimiento que se adopte establecerá el plazo máximo en el que deberá notificarse la resolución expresa, transcurrido el cual se podrá entender desestimada la reclamación por silencio administrativo, sin perjuicio de que el Ministerio de Asuntos Económicos y Transformación Digital tenga la obligación de resolver la reclamación de forma expresa, de acuerdo con lo establecido en el artículo 21 de la Ley 39/2015, de 1 de octubre, del Procedimiento Administrativo Común de las Administraciones Públicas. La resolución que se dicte podrá impugnarse ante la jurisdicción contencioso-administrativa.
>
> Mediante real decreto se podrá prever que los usuarios finales que sean pequeñas y medianas empresas y organizaciones sin ánimo de lucro puedan también acceder a este procedimiento de resolución de controversias en defensa de sus derechos específicos de comunicaciones electrónicas.
>
> 2. Lo establecido en el apartado anterior se entiende sin perjuicio del derecho de los usuarios finales a someter las controversias al conocimiento de las Juntas arbitrales de consumo, de acuerdo con la legislación vigente en la materia. Si las Juntas arbitrales de consumo hubieran acordado el inicio de un procedimiento, no será posible acudir al procedimiento del apartado anterior a no ser que la solicitud haya sido archivada sin entrar

62 Al respecto puede verse Lois Caballé, A.: *Derechos en materia de telecomunicaciones y cómo ejercerlos*, Juruá, 2024, en prensa.

en el fondo del asunto o las partes hayan desistido del procedimiento arbitral".

Del art. 78.2 LGT, en su interpretación sistemática con el párrafo 3º del primer apartado de tal precepto, podría entenderse que tanto las personas físicas como las jurídicas, incluyendo empresas, pueden ser consumidores a efectos del SAC. Y ello porque si el art. 78.1 parte de considerar a efectos del procedimiento extrajudicial a que alude el precepto que pueden ser consumidores quienes actúen como usuarios finales, ya sean personas físicas, incluidos los autónomos o trabajadores por cuenta propia, ya sean las microempresas (e, inclusive las pequeñas y medianas empresas y organizaciones sin ánimo de lucro, si así se contempla por Real Decreto), y el art. 78.2 se refiere al "derecho de los usuarios finales a someter las controversias al conocimiento de las Juntas arbitrales de consumo, de acuerdo con la legislación vigente en la materia", sin distinguir qué tipo de usuario final, cabe concluir que la nueva LGT ha adoptado un concepto amplio, como el que adoptó inicialmente la Ley 32/2003, de 3 de noviembre, General de Telecomunicaciones[63].

Sin embargo, también podría entenderse que el art. 78.2 se remite a "la legislación vigente en la materia"[64] y, por ende, al concepto de consumidor del art. 3 TRLGDCU; concepto que, como ya hemos

---

63 No así al amparo de la anterior Ley 32/2003, de 3 de noviembre, General de Telecomunicaciones, al indicar en su art. 38.1, 1º (tras la reforma operada por el Real Decreto-ley 13/2012, de 30 de marzo) que "los consumidores que sean personas físicas y usuarios finales podrán someter las controversias que les enfrenten al conocimiento de las juntas arbitrales de consumo, de acuerdo con la legislación vigente sobre defensa de los consumidores y usuarios". Antes de dicha reforma el precepto hablaba de "personas físicas y *otros* usuarios finales" (la cursiva es mías), de lo que se desprendía que era posible incluir a personas físicas y a "otros usuarios finales aun cuando fueran empresas" (STSJ de Cataluña —Sala de lo Civil y Penal— núm. 5/2013, de 10 de enero [ECLI:ES:TSJCAT:2013:685], FD Tercero).

64 Como ya hacía el art. 54.1, 1º de la derogada Ley 11/1988, de 24 de abril, General de Telecomunicaciones, conforme al cual "los operadores de telecomunicaciones y los usuarios podrán someter las controversias que les enfrenten al conocimiento de Juntas Arbitrales de Consumo, de acuerdo con lo dispuesto en la Ley 26/1984, de 19 de julio, sobre Defensa de los Consumidores y Usuarios, y en sus normas de desarrollo".

visto, no es unánime en los tribunales, como ya sucedió al amparo del art. 1 de la derogada LGDCU de 19 de julio 1984 (Ley 26/1984)[65].

Así las cosas, para garantizar una plena seguridad jurídica *de lege ferenda* la propia normativa debería ser clara y expresamente delimitar el concepto de consumidor a sus efectos e, inclusive, a los del SAC cuando —como en el caso de la LGT— se remite a su normativa reguladora.

---

65 En efecto, mientras en determinados casos el TS y algunas AAPP consideraban aplicable la LGDCU, en casos similares, el mismo TS y otras AAPP lo negaban por no concurrir la condición de consumidor. Así, por ejemplo, mientras la STS (Sala 1ª) núm. 738/1997, de 31 de julio (*Tol 5156532*) la considera de aplicación respecto de agricultores a quienes se había suministrado productos fitosanitarios, los que considera incluidos en el art. 2 b) y c), 25 y 27 (FD Sexto), la STS (Sala 1ª) núm. 568/1999, de 18 de junio (*Tol 5121071*), niega la aplicación de tal Ley por no concurrir la condición de consumidor en la Sociedad Agraria de Transformación demandante, en la medida en que, "dedicándose a la venta de productos agrícolas, en ningún momento actuó como destinatario final (...) porque si agotó o consumió los herbicidas fue con el fin de reintegrarlos en el favorecimiento (...) del proceso productivo de las lentejas y luego en su posterior comercialización cara a los terceros adquirentes" (FD Sexto). Esta última línea, que parece ser la mayoritaria, ha sido seguida por otras sentencias posteriores como la STS (Sala 1ª) núm. 963/2005, de 15 de diciembre (*Tol 795315*), que expresamente la cita (FD Segundo). Otras resoluciones como la Sentencia del mismo Tribunal (Sala 1ª) núm. 891/2004, de 21 de septiembre (*Tol 501569*), se decantan claramente por considerar que sólo las personas físicas pueden ser consideradas consumidoras (FD Tercero).
Por parte de las Audiencias Provinciales, mientras la SAP de las Islas Baleares (Sección 4ª) de 14 de diciembre de 1994 aplicaba la LGDCU porque el automóvil comprado por una sociedad lo había sido para el uso particular de su consejero-delegado, la SAP La Coruña (Sección 1ª) de 13 de junio de 2002 (JUR 2002, 215997) considera inaplicable dicha Ley. Por poner otros ejemplos, mientras la SAP de Córdoba (Sección 1ª) núm. 57/1999, de 1 de marzo (AC 1999, 4795) no pone impedimento a la posibilidad de que un profesional autónomo pueda ser considerado consumidor a efectos de la LGDCU (FD Segundo), la SAP Salamanca (Sección 1ª) núm. 72/2007, de 19 de febrero (*Tol 7347194*), sigue la línea de la mencionada STS de 18 de junio de 1999, citándola junto a otra jurisprudencia del TS (FD Segundo), y el AAP Barcelona (Sección 15ª) núm. 243/2008, de 1 de julio (*Tol 7248031*) sigue la de la STS de 15 de diciembre de 2005 (FD Segundo).

3) *Empresas*

De conformidad con el art. 4 TRLGDCU es empresario "toda persona física o jurídica, ya sea privada o pública, que actúe directamente o a través de otra persona en su nombre o siguiendo sus instrucciones, con un propósito relacionado con su actividad comercial, empresarial, oficio o profesión".

De la aludida definición se desprende que son dos los elementos que la configuran, a saber: 1) la existencia de una persona; 2) y su actuación en el marco de una actividad comercial o profesional. Seguidamente analizaré cada uno de dichos elementos.

Con respecto al segundo de ellos, y ante la falta de concreción en el propio art. 4 TRLGDCU, cabe entender por "actividad empresarial o profesional" la que considera el art. 5.2 de la Ley 37/1992, de 28 de diciembre, del Impuesto sobre el Valor Añadido[66], a tenor del cual:

> "Son actividades empresariales o profesionales las que impliquen la ordenación por cuenta propia de factores de producción materiales y humanos o de uno de ellos, con la finalidad de intervenir en la producción o distribución de bienes o servicios.
>
> En particular, tienen esta consideración las actividades extractivas, de fabricación, comercio y prestación de servicios, incluidas las de artesanía, agrícolas, forestales, ganaderas, pesqueras, de construcción, mineras y el ejercicio de profesiones liberales y artísticas".

Y en relación con el primer elemento, hay que entender que pueden tener la condición de empresas y, por tanto, ser parte reclamada en el SAC tanto las personas físicas como jurídicas y, dentro de éstas, tanto las privadas como las pertenecientes al sector público o las concesionarias que comercialicen bienes o servicios destinados a consumidores en régimen de derecho privado. La condición de empresario a efectos del arbitraje de consumo puede ser ostentada tanto por un sujeto privado como público, de forma que también las empresas o entidades públicas que actúan en régimen de Derecho privado están legitimadas pasivamente para intervenir en el SAC. Pe-

---

66 En este sentido, autores como CABANILLAS MÚGICA, S.: "El Real Decreto Legislativo 1/2007, por el que se aprueba el texto refundido de la Ley General para la Defensa de los Consumidores y Usuarios y otras leyes complementarias", *cit.*, p. 5.

se a que el RSAC no contenga normas similares a las que contenía el ARDSAC de las que se desprendía tal postura (arts. 20.1 y 32.1[67])[68], así se infiere del art. 2.2.b) del nuevo RSAC, al dejar expresamente fuera de su ámbito de aplicación aquellas controversias "que se refieran a servicios públicos de interés general, no económicos o prestacionales, facilitados por las administraciones públicas".

---

67 En efecto, así se desprendía, por un lado, del art. 20.1 ARDSAC, al regular la composición y designación de los árbitros en aquellos casos en que "la reclamación se dirija contra una entidad pública vinculada a la Administración a la que esté adscrita la junta arbitral de consumo". Por otro lado, también se deducía del art. 32.1 al prever que "las Administraciones públicas instarán a las empresas o entidades pertenecientes al sector público o a las concesionarias que comercialicen bienes o servicios destinados a consumidores o usuarios en régimen de derecho privado, a presentar oferta pública de adhesión al sistema arbitral de consumo": dichas normas solo encontraban sentido partiendo de que las empresas o entidades pertenecientes al sector público o concesionarias que comercializaran bienes o servicios podían someterse al SAC.

68 Como ya bien decían Chillón Medina y Merino Merchán, las controversias derivadas de "las relaciones jurídicas consistentes en la prestación de un servicio público cuya utilización por los usuarios requiera el abono de una tarifa, tasa o precio público de aplicación general", excluidas del ámbito de aplicación de la derogada Ley 13/1996, de 18 de mayo, de Contratos de las Administraciones Públicas (actualmente, art. 11.2 de la vigente Ley 9/2017, de 8 de noviembre, de Contratos del Sector Público, por la que se transponen al ordenamiento jurídico español las Directivas del Parlamento Europeo y del Consejo 2014/23/UE y 2014/24/UE, de 26 de febrero de 2014) "son susceptibles de ser sometidas a arbitraje, excepto la aplicación de la propia tasa o del precio público por su carácter indisponible de acuerdo con su Ley reguladora y su determinación cuantitativa que es de aplicación y observancia general, aun cuando sí puede ser objeto de convenio arbitral su forma de pago" (*vid. Tratado de arbitraje privado interno e internacional*, Madrid, 1991, p. 311). Cosa distinta es que se pretenda dirigir una reclamación contra una Administración Pública (p. ej., un Ayuntamiento) que ha actuado en régimen de Derecho público (ejercitando potestades administrativas) y que ésta se someta a arbitraje de consumo en calidad de demandada. Y es que existen normas como el art. 7.3 de la Ley General Presupuestaria vigente (Ley 47/2003, de 26 de noviembre), que en principio hace inviable esta posibilidad, salvo que el sometimiento a arbitraje se produzca por acuerdo del Consejo de Ministros (o Consejo de Gobierno de la Comunidad Autónoma) y dictamen favorable del Consejo de Estado (u órgano homólogo consultivo de la Comunidad Autónoma si lo hubiere) (*vid.* Abellán Tolosa, L.: "El sistema arbitral de consumo", en Reyes López, M. J. (coord.), *Derecho privado de consumo*, Tirant lo Blanch, Valencia, 2005, p. 609).

De esta nueva norma se desprende *a contrario sensu* que sí es posible someter a arbitraje de consumo los comentados conflictos contra empresas o entidades pertenecientes al sector público o contra las concesionarias que comercialicen bienes o servicios en régimen de Derecho privado, en la línea seguida por cierta jurisprudencia menor (SAP Tarragona —Sección 3ª— núm. 234/2009, de 9 de julio [JUR 2009, 425589][69]). Digo que "por cierta jurisprudencia menor" porque en honor a la verdad hay que indicar que otros tribunales no lo han entendido así, defendiendo que estos casos son competencia exclusiva del orden jurisdiccional contencioso-administrativo; postura que apoyan en distintas normas como el art. 9.4, 2º[70] de la Ley Orgánica 6/1985, de 1 de julio, del Poder Judicial, y el art. 2.e)[71] de la Ley 29/1998, de 13 de julio, reguladora de la Jurisdicción Contencio-

---

69 Apunta la misma que "si bien este Tribunal reconoce a la recurrente como una entidad de derecho público, sujeta a las previsiones de la Ley sobre Organización y Funcionamiento de la Administración General del Estado, ello no es obstáculo para que una materia como la que es objeto de controversia pueda ser sometida a una junta arbitral, pues nada impide que un usuario y Renfe Operadora puedan someter a arbitraje su discrepancia en orden a la procedencia o no de que ésta debe indemnizarse por el retraso en la llegada de un determinado tren, en tanto que de materia negocial y, en definitiva, de libre disposición debe calificarse una pretensión indemnizatoria como la que nos ocupa" (FJ Segundo). Se trata de términos que reproducen literalmente lo que ya pergeñaban sentencias anteriores de igual Sección de la AP de Tarragona, tales como la núm. 161/2009, de 14 de mayo (*Tol 1597088*), FJ Segundo; núm. 163/2009, de 14 de mayo (JUR 2009, 409905), FJ Segundo; y núm. 170/2009, de 14 de mayo (JUR 2009, 409904), FJ Segundo.

70 Esta norma establece que los tribunales del orden contencioso-administrativo "conocerán, asimismo, de las pretensiones que se deduzcan en relación con la responsabilidad patrimonial de las Administraciones públicas y del personal a su servicio, cualquiera que sea la naturaleza de la actividad o el tipo de relación de que se derive".

71 Según este precepto, "el orden jurisdiccional contencioso-administrativo conocerá de las cuestiones que se susciten en relación con: (...) e) La responsabilidad patrimonial de las Administraciones públicas, cualquiera que sea la naturaleza de la actividad o el tipo de relación de que derive, no pudiendo ser demandadas aquellas por este motivo ante los órdenes jurisdiccionales civil o social, aun cuando en la producción del daño concurran con particulares o cuenten con un seguro de responsabilidad".

so-Administrativa [*vid.* la SAP de Santa Cruz de Tenerife —Sección 1ª— núm. 320/2009, de 22 de junio (*Tol 6726860*)][72].

La verdad es que las aludidas discrepancias no sorprenden mucho si tenemos en cuenta que estos problemas se han planteado con respecto a la vía judicial (no estaba claro si correspondía conocer de estos casos a la jurisdicción civil o a la contencioso-administrativa) y el propio TS ha cambiado de criterio: mientras su Sala Especial de Conflictos de Competencia estimó en un principio que el asunto era competencia del orden contencioso-administrativo partiendo de la consideración de Administración Pública de la entidad demandada —RENFE— (*vid.* ATS de 17 de diciembre de 2001[73]), posteriormente cambió su criterio entendiendo que son competencia de la jurisdicción civil [en resoluciones como el ATS 7/2015, de 24 de abril (*Tol 4945566*)], con base en distintas normas como son el art. 2.2[74] de la derogada Ley 30/1992, de Régimen Jurídico de las Administraciones Públicas y del Procedimiento Administrativo Común, y el art. 53[75] de la también derogada Ley 6/1997, de 14 de abril, de Organización y Funcionamiento de la Administración General del Estado; postura que parece ser la mayoritaria.

Por consiguiente, y recapitulando lo indicado con respecto al concepto de empresa, es irrelevante el carácter o forma que adopte el empresario (esto es, si es persona física o jurídica y, en este último caso, sociedad de capital), su carácter público o privado y si está o no establecido en España, en la Unión Europea o fuera de ella. Y, por último, y a pesar del silencio legal, considerando la

---

72 Ésta, con respecto a una reclamación similar a las anteriores (una pretensión indemnizatoria por los daños económicos —pérdida del vuelo posterior— derivados de una prestación defectuosa —por retraso— del servicio de la reclamada), partiendo de la naturaleza de entidad pública de la reclamada RENFE-Operadora, de lo dispuesto en los arts. 9.4 y 6 LOPJ; en el art. 2.2 LRJAP-PAC; y en el art. 2.e) de la LJCA, concluye que estamos ante una cuestión no susceptible de arbitraje *ex* art. 41.1.e) LA (FD Segundo).

73 *Vid.* GÓMEZ LIGARRE, C.: "Cambio de vía. Auto de la Sala especial de Conflictos de Competencia del Tribunal Supremo de 17 de diciembre de 2001", *InDret*, núm. 4, 2002.

74 Cuyo contenido ha pasado a integrarse en el art. 104 de la Ley 40/2015, de 1 de octubre, de 1 de octubre, de Régimen Jurídico del Sector Público.

75 Cuyo contenido ha pasado a integrarse en el art. 104 de la Ley 40/2015, de 1 de octubre, de 1 de octubre, de Régimen Jurídico del Sector Público.

jurisprudencia del TS *supra* reseñada, hay que entender que también los entes sin personalidad que exploten un negocio pueden ostentar la condición de empresa, de la misma forma que *ex* art. 6.2 LEC pueden ser demandadas las sociedades irregulares; si bien, lo correcto será recabar el consentimiento de todos los socios o comuneros (salvo que se haya aportado copia del acuerdo del órgano de gobierno de la entidad en que conste la sumisión o arbitraje) dada la naturaleza voluntaria del arbitraje de consumo (art. 58.1 TRLGDCU y art. 1.3 RSAC) para evitar que, una vez dictado el laudo, se pretenda su anulación alegando que el convenio arbitral no existe (art. 41.1.a) LA).

III. OBJETO DEL ARBITRAJE DE CONSUMO

Cuando hablamos del objeto del arbitraje de consumo estamos hablando de aquellas materias que pueden someterse a él o, si se prefiere en consonancia con el objeto de los procesos judiciales, de aquellas pretensiones que pueden ejercitarse en él. Al respecto el nuevo RSAC ha mantenido la anterior regulación, diferenciando entre un ámbito de aplicación positivo (materias incluidas) y uno negativo (materias excluidas).

1) Delimitación positiva

Por lo que atañe a las materias incluidas, el RSAC acoge los términos del predecesor art. 2.1 ARDSAC, rezando que "únicamente podrán ser objeto de arbitraje de consumo las controversias surgidas entre consumidores o usuarios y empresarios a los que se refiere el artículo 1.2 que versen sobre materias de libre disposición de las partes conforme a derecho". En consecuencia, y dada la remisión que hace el art. 2.1 al 1.2 RDSAC, en principio es posible someter al SAC todas las disputas entre consumidores residentes en países de la Unión Europea y empresas[76] derivadas de posibles vulneraciones de derechos de los primeros (legal o contractualmente reconocidos) y

[76] Sobre el concepto de consumidor y empresa *vid.* el epígrafe II. 2) y 3) del Capítulo primero de la presente obra.

siempre que versen sobre materias que sean jurídicamente de libre disposición para las partes. Con respecto a esta delimitación positiva cabe efectuar las siguientes observaciones.

A) La relación jurídica de consumo: ¿responsabilidad civil extracontractual?

Aunque no se diga nada expresamente (probablemente por su obviedad), de la aludida delimitación positiva se desprende que solo cabe someter a arbitraje de consumo disputas surgidas de relaciones jurídicas de consumo. Sin pretender dar aquí una definición de relación jurídica de consumo[77], lo que está claro es que ésta presenta un elemento subjetivo, otro objetivo y otro teleológico[78].

Dejando de lado el elemento teleológico[79], desde un punto de vista subjetivo, la relación jurídica de consumo es la que tiene lugar entre consumidores y empresarios, cuyo concepto a efectos del arbitraje de consumo ya fue expuesto[80]. En la práctica son frecuentes los casos en que se inadmiten solicitudes de arbitraje por faltar la condición del consumidor del reclamante e, incluso, no faltan supuestos

---

77 No pretendo solucionar lo que la doctrina no ha solucionado en muchos años: estamos ante una cuestión muy controvertida y muy poco pacífica desde hace décadas.

78 Es la que siguen autores como HERRERO PEREZAGUA, J. F.: *Jurisdicción y competencia en materia de consumidores, cit.*, pp. 27 y ss., para delimitar los procesos relativos a los consumidores.

79 Implica que no puede definirse una relación de consumo sin advertir que es preciso que en ella exista una posición de desequilibrio o debilidad en la contratación, de manera que una de las partes (el empresario) se encuentra en una situación de superioridad, por lo menos aparente, sobre la otra (el consumidor). Así, éste no está "en condiciones de juzgar por sí mismo sobre la bondad de los productos o servicios; no tiene posibilidad de influir en el mercado, ni en cuanto a precio ni en cuanto a calidades; se ve sometido a una extraordinaria presión por medio de la publicidad, que tiende a reducir su capacidad crítica, y es tal la desproporción entre los medios de que dispone (...) y los que poseen las empresas cuyos productos o servicios adquiere, que apenas tiene ninguna posibilidad efectiva de hacer respetar sus derechos" (BERCOVITZ RODRÍGUEZ-CANO, A.: "Marco histórico de la protección al consumidor: de los orígenes al siglo XXI", *Estudios sobre Consumo*, Instituto Nacional del Consumo, Madrid, núm. 65, 2003, p. 74).

80 *Vid.* el epígrafe II del Capítulo primero de la presente obra.

en que se llegan a anular laudos dictados tras haberse admitido estas solicitudes y desarrollado el procedimiento arbitral por estar ante una materia no susceptible de arbitraje al no ser el reclamante un consumidor (art. 41.1.e) LA)[81].

Y, desde un punto de vista objetivo, parece lógico concluir que la relación jurídica de consumo es, por esencia, contractual. En este sentido, sólo la responsabilidad civil de este tipo (no la extracontractual) sería susceptible de someterse a arbitraje de consumo.

La cuestión de si cabe pretender vía arbitraje de consumo la reclamación de daños y perjuicios extracontractuales o, dicho de otra forma, si cabe exigir responsabilidad civil extracontractual, ha dado lugar a no pocas opiniones encontradas en la doctrina y jurisprudencia desde el Real Decreto 636/1993, de 3 de mayo, por el que se regulaba el SAC. Dichas discrepancias lamentablemente siguen existiendo al no haber aprovechado la ocasión para solucionar de forma expresa tal problema el nuevo RSAC. Y es que ciertamente existen argumentos para defender ambas posturas.

Como argumentos en defensa de la postura de que no cabe solicitar responsabilidad extracontractual vía arbitraje de consumo[82] están los que parte de la doctrina ya aducía estando vigente el citado Real Decreto de 1993, a saber:

1°. Fundamentalmente, que la responsabilidad civil extracontractual se trata de una materia que no deriva de una relación de consumo en sentido estricto de la que parten los arts. 1 a 4 TRLGDCU, determinada por su origen contractual; y que nadie es propiamente consumidor frente a los daños de tal tipo y, en consecuencia, no ca-

---

81 Igualmente, cabría anular el laudo de conformidad con el art. 41.1.a) LA por no ser válido el convenio arbitral de consumo al ser contrario a la ley (entendida ésta en el sentido amplio de norma integrante de nuestro ordenamiento jurídico, con independencia del rango) de acuerdo con el art. 1255 CC, y por versar sobre un objeto imposible (art. 1272 CC).

82 Entre otros autores, Bonachera Villegas, R.: "El Real Decreto 231/2008, la anhelada modificación del sistema arbitral de consumo", *Diario La Ley*, núm. 7045, 2008, edición electrónica, p. 6; o Marín López, M. J.: "La nueva regulación del arbitraje de consumo: el Real Decreto 231/2008, de 15 de febrero", *Diario La Ley*, núm. 6905, 2008, edición electrónica, p. 4.

bría reclamarlos vía arbitraje de consumo[83] (*vid.* la SAP Santa Cruz de Tenerife —Sección 1ª— núm. 593/1999, de 26 de junio [AC 1999, 6952][84] y las SSAP Almería —Sección 3ª— núm. 94/2004, de 15 de abril (*Tol 422034*) y núm. 58/2006, de 4 de abril (*Tol 6310822*)[85]].

---

83 CARRASCO PERERA, A.: "Delimitación temporal, objetiva y territorial del arbitraje de consumo", en FLORENSA I TOMÀS, C. E. (Ed.), *El arbitraje de consumo: una nueva dimensión del arbitraje de Derecho privado*, Tirant lo Blanch, Valencia, 2004, p. 97; DÍEZ GARCÍA, H.: "Admisión e inadmisión a trámite de solicitudes de arbitraje de consumo", *cit.*, p. 23; MARÍN LÓPEZ, M. J.: "Presente y futuro del arbitraje de consumo: 43 cuestiones controvertidas", *cit.*, p. 10. Para HERRERO PEREZAGUA, J. F.: *Jurisdicción y competencia en materia de consumidores*, *cit.*, pp. 33-35, 45 y 46, "debe advertirse que la consideración como consumidor de quien lo es en sentido material ha de anudarse a la existencia de una relación de consumo, de modo que no será tenido como tal quien experimente unos daños y perjuicios que no tenga su origen en una actividad de provisión de bienes o servicios".

84 Esta Sentencia ha entendido que no cabe arbitraje de consumo en relaciones de consumo que no son propiamente contractuales, como las que existen entre un propietario y una compañía de telecomunicaciones que ha invadido con el cable el terreno de aquél (CARRASCO PERERA, A.: "Delimitación temporal, objetiva y territorial del arbitraje de consumo", *cit.*, pp. 91y 97). En concreto, resuelve si puede ser objeto de arbitraje la retirada de un cable telefónico que se sitúa por encima del parapeto de una vivienda y la obligación de realizar su instalación mediante canalización subterránea, amén de otras cuestiones, y dice que el SAC presupone que exista una relación de consumo con base en una relación de derecho privado, contractual o extracontractual, en la que una persona física o jurídica aparece como destinatario final (FD Tercero, reproducido nuevamente por la SAP de Barcelona (Sección 14ª) núm. 471/2004, de 7 de julio [JUR 2004, 283492], FD Tercero). En consecuencia, no puede calificarse de consumidora a la reclamante "respecto de lo interesado, ya que no tiene fundamento en la adquisición, utilización o disfrute como destinatario final del servicio o actividad desplegado por la «Compañía Telefónica», sino que su fundamento está en la invasión y daños causados en una propiedad privada que atribuye a la otra parte y cuya reparación insta, por lo que el ejercicio de la correspondientes acciones de defensa de la propiedad debe realizarse en el ámbito de la jurisdicción ordinaria" (FD Cuarto).

85 Según las resoluciones citadas de la Sección 3ª (dictadas en una serie de casos idénticos en que se exigía responsabilidad por los daños causados en viviendas como consecuencia de fugas de agua provenientes de la red general de abastecimiento), el objeto del arbitraje de consumo se concreta en el ámbito propio de los derechos de los consumidores, lo que presupone que exista una relación de derecho privado en la que una persona física o jurídica aparece como destinatario final, conforme al art. 1 de la LGDCU (FD Segundo). Concluyen, en tal sentido, que excede del ámbito del arbitraje de consumo reclamar una indemnización por daños extracontractuales, ya que al reclamante "no puede conceptuársele como consumidor o usuario respecto de lo interesado, ya que

En este sentido no hay que perder de vista que la propia Exposición de Motivos del del Real Decreto Legislativo 1/2007, de 16 de diciembre, reza que “el consumidor y usuario, definido en la ley (...) interviene en las relaciones de consumo (...) contratando bienes y servicios (...)”.

2º. Por otro lado, cabe aducir que la previsión expresa del art. 2.2 RSAC sobre que no cabe exigir una concreta responsabilidad civil extracontractual (que será tratada en el siguiente epígrafe) se extiende o es aplicable a toda culpa extracontractual, tal y como ya habían entendido algunos autores con respecto al anterior Real Decreto de 1993.

3º. Y un último argumento es que el nuevo RSAC (al igual que el ARDSAC) frente al anterior Real Decreto de 1993, que se refería al arbitraje de consumo como un medio de solución de conflictos sólo en relación con los “derechos legalmente reconocidos” (art. 2.1) al consumidor, ha aludido a “derechos legal o contractualmente reconocidos al consumidor” y a “derechos reconocidos legal o contractualmente” (arts. 1.2 y 32.1, respectivamente), añadiendo, por tanto, este segundo término, dejando clara su equivalencia con el primero.

Pero también cabe aducir argumentos en defensa de que sí es posible exigir responsabilidad extracontractual vía arbitraje de consumo, tales como los siguientes:

1º. Por un lado, que si la finalidad del SAC es resolver los problemas entre empresarios y consumidores manifestados por éstos últimos en relación con sus derechos reconocidos legalmente, si tenemos en cuenta que la norma de protección del consumidor por excelencia (TRLGDCU) aborda su protección tanto en materia de responsabilidad civil contractual como extracontractual, la consecuencia lógica es que el solicitante de arbitraje en ambos supuestos ostenta la condición de consumidor.

---

no tiene su fundamento en la adquisición, utilización o disfrute como destinatario final del servicio o actividad (...), sino que la base de su reclamación se encuentra en los daños causados en su vivienda como consecuencia de una fuga de agua, proveniente de la red general de abastecimiento que, según el informe pericial incorporado al expediente arbitral, necesitó ser reparada en una zona de la vía pública contigua al inmueble afectado, en el que se detectaron grietas, humedades y asientos en el terreno por lo que el ejercicio de las correspondientes acciones de defensa de la propiedad debe realizarse en el ámbito de la jurisdicción ordinaria” (FD Tercero).

2º. Por otro, que al guardar silencio al respecto el nuevo Reglamento, nada lo impide, es decir, que si el RSAC no dice nada sobre esta cuestión es porque pretende que a través del SAC se resuelvan las reclamaciones de los consumidores cualquiera que sea su origen.

3.º) Además, que la actual LA (al igual que hacía la anterior Ley Arbitral de 1988 en su art. 5.1) permite este medio extrajudicial de solución de conflictos para resolver cuestiones derivadas "de una determinada relación jurídica, contractual o no contractual" (art. 9.1).

4.º) Y también, que al ser el arbitraje de consumo un medio de solución de conflictos en relación con los derechos "legal o contractualmente" reconocidos al consumidor (arts. 1.2 y 32.1 RSAC), el empleo de la conjunción disyuntiva "o" implica que se abarcan tanto los supuestos de responsabilidad contractual como extracontractual.

De ahí que no sorprenda que haya otra parte de la doctrina[86] e, incluso, de la jurisprudencia menor [SAP Guadalajara —Sección 4ª— núm. 125/1997, de 15 de mayo (AC 1997, 1008)[87]; SAP Almería —Sección 2ª— núm. 243/2004, de 11 de noviembre (*Tol 555118*)[88];

---

86 Entre otros, ABELLÁN TOLOSA, L.: "El sistema arbitral de consumo", *cit.*, p. 610; CASADO CERVIÑO, A.: "El arbitraje de consumo", *Actualidad Civil*, núm. 4, 2006, edición electrónica, p. 10; GARCÍA RUBIO, M. P.: "El arbitraje como mecanismo de solución de controversias en materia de consumo", *Revista de la Corte española de Arbitraje*, Vol. IX, 1993, p. 91; OROZCO PARDO, G., y PÉREZ-SERRABONA GONZÁLEZ, J. L.: "Estudio crítico y propuestas de reforma del Arbitraje de Consumo", *Aranzadi Civil*, núm. 1, 2007, p. 23.

87 Esta Sentencia no anula el laudo que acordaba determinada indemnización por los daños sufridos como consecuencia de la inclusión por error en las páginas amarillas de su número de teléfono como propio de un concesionario de vehículos de Guadalajara (esto es, determinada responsabilidad extracontractual), considerando que "la cuestión resuelta a través del laudo sí podría ser objeto de arbitraje" (FD Primero).

88 Esta Sentencia argumenta que la oferta pública realizada por la entidad impugnante comprendía "la totalidad de la actividad de la empresa y no sólo de reclamaciones de contratos con usuarios" (FD Segundo), de lo que se deduce que nada impediría exigir responsabilidad extracontractual a través del SAC. Pero es que, asimismo, con mucha mayor precisión se pronuncia el FD Tercero de la citada Sentencia que, tras un análisis de las materias no susceptibles de arbitraje a la luz del art. 2 LA, señala por un lado, que "no se encuentran entre las cuestiones que se excluyen del arbitraje, conforme a la legislación vigente, las reclamaciones de un particular por daños causados por la empresa suministradora de agua por causa de ese suministro"; que tampoco fueron excluidas

SAP Islas Baleares —Sección 4ª— núm. 429/2006, de 23 de octubre (*Tol 6181887*)[89]] que se haya mostrado a favor de esta segunda postura y entiendan que nada impide someter a arbitraje de consumo la responsabilidad contractual de tipo secuencial (más próxima a la extracontractual[90]), "en que la solicitud de arbitraje contiene una pretensión indemnizatoria de daños ocasionados en el seno o con ocasión de una relación jurídica de consumo (v. gr. consumidor que acude a un taller de automóviles a recoger su coche ya reparado y sufre daños en una prenda de vestir porque un empleado le derrama un líquido decolorante)"[91] e, inclusive, la responsabilidad precontractual[92].

---

en la oferta pública de sometimiento, ya que en la misma se incluyeron "todos los conflictos entre particulares y la entidad que suministra el agua" sin limitación alguna; y, en tercer lugar, que el convenio arbitral así formalizado "opera como norma excluyente de la jurisdicción ordinaria, sea contenciosa o de otro orden", la cual según la impugnante era la única competente para conocer del asunto al tratarse el abastecimiento de agua de un servicio público municipal de carácter esencial y ella gestionar el mismo indirectamente al amparo de la Ley de Bases de Régimen Local.

89 Esta Sentencia no anula el laudo que acepta la indemnización solicitada por los daños materiales ocasionados para poder conseguir el premio que le correspondía al consumidor según una publicidad promocional, entendiendo que si lo que el Real Decreto de 1993 "pretende es la resolución de quejas y reclamaciones de los usuarios, la decisión de las juntas arbitrales de consumo, deben abarcar todas las incidencias y consecuencias del hecho denunciado, pues, de lo contrario, se vería frustrada una de las principales finalidades de la Ley de Arbitraje que deposita en los árbitros la decisión íntegra del conflicto, sin necesidad de acudir a los órganos jurisdiccionales, salvo para su anulación por motivos rigurosos y tasados" (FD Tercero).

90 En muchos casos resulta difícil deslindar y diferenciar entre responsabilidad contractual y extracontractual.

91 Díez García, H.: "Admisión e inadmisión a trámite de solicitudes de arbitraje de consumo", *cit.*, p. 24, quien se muestra en contra de la posible sumisión a arbitraje de consumo de este tipo de supuestos, añadiendo que lo adecuado en estos casos para determinar si esos concretos daños materiales pueden exigirse a través de arbitraje de consumo será analizar "la concreta relación contractual de consumo entablada entre las partes para determinar si ésta comportaba o no esa garantía de indemnidad para el consumidor en bienes distintos del bien de consumo. Sólo si la respuesta es afirmativa, cabrá admitirlas a trámite, al resultar ya aptas para poder ser objeto de arbitraje de consumo".

92 No olvidemos que "es frecuente incluir en el régimen de responsabilidad extracontractual, como una subespecie de ella, la denominada responsabilidad

A los cuatro motivos esgrimidos a favor de esta segunda postura, actualmente cabe añadir uno quinto fundamental, a saber: es la postura que ha mostrado la Unión Europea en la citada Propuesta de Directiva del Parlamento Europeo y del Consejo por la que se modifica la Directiva 2013/11/UE. Así, según la misma, "las modificaciones propuestas tienen por objeto garantizar que las entidades de resolución alternativa puedan conocer de todos los litigios en materia de consumo, en particular los que surjan en los mercados digitales, incluso respecto de obligaciones extracontractuales, y de los relacionados con derechos extracontractuales de origen normativo". Y es que uno de los objetivos de esta Propuesta es abarcar un amplio espectro de derechos de los consumidores de la Unión Europea, que pueden no estar recogidos expresamente en los contratos o que aluden a fases precontractuales, para lo cual se amplía el ámbito de aplicación de la Directiva 2013/11/UE[93]. De esta forma quedarían incluidos de-

precontractual" (Herrero Perezagua, J. F.: *Jurisdicción y competencia en materia de consumidores*, *cit.*, p. 36. Hay que decir que el citado autor, aunque parte de excluir de las relaciones de consumo la posibilidad de exigir responsabilidad extracontractual, excepcionalmente entiende y añade con acierto que "las pretensiones que tengan como causa un incumplimiento de las obligaciones o una contravención de las obligaciones atinentes a la oferta y promoción de bienes y servicios han de ser enmarcadas en las relaciones de consumo (siempre que se dirijan o afecten a los destinatarios finales de esos bienes o servicios)".

93 Y en coherencia con ello el Considerando 5 pergeña que "la Directiva 2011/13/UE también debe abarcar los derechos de los consumidores derivados de la normativa de la Unión que regula las relaciones entre consumidores y comerciantes cuando no exista una relación de carácter contractual, con respecto al derecho de acceso a los productos y servicios, y al pago por estos, sin ser objeto de discriminación por razón de la nacionalidad o del lugar de residencia o de establecimiento, con arreglo a lo dispuesto en los artículos 4 y 5 del Reglamento (UE) 2018/302 del Parlamento Europeo y del Consejo; los derechos a abrir cuentas bancarias y a efectuar traslados de cuentas establecidos en los artículos 9, 10, 11 y 16 de la Directiva 2014/92/UE del Parlamento Europeo y del Consejo y a no ser discriminado establecido en el artículo 15 de dicha Directiva; el derecho a recibir información transparente sobre las condiciones al por menor de las llamadas y mensajes SMS en itinerancia establecido en los artículos 13, 14 y 15 del Reglamento (UE) 2022/612 del Parlamento Europeo y del Consejo; y el derecho a la transparencia en el precios de las tarifas aéreas y fletes aéreos establecido en el artículo 23 del Reglamento (CE) n.º 1008/2008 del Parlamento Europeo y del Consejo. Por lo tanto, debe contemplarse que los litigios que surjan en relación con estas categorías de derechos de los consumidores puedan ser objeto de procedimientos de resolución alternativa"; el Considerando 6, que

rechos tales como "a cambiar de prestador de servicios o el derecho a la protección frente al bloqueo geográfico".

Así las cosas, para garantizar la seguridad jurídica convendría *de lege ferenda* aclarar expresamente esta controvertida cuestión decantándose hacia la segunda postura tratada en la línea de la Unión Europea. Ante la ausencia de una regulación expresa, sería recomendable que la Comisión de las JAC interviniera dando su parecer al respecto en el sentido que he propuesto sirviendo como criterio unificador (art. 18.1.b) RSAC), aunque a la postre cada órgano arbitral siempre podrá, aun justificándolo, apartarse del criterio de aquélla (art. 18.3 RSAC).

B) Materias jurídicamente de libre disposición para las partes: ¿exclusión de las normas imperativas?

Por otro lado, la delimitación positiva exige que estemos ante "materias de libre disposición de las partes conforme a derecho" para que la controversia sea susceptible de arbitraje de consumo. Estamos ante una previsión que, aunque en realidad es redundante considerando la supletoriedad de la LA (art. 2.2), no está exenta de problemas interpretativos. Y ello es así no solo porque para saber si estamos o no ante "materias de libre disposición" hay que realizar un recorrido por los distintos sectores del ordenamiento jurídico[94] que,

---

"en los Estados miembros debe poderse aplicar procedimientos de resolución alternativa también a los litigios relacionados con otros derechos extracontractuales derivados del Derecho de la Unión, como los derechos dimanantes de los artículos 101 y 102 del TFUE o los derechos de los usuarios recogidos en el Reglamento (UE) 2022/1925 del Parlamento Europeo y del Consejo. Esto se entiende sin perjuicio de la labor de garantía del cumplimiento de dichas normas que realicen las autoridades públicas"; y se modifica el art. 2.2 de la Directiva 2013/11/UE.

94 Indica la STSJ Madrid (Sala de lo Civil y Penal) núm. 7/2024, de 6 de febrero (*Tol 9909500*): "Como recordábamos, por ejemplo, en nuestra STSJ M de 18 de enero de 2022 (NLA 33/2021) "la Exposición de Motivos de la propia Ley de Arbitraje indica que su artículo 2 "regula las materias objeto de arbitraje sobre la base del criterio de la libre disposición, como hacía la Ley 36/1988. Sin embargo, se reputa innecesario que esta ley contenga ningún elenco, siquiera ejemplificativo, de materias que no son de libre disposición. Basta con establecer que la arbitrabilidad de una controversia coincide con la disponibilidad de

a su vez, exige una complicada labor interpretativa de sus normas, sino porque cabe hablar tanto de un concepto sustantivo como procesal de disponibilidad.

Si partimos de un concepto sustantivo, cabría utilizar como criterio para determinar si una materia es o no disponible y, por tanto, arbitrable, el de la renunciabilidad o no de los derechos en conflicto, equiparando posibilidad de renuncia a disponibilidad. De este modo, si estamos ante una materia renunciable (siempre, claro está, con los límites del art. 6.2 CC y, por tanto, sólo será válida cuando no se contraríe el interés o el orden público ni perjudique a terceros) en los términos del Código Civil, también estamos ante una materia disponible y, por tanto, susceptible de arbitraje[95].

Pero partiendo de que el objeto de todo proceso, sea judicial o arbitral, es o viene constituido en realidad por pretensiones, resulta más oportuno convenir con Montero Aroca que no son susceptibles de arbitraje aquellas pretensiones que, según el ordenamiento jurídico, sólo pueden ser ejercitadas mediante un proceso judicial y resueltas a través de sentencia[96]. Esto es, parece más adecuado partir

---

su objeto para las partes. En principio, son cuestiones arbitrables las cuestiones disponibles. Es concebible que por razones de política jurídica haya o pueda haber cuestiones que sean disponibles para las partes y respecto de las que se quiera excluir o limitar su carácter arbitrable. Pero ello excede del ámbito de una regulación general del arbitraje y puede ser objeto, en su caso, de disposiciones específicas en otros textos legales"" (FD Quinto).

95 Álvarez Alarcón, A.: *El sistema español de arbitraje de consumo*, Instituto Nacional del Consumo, Madrid, 1999, p. 71; Díez García, H.: "Admisión e inadmisión a trámite de solicitudes de arbitraje de consumo", *cit.*, p. 6.

96 Montero Aroca, J.: "Comentario al artículo 2. Materias objeto de arbitraje", en Barona Vilar, S. (coord.), *Comentarios a la Ley de Arbitraje (Ley 60/2003, de 23 de diciembre)*, Thomson-Civitas, 2004, pp. 118 y 122. Autores como Munné Catarina sin embargo no se muestran partidarios de este criterio entendiendo que "ello podría llevar incluso al absurdo de sostener que con base en el art. 117.3 CE todo es indisponible o lo que es lo mismo a sostener la inconstitucionalidad del arbitraje en sí mismo" (*vid.* Munné Catarina, F.: *El arbitraje en la Ley 60/2003. Una visión práctica para la gestión eficaz de los conflictos*, Ediciones Experiencia, 1ª Ed., 2004, p. 43). Sin embargo, frente a tal entendimiento, debe tenerse en cuenta que el aludido precepto debe interpretarse "respecto de los poderes ejecutivo y legislativo, pero en absoluto como excluyente del arbitraje" (en este sentido, *vid.* Montero Aroca, J.: "Comentario al artículo 2. Materias objeto de arbitraje", *cit.*, p. 100).

de un concepto procesal de la disponibilidad y entender que debe referirse al propio cauce resolutorio, en la línea adoptada por nuestro Tribunal Supremo (Sala Primera) en Sentencias como la núm. 355/1998, de 18 de abril (*Tol 5119860*), FD Segundo[97].

La cuestión de la disponibilidad de la materia ha llevado a la doctrina y a la jurisprudencia a plantearse si es posible o no someter a arbitraje pretensiones relacionadas con ámbitos o sectores del ordenamiento jurídico fuertemente regulados por normas imperativas o de *ius cogens* indisponibles para las partes (piénsese en el Derecho societario, de la competencia, en los arrendamientos, en la propiedad intelectual, etc.). Actualmente, la doctrina y la jurisprudencia[98]

---

97 Señala esta Sentencia: "La posibilidad de someter a arbitraje la nulidad de la Junta General y la impugnación de acuerdos sociales fue admitida por esta Sala en sentencias de 26 de abril de 1905 y 9 de julio de 1907; la sentencia de 15 de octubre de 1956 cambió el criterio y negó aquella posibilidad, que fue reiterado por las sentencias de 27 de enero de 1968, 21 de mayo de 1970, 15 de octubre de 1971; actualmente, tras las reformas legales, tanto de la legislación de arbitraje como de la societaria, esta Sala debe pronunciarse confirmando la última doctrina o volviendo a la más antigua. Esta Sala estima que, en principio, no quedan excluidas del arbitraje y, por tanto, del convenio arbitral la nulidad de la Junta de accionistas ni la impugnación de acuerdos sociales; sin perjuicio, de que si algún extremo está fuera del poder de disposición de las partes, no puedan los árbitros pronunciarse sobre el mismo, so pena de ver anulado total o parcialmente su laudo. Se tienen en cuenta varios argumentos: la impugnación de acuerdos sociales está regida por normas de ius cogens pero *el convenio arbitral no alcanza a las mismas, sino al cauce procesal de resolverlas*; el carácter imperativo de las normas que regulan la impugnación de acuerdos sociales, no empece el carácter negocial y, por tanto, dispositivo de los mismos; no son motivos para excluir el arbitraje en este tema, ni el artículo 22 de la Ley Orgánica del Poder Judicial que se refiere a jurisdicción nacional frente a la extranjera, ni el artículo 118 de la Ley de Sociedades Anónimas que se refiere a la competencia territorial, ni se puede alegar, bajo ningún concepto, el orden público, como excluyente del arbitraje" (la cursiva es mía).

98 Entre las más recientes, el AAP Gerona (Sección 2ª) núm. 113/2023, de 17 de mayo (*Tol 9727856*), FD Primero, según el cual "aunque algunos pronunciamientos judiciales identifiquen norma imperativa con orden público, o norma imperativa con contenido indisponible, la doctrina actual —a partir de la LAU 1994— tiende a mantener la idea de la arbitrabilidad de los derechos arrendaticios". En este FD se cita otra jurisprudencia menor en igual sentido.
En el ámbito societario, puede verse el AAP Bilbao (Sección 4ª) núm. 180/2023, de 14 de abril (*Tol 9856076*), si bien declara la nulidad del laudo en el caso particular al entender que las cláusulas arbitrales se deben interpretar restricti-

coinciden en su admisión con carácter general, si bien exigiendo que tales normas imperativas sean respetadas por los árbitros[99], sea el arbitraje en derecho o en equidad.

En definitiva, y llevando las aludidas consideraciones al SAC, el hecho de estar o resultar aplicables normas imperativas, que incluso integren el orden público[100], no significa que estemos ante materias

---

vamente "pues representan una renuncia al derecho a la tutela judicial efectiva de conformidad con el art. 9.1 de la Ley de Arbitraje y la interpretación del convenio arbitral que se representa por las Sentencias del Tribunal Supremo de fechas 9 de julio de 2007, 20 de noviembre de 2008 y 11 de febrero de 2010 y las que en ellas se citan" (FD Cuarto).

Sin embargo, en contra el ATSJ Madrid (Sala de lo Civil y Penal) de 25 de octubre de 2023 (*Tol 10126112*), según el cual "considerando que las materias objeto del presente pleito son la declaración de infracción de las normas de Defensa de la Competencia, y consiguiente nulidad de los actos infractores, hay que concluir que dichas materias no son de libre disposición de las partes conforme a Derecho" (RJ Segundo).

99 Defendiendo el respeto de estas normas, entre otros, CREMADES SAN-PASTOR, B. M.: "Comentario al Título II. Del convenio arbitral y sus efectos (Arts. 9 y 11 de la Ley 60/2003, de Arbitraje)", en DE MARTÍN MUÑOZ, A. y HIERRO ANIBARRO, S. (coords.), *Comentario a la Ley de Arbitraje*, Marcial Pons, Madrid, 2006, p. 288; ESPLUGUES MOTA, C.: "Comentario al artículo 34. Normas aplicables al fondo de la controversia", en BARONA VILAR, S. (coord.), *Comentarios a la Ley de Arbitraje (Ley 60/2003, de 23 de diciembre)*, Thomson-Civitas, 2004, p. 1117; FERNÁNDEZ ROZAS, J. C.: "Ámbito de actuación y límites del juicio de árbitros tras la Ley 60/2003, de Arbitraje", en FERNÁNDEZ ROZAS, J. C. (dir.), *La nueva Ley de Arbitraje*, Editorial CGPJ, Madrid, 1ª Ed., 2006, p. 82; HERNÁNDEZ-GIL ÁLVAREZ CIENFUEGOS, A.: "Comentario al Título I. Disposiciones generales (Arts. 1, 2, 4-8)", en DE MARTÍN MUÑOZ, A. y HIERRO ANIBARRO, S. (coords.), *Comentario a la Ley de Arbitraje*, Marcial Pons, Madrid, 2006, p. 151, "como refleja el principio informador del art. 6.3 CC"; SUÁREZ ROBLEDANO, J. M.: "El juez de control del arbitraje: anulación y revisión del laudo", en FERNÁNDEZ ROZAS, J. C. (dir.), *La nueva Ley de Arbitraje*, Editorial CGPJ, Madrid, 1ª Ed., 2006, p. 206. Y, en este sentido, concluyendo que no cabe en estos casos un arbitraje de equidad, GASPAR LERA, S.: *El ámbito de aplicación del arbitraje*, Aranzadi, Pamplona, 1998, p. 172; siguiéndola, HERRERO PEREZAGUA, J. F.: *Jurisdicción y competencia en materia de consumidores*, *cit.*, p. 48, nota 50.

100 No hay que confundir orden público con normas imperativas. Así, "es cierto que el orden público se manifiesta habitualmente en forma de normas de derecho imperativo, pero no toda ley imperativa forma parte del orden público.

Nuestro ordenamiento configura ambos conceptos como límites a la autonomía privada, pero distingue expresamente entre orden público (arts. 1.3, 6.2, 12.3, 594 y 1255 del CC) y normas imperativas o prohibitivas (arts. 6.3 y 12.4

indisponibles para las partes y, por ende, será posible someter a arbitraje de consumo las controversias que de ellas deriven. No hay problema en someter tales asuntos a este arbitraje con la única condición de que aquellas normas sean observadas por el órgano arbitral (art. 16 de la Ley 7/2017, que a su vez trae causa en el art. 11 de la Directiva 2013/11/UE)[101].

En este sentido, y por poner un ejemplo, aunque el laudo arbitral se base en considerar una cláusula contractual abusiva, estamos ante materias susceptibles de arbitraje porque la existencia de este tipo de cláusulas no impide la sumisión a arbitraje, siempre y cuando la abusividad —esto es fundamental— sea declarada previa audiencia de las partes, tal y como exige el art. 83 TRLGDCU y la observancia de los principios de audiencia y contradicción (art. 31.2 RSAC). En caso de no oír a la empresa al respecto y permitirle formular alegaciones, cabría anular el laudo de acuerdo con el art. 41.1.b) (por no haberse permitido a la parte reclamada hacer valer sus derechos) e, inclusive, *ex* art. 41.1, d) LA (por no haberse ajustado el procedimiento arbi-

---

CC)" [STSJ Islas Baleares —Sección 1ª— núm. 7/2019, de 4 de diciembre (*Tol 7806131*), FD Tercero].

101 Dicho esto, y en honor a la verdad, hay que decir que el debate de la no arbitrabilidad de determinadas pretensiones por versar sobre materias indisponibles igualmente ha estado presente en el arbitraje de consumo. Así lo evidencia la existencia de una amplia casuística jurisprudencial al conocer de acciones de anulación de laudos de consumo instadas al amparo de haberse resuelto sobre cuestiones indisponibles para las partes. Por lo que ahora interesa, el problema de la susceptibilidad de arbitraje de consumo de determinadas pretensiones relacionadas con materias fuertemente reguladas por normas imperativas se ha planteado en la práctica en numerosas ocasiones con respecto a la prestación de servicios públicos. Un análisis de la jurisprudencia menor en esta sede permite concluir que, pese a la pretendida anulación de los laudos, el estar en presencia de servicios públicos cuya forma de prestación por la empresa concesionaria se encuentra minuciosamente regulada, atribuyendo incluso funciones de control y supervisión a órganos ministeriales, en principio no impide su sometimiento a arbitraje de consumo. Y digo "en principio" porque no hay una jurisprudencia unánime al respecto. Téngase en cuenta que el caballo de batalla de la práctica de nuestros tribunales surge con respecto a las relaciones jurídicas entabladas por sectores mediatizados por normas jurídico-públicas (mercado de la energía, telecomunicaciones, etc.). Para más detalles sobre la arbitrabilidad o no de controversias en el sector de telecomunicaciones, transporte público, gas natural y servicio postal universal puede verse Marcos Francisco, D.: *El arbitraje de consumo y sus nuevos retos, cit.*, pp. 106-136.

tral a los principios esenciales contemplados en el art. 31.2 RSAC y en el art. 24.1 LA) y, según el TSJ de las Islas Baleares, por vulnerar el orden público *ex* art. 41.1.f) LA [STSJ Islas Baleares —Sala de lo Civil y Penal— núm. 5/2022, de 12 de diciembre, FD Tercero (*Tol 9806985*)[102]]. Y ello es así tanto en arbitrajes de consumo en derecho

---

102 Así, indica la Sentencia: "Pues bien, en el supuesto hoy enjuiciado nos encontramos con que la Junta Arbitral de Consumo apreció de oficio el carácter abusivo de la cláusula octava del contrato de suministro de energía eléctrica que había permitido el incremento de tarifas, incremento cuya devolución reclamaba el consumidor, sin hacer alegación alguna sobre el eventual carácter abusivo de la cláusula en la que la empresa se apoyaba para exigir ese aumento de la tarifa inicialmente pactada.
Ahora bien, contraviniendo el principio de audiencia bilateral derivado del derecho a la tutela judicial efectiva sin indefensión proclamado en el artículo 24.1 de la Constitución, y del que es expresión el artículo 83 de la Ley General de Protección de Consumidores y usuarios cuando supedita la apreciación de abusividad de una cláusula contractual a la audiencia a las partes— la Junta Arbitral no dio audiencia a la empresa demandada sobre dicho extremo en el que finalmente funda su decisión y, por tanto, hemos de concluir que el laudo vulnera el orden público formal o procesal en el sentido en que antes se ha definido, al no respetar el principio de audiencia bilateral, garantía procesal de relevancia constitucional, por lo que procede declarar nulo el laudo arbitral objeto de la presente impugnación".
Me parece poco pertinente que esta Sentencia acuerde la nulidad del laudo basada en la vulneración del orden público porque ello no se ajusta a la jurisprudencia del TC. Recordemos que, conforme a esta, el arbitraje no encuentra su fundamento en el art. 24 CE sino en los arts. 1.1 y 10.1 CE, por lo que las garantías procesales derivadas del art. 24 no son aplicables al arbitraje ni, por tanto, configuran un orden público arbitral (cuestión distinta es que también deban observarse porque así se exija conforme a la LA). En este sentido puede verse la STC (Sala Segunda) núm. 65/2021, de 15 de marzo (BOE núm. 97, de 23 de abril de 2021), cuyo FJ 5 indica que "asentado, por consiguiente, el arbitraje en la autonomía de la voluntad y la libertad de los particulares (arts. 1 y 10 CE), el deber de motivación del laudo no se integra en el orden público exigido en el art. 24 CE para la resolución judicial, sino que se ajusta a un parámetro propio, definido en función del art. 10 CE. Este parámetro deberán configurarlo, ante todo, las propias partes sometidas a arbitraje a las que corresponde, al igual que pactan las normas arbitrales, el número de árbitros, la naturaleza del arbitraje o las reglas de prueba, pactar si el laudo debe estar motivado (art. 37.4 LA) y en qué términos. En consecuencia, la motivación de los laudos arbitrales carece de incidencia en el orden público". Acogiendo dichos términos se pronuncia la más reciente STC de igual Sala Segunda núm. 50/2022, de 4 de abril, FJ 3 (BOE núm. 113, de 12 de mayo de 2022), o la aún más reciente STC (Sala Primera) núm. 79/2022, de 27 de junio, FJ 2 (BOE núm. 181, de 29 de julio de 2022).

como en equidad porque "esos contenidos imperativos imponen a los jueces y a los árbitros la obligación de fallar conforme a ellas, y suponen una delimitación del concepto jurídico de equidad" (entre otras resoluciones, *vid.* STSJ Madrid —Sala de lo Civil y Penal— núm. 49/2013, de 1 de julio [ECLI:ES:TSJM:2013:8238], FD Tercero[103]).

2) Delimitación negativa

El nuevo Reglamento se dedica a delimitar negativamente el ámbito de aplicación objetivo del arbitraje de consumo en su art. 2.2 sin introducir novedad sustancial alguna con respecto al ARDSAC. Es verdad que la anterior normativa únicamente recogía la imposibilidad de someter a arbitraje de consumo "los conflictos que versen sobre intoxicación, lesión, muerte o aquéllos en que existan indicios racionales de delito, incluida la responsabilidad por daños y perjuicios directamente derivada de ellos, conforme a lo previsto en el artículo 57.1 del Real Decreto Legislativo 1/2007, de 16 de noviembre, por el que se aprueba el texto refundido de la Ley General para la Defensa de los Consumidores y Usuarios y otras leyes complementarias"; previsión que ahora se recoge en la letra a) del apartado 2 del art. 2 RSAC. Pero también lo es que la previsión añadida expresamente por el nuevo Reglamento en la letra b) para excluir las controversias "que se refieran a servicios públicos de interés general, no económicos o prestacionales, facilitados por las administraciones públicas" ya se desprendía de varios preceptos del ARDSAC (en concreto, sus arts. art. 20.1 y 32.1). Para evitar reiteraciones me remito a lo expuesto en el apartado II.3) del Capítulo primero de esta monografía.

Considero importante efectuar una serie de observaciones con respecto a la nueva regulación. Así:

También, la STSJ Islas Canarias (Sala de lo Civil y Penal) núm. 1/2024, de 25 de enero (*Tol 9994315*), FD Primero.

103 En este mismo FD de la resolución se exponen las distintas posturas jurisprudenciales seguidas en torno a la cuestión polémica de si es posible someterse o no a arbitraje controversias surgidas de un contrato de arrendamiento de vivienda.

1ª. La previsión contenida en el art. 2.2.a) RSAC sigue la línea del art. 57.1 TRLGDCU y también está en sintonía con el art. 18.1.f)[104] de la Ley 7/2017. En realidad, el art. 2.2.a) RSAC viene a coincidir con lo dispuesto en el citado art. 57.1 TRLGDCU, aunque añadiendo la coletilla final "incluida la responsabilidad por daños y perjuicios directamente derivada de ellos". Dicha adición, ya incluida en el ARDSAC, responde a los problemas interpretativos que se plantearon durante la vigencia del Real Decreto 636/1993, de 3 de mayo, por el que se regulaba el SAC[105]. No pretendo exponer aquí dichos problemas interpretativos que ya existían bajo la vigencia de tal Real Decreto 636/1993[106]. Pero conviene apuntar que con tal coletilla se quiso dejar claro que no cabe exigir la mal llamada responsabilidad civil derivada del delito mediante arbitraje de consumo, decisión harto criticable. Y es que, como ya hace años apuntaba Barona Vilar, si es posible reservarse la acción civil derivada de la comisión de unos hechos, tipificables y reprochables penalmente, pero que a su vez generan responsabilidad civil, y ejercitarla por los cauces civiles dispositivos que hoy conocemos, también esta responsabilidad civil *ex delito* debería poder exigirse por la vía del arbitraje de consumo[107].

---

104 Este precepto permite la inadmisión a trámite de reclamaciones por parte de la entidad de RAL cuando "tratándose de un procedimiento con resultado vinculante para el consumidor, el litigio planteado versa sobre intoxicación, lesión, muerte o existen indicios racionales de delito, incluida la responsabilidad por daños y perjuicios directamente derivada de ellos".

105 Su art. 2.2.d) se limitaba a reproducir literalmente el art. 31.1 de la derogada LGDCU de 1984. Decía el art. 2.2.d) ARD que "no podrán ser objeto de arbitraje de consumo las siguientes cuestiones: (...) d) Aquellas en las que concurran intoxicación, lesión, muerte o existan indicios racionales de delito".

106 Las perspectivas doctrinales y jurisprudenciales sobre las aludidas cuestiones excluidas "en las que concurra intoxicación, lesión, muerte o existan indicios racionales de delito" ya las traté en mi obra *El arbitraje de consumo y sus nuevos retos*, *cit.*, pp. 138-150.

107 *Vid.* "El laudo en el arbitraje de consumo", *Revista de la Corte Española de Arbitraje*, Vol. XIII, 1997, p. 36. En similar sentido, Abellán Tolosa, L.: "El sistema arbitral de consumo", *cit.*, p. 614; Bercovitz Rodríguez-Cano, A.: "La experiencia del arbitraje de consumo", en Tomillo Urbina, J. L. y Álvarez Rubio, J. (coords.), *El futuro de la protección jurídica de los consumidores: (actas del I Congreso Euroamericano de Protección Jurídica de los Consumidores)*, Civitas, 2008, p. 384; Lorca Navarrete, A. M.: *La Nueva Regulación del Arbitraje de Consumo. Real Decreto 231/2008 de 15 de febrero, por el que se regula el Sistema Arbitral de Consumo*, Instituto Vasco de Derecho Procesal, 2008, p. 29, indicando que "no tendría por qué

Además, tampoco parece estar justificada dicha exclusión en la complejidad de tales pretensiones, considerando el nombramiento de un colegio arbitral en los casos complejos (art. 13.1 RSAC) y que los árbitros deben acreditar determinada formación y conocimientos que evidencien sus "requisitos de honorabilidad y cualificación" (art. 10.1, 1° RSAC).

Dicho lo anterior, dado que lo que impide la norma con la expresión conflictos "en que existan indicios racionales de delito, incluida la responsabilidad por daños y perjuicios directamente derivada de ellos" es excluir la posibilidad de exigir responsabilidad civil *ex delicto* cuando existan indicios racionales —estando pendiente el correspondiente proceso penal— o cuando ya haya acabado dicho proceso penal con sentencia condenatoria, nada impide que, eliminadas las dudas sobre la existencia de delito, las partes se sometan a arbitraje de consumo para dilucidar las correspondientes responsabilidades civiles por los daños (en ningún caso personales, en los términos que explicaré *infra*) causados por los hechos que previa y judicialmente han sido declarados por sentencia firme no delictivos[108]. Piénsese, por ejemplo, en un caso en que el juez estimase que no hubo delito de estafa y en que, sin embargo, se causaron determinados daños civiles resarcibles al consumidor.

Por tanto, si existe un proceso penal abierto se impide el ejercicio simultáneo de la acción penal ante los tribunales penales y la acción civil *ex delicto* mediante arbitraje de consumo. Y, en caso de que el proceso penal se abra una vez ya iniciado el arbitraje de consumo, éste debería suspenderse hasta que recayera resolución judicial fir-

negarse tal posibilidad, aunque lo cierto es que existen importantes dificultades para aceptarla".

108 Así, resoluciones como la SAP de Madrid de 1 de julio de 1994 (disponible en Ministerio de Sanidad y Consumo. Instituto Nacional del Consumo, *Arbitraje de Consumo, pronunciamientos judiciales*, Instituto Nacional del Consumo, Madrid, 1999, pp. 196 y 197), indican "que la motivación sustentada en la prejudicialidad penal carece, no ya de todo sustento jurídico, sino incluso fáctico, al quedar acreditada la terminación del proceso penal con anterioridad al inicio del procedimiento arbitral" (FD Segundo). Tal proceso penal se archivó por sobreseimiento.

me en aquél[109]. Si no se suspendiera y llegara dictarse el laudo, cabría intentar su anulación por resolver cuestiones no susceptibles de arbitraje de consumo conforme al art. 41.1.e) LA e, inclusive, por vulnerar el orden público *ex* art. 41.1.f) LA. Por mucho que se haya entendido que la cuestión de prejudicialidad "no es una de las causas previstas y contempladas en el art. 41 de la Ley de Arbitraje" [SAP Valladolid —Sección 1ª— núm. 155/2009, de 15 de junio (*Tol 1558775*), FD Sexto], no podemos olvidar que, como ha declarado el propio Tribunal Constitucional en resoluciones como la Sentencia núm. 50/2022, de 4 de abril (BOE núm. 113, de 12 de mayo de 2022) de su Sala Segunda, el examen que lleva a cabo el órgano arbitral sobre la prejudicialidad penal puede ser revisado por los tribunales al conocer la acción de anulación del laudo, si bien con limitaciones, so pena de entender incorrectamente —de forma amplia— el concepto de orden público [STSJ Madrid (Sala de lo Civil y Penal) núm. 24/2023, de 14 de junio (*Tol 9665707*), FD Cuarto[110]].

---

109 En este sentido autores como Lete del Río, J. M.: "Arbitraje de consumo", *Actualidad Civil*, núm. 30, 1998, p. 720; Tasende Calvo, J. J.: "El arbitraje de consumo. Objeto y exclusiones. El arbitraje de arrendamientos urbanos y el de transporte", *Actualidad Civil*, núm. 37, 1997, p. 955.

110 Continúa diciendo esta Sentencia: "Así, establecía el Alto Tribunal, como premisas de la que hemos de partir al analizar el presente supuesto, las que resumimos a continuación:
a) resulta constitucionalmente legítimo que el ordenamiento jurídico establezca, en algunos supuestos, a través de la prejudicialidad devolutiva, la prioridad de una jurisdicción sobre otra (STC 89/1997, de 5 de mayo).
b) no obstante lo anterior, también ha advertido tanto acerca del "carácter restrictivo con que ha de aplicársela prejudicialidad penal en los procesos civiles", como que se trata de un juicio que queda "en el ámbito dela estricta legalidad ordinaria" en el que "serán las circunstancias concretas de cada caso las que, apreciadas por los órganos judiciales competentes para la resolución de los mismos, permitan al juzgador adoptar una u otra solución" (STC 166/1995, de 20 de noviembre, FJ 2).
c) En tanto que referencia prescriptiva o imperativa de la preferencia de una jurisdicción sobre otra, *la prejudicialidad penal integra el orden público procesal siempre y cuando se cumplan las exigencias legalmente previstas para ello.*
d) el tribunal arbitral, a fin de valorar la concurrencia de un supuesto de prejudicialidad legalmente previsto, *ha de ponderar en primer lugar si alguno de los hechos investigados en el proceso penal fundamenta las pretensiones de las partes en el proceso arbitral.* Ello exige una conexión causal directa e inmediata, desde el punto de vista fáctico, entre el hecho investigado y la pretensión ejercitada en vía arbitral.

2ª. El art. 2.2.a) RSAC, que ya sabemos acoge los términos del art. 2.2 ARDSAC[111], sigue adoleciendo de sus mismos defectos de técnica

---

Pero no basta con eso, puesto que, *en segundo lugar, el tribunal arbitral debe también analizar si la decisión del tribunal penal sobre tales hechos tiene o no influencia decisiva en la decisión arbitral a adoptar.*
e) Dicho todo lo anterior: Si la valoración del órgano judicial competente sobre una posible contradicción del laudo con el orden público no puede traer como consecuencia que ese órgano judicial supla al tribunal arbitral en su función de aplicación del Derecho, debe concluirse que la acreditación de la concurrencia de los presupuestos procesales que llevan a la apreciación del instituto de la prejudicialidad penal es una cuestión que ha de valorarse por el tribunal arbitral, en cuanto que ese juicio no excede del ámbito de la legalidad ordinaria (STC 224/1988, de 25 de noviembre, FJ 5), correspondiendo al órgano judicial únicamente controlar si esa decisión es respetuosa con las exigencias del orden público (STC 46/2020, FJ 4). Pero lo que el órgano judicial tiene vedado es, bajo pretexto de la realización del anterior examen externo, sustituir la valoración y motivación del tribunal arbitral por la suya propia, pues con ello excede sus atribuciones realizando una interpretación extensiva e injustificada de sus facultades de control del concepto de orden público del art. 41.1f) de la Ley 60/2003 que supera el alcance de la acción de anulación.
Es decir, y a modo de resumen, como expresa el FJ 5 de la citada Sentencia, "la acreditación de la concurrencia de los presupuestos procesales que llevan a la apreciación del instituto de la prejudicialidad penal es una cuestión que ha de valorarse por el tribunal arbitral, en cuanto que este juicio no excede del ámbito de la legalidad ordinaria". Al órgano judicial le está vedado, bajo pretexto de llevar a cabo el examen externo que le corresponde, suplir la motivación del colegio arbitral por la suya propia" (la cursiva es mía).
De ahí que la SAP de La Coruña (Sección 6ª) núm. 286/2003 (*Tol 845566*), de 16 de octubre, acertadamente indicara que "se puede distinguir con claridad que el núcleo de la reclamación se centra en el incumplimiento por parte de la entidad con la que se contrató el servicio de las cautelas previstas para la entrega de una cantidad, mientras que en los hechos objeto de denuncia penal el núcleo de la infracción es la ausencia de envío de la mercancía pactada pese a haberse percibido el dinero y que denota el ánimo fraudulento con el que se engañó al demandante. Por ello, lo que se somete a arbitraje no es un hecho indiciariamente constitutivo de un ilícito penal, sino un mero incumplimiento contractual, y sin que la innegable relación que existe en la realidad material entre uno y otro —el desplazamiento patrimonial propio de la supuesta estafa se materializó finalmente a causa del referido incumplimiento contractual— los dos son perfectamente deslindables desde una perspectiva jurídica" (FD Primero).

111 Tanto es así que el nuevo art. 2.2.a) habla de "aquellos" y de "ellos" en masculino, como hacía el ARDSAC, en vez de —como debería haber hecho— "aquellas" y "ellas" en femenino, para concordar con el sustantivo "controversias" que

legislativa al utilizar las expresiones de "intoxicación" y "lesión". Y ello porque si partimos de que a la luz de los preceptos del Código Penal reguladores de las lesiones (arts. 147 a 156 *quinquies*) podrían definirse éstas como "el menoscabo de la integridad corporal o de la salud física o mental de una persona, con independencia de que requiera o no asistencia facultativa", la mención expresa a la "intoxicación" (expresión extraña al Código Penal de 1973 e incluso al actual de 1995), un tipo de menoscabo de la salud física, es del todo innecesaria, al encontrarse incluida en aquéllas[112]. Y con respecto a los "indicios racionales de delito", estamos ante una expresión que si bien era extraña al Código Penal de 1973 y también entonces al Código Penal de 1995[113], la expresión sinónima "indicios racionales de criminalidad" era propia de la Ley de Enjuiciamiento Criminal, aprobada por Real Decreto de 14 de septiembre de 1882.

En cualquier caso, y pese a la desafortunada redacción del art. 2.2.a)[114], hay que entender que lo que impide el precepto es la sumisión al SAC de controversias que tengan fundamento directo en la lesión o muerte, esto es, someter a arbitraje de consumo asuntos en los que el consumidor pretende exigir responsabilidad civil con base directa en ellas. Esto no sucedería, por ejemplo, si se discutiera el importe de una factura correspondiente a la adquisición de un bien cuyo mal funcionamiento hubiese causado unas lesiones cuya responsabilidad podría exigirse vía judicial[115] o si lo discutido fuera

---

emplea (el ARDSAC hablaba de "conflictos" y de ahí los términos en masculino). A ello responde, pues, el error gramatical del art. 2.2.a) RSAC.

112 Gaspar Lera, S.: *El ámbito de aplicación del arbitraje, cit.*, p. 211; Álvarez Alarcón, A.: *El sistema español de arbitraje de consumo, cit.*, p. 84; Tasende Calvo, J. J.: "El arbitraje de consumo. Objeto y exclusiones. El arbitraje de arrendamientos urbanos y el de transporte", *cit.*, p. 955.

113 En la actualidad el apartado 2 del art. 127 *ter* de dicho Código sí habla de "indicios racionales de criminalidad".

114 Probablemente el legislador, al redactar el art. 31.1 de la LGDCU de 1984 (que en las cuestiones que estamos comentando fue reproducido por el mencionado Real Decreto de 1993, cuyos términos se vienen reproduciendo en normas posteriores), se vio influenciado por el fatídico acontecimiento del aceite de colza sucedido en la década de los ochenta, que causó unas 5.000 muertes y muchos más miles de personas quedaron con secuelas.

115 Álvarez Alarcón, A.: *El sistema español de arbitraje de consumo, cit.*, p. 85.

la facturación por la extracción de una muela que, a su vez, haya podido causar cierta lesión.

3ª. Por último, importa reseñar que esta previsión no es acorde con la citada Propuesta de Directiva del Parlamento Europeo y del Consejo por la que se modifica la Directiva 2013/11/UE. En la actualidad sí es acorde con la Directiva 2013/11/UE porque ésta sólo está pensando (*vid.* art. 2) en mecanismos extrajudiciales para exigir el cumplimiento de obligaciones contractuales (de ahí que su art. 8.4 no permita expresamente a la entidad de RAL negarse a tramitar un litigio en casos como los ahora comentados). Pero no es acorde con la Propuesta porque ésta pretende incluir en el ámbito de aplicación de la Directiva 2013/11/UE "todo tipo de litigios relacionados con el Derecho de la UE en materia de consumidores (es decir, no solo contractuales)". Como ya dije *supra*, su idea es modificar la Directiva 2013/11/UE para incluir dentro de su ámbito objetivo de aplicación tanto la responsabilidad contractual como la extracontractual (la precontractual, a la que también alude la Propuesta, podría entenderse como un subtipo de responsabilidad extracontractual).

Así las cosas, deberían modificarse los aludidos preceptos legales (art. 57.1 TRLGDCU y art. 18.1.f) de la Ley 7/2017) y el nuevo Reglamento para que toda posible responsabilidad civil, incluida la extracontractual, pudiese exigirse vía arbitraje de consumo.

IV. CONVENIO ARBITRAL DE CONSUMO: CONCEPTO Y NATURALEZA, VÍAS DE FORMALIZACIÓN Y EFECTOS

El RSAC dedica su Capítulo III a regular el "convenio arbitral y ofertas públicas de adhesión de los empresarios", aunque lo cierto es que sólo el art. 23 trata el convenio arbitral y, en particular, su formalización[116].

116 Como ya apunté, aunque el ARDSAC dedicaba todo el Capítulo III, integrado por los arts. 24 a 32, a regular el "convenio arbitral", lo cierto es que en dicho Capítulo se regulaban materias que poco tenían que ver propiamente con el convenio arbitral de consumo. *Vid. supra*, nota 23.

1) Definición y naturaleza

Ninguna norma española que ha regulado el arbitraje de consumo, ni tampoco el nuevo RSAC, se ha preocupado de proporcionar una definición o concepto de convenio arbitral de consumo. Ello no es extraño considerando que ni siquiera las leyes arbitrales se han molestado en otorgar una definición general de convenio arbitral. Así, la actual Ley 60/2003, de 23 de diciembre, de Arbitraje, no contiene una definición de convenio arbitral, como tampoco su predecesora, sino que se limita a regular su contenido y efectos en su Título II (arts. 9 a 11 *ter*)[117].

Con base en los distintos preceptos de la LA reguladores del convenio arbitral[118], la doctrina lo ha definido como el contrato mediante el que las partes de una determinada relación jurídica deciden someter a arbitraje la resolución de las controversias (o de alguna o algunas de ellas) que puedan surgir o hayan surgido con ocasión de aquélla, sean o no contractuales. Pues bien, considerando que el presente estudio se circunscribe a arbitrajes que resuelven conflictos de consumo, partiendo de la aludida definición general de convenio arbitral apuntada, cabe definir el convenio arbitral de consumo como "el contrato mediante el que consumidores y empresarios deciden voluntariamente someter al arbitraje de consumo la resolución de todas o algunas de las controversias que puedan surgir o hayan surgido entre ellos como consecuencia de las relaciones jurídicas de consumo en que son partes"[119].

Fíjese que tal concepto es amplio y abarca tanto los acuerdos de sumisión a arbitrajes de consumo regulados por el Real Decreto

117 Ciertamente, la anterior Ley Arbitral de 1988 sí ofrecía una definición del mismo, pero no en su articulado sino en su Exposición de Motivos, como el "instrumento en el que se plasma el derecho de las personas de solucionar las controversias de su libre disposición".

118 Cremades San-pastor, B. M.: "Comentario al Título II. Del convenio arbitral y sus efectos (Arts. 9 y 11 de la Ley 60/2003, de Arbitraje)", *cit.*, p. 280; Verdera Server, R.: "Comentario al artículo 9. Forma y contenido del convenio arbitral", en Barona Vilar, S. (coord.), *Comentarios a la Ley de Arbitraje (Ley 60/2003, de 23 de diciembre)*, Thomson-Civitas, 2004, p. 322.

119 Marcos Francisco, D.: *El convenio arbitral de consumo y su control*, Thomson Reuters Aranzadi, Cizur Menor (Navarra), 2012, p. 38.

713/2024[120] como los acuerdos entre consumidores y empresarios de someterse a un arbitraje administrado por otro tipo de entidades, incluso privadas (no por juntas arbitrales), para solventar sus problemas jurídicos derivados de relaciones de consumo. En el presente trabajo parto de un concepto de convenio arbitral de consumo en sentido estricto, que engloba únicamente a los arbitrajes de consumo regulados en el nuevo RSAC, sin perjuicio de hacer algún apunte relevante con respecto a este otro tipo de convenios.

Por lo que respecta a la naturaleza del convenio arbitral, es contractual. Como contrato que es, se aplican supletoriamente las normas reguladoras de los contratos (arts. 1254-1314 CC), tal y como indica la Exposición de Motivos de la LA. Por tanto, el convenio arbitral será inválido por iguales causas que los contratos (según normativa del CC), debiendo observar los mismos requisitos subjetivos, objetivos, formales y temporales, si bien con aplicación preferente de las especialidades contempladas por el RSAC y, en su defecto, por la LA (ya sabemos que esta dedica el Título II, arts. 9 a 11 ter, a regular el "convenio arbitral y sus efectos"). Así, si el convenio no observa dichos requisitos (es, por tanto, inválido) y, pese a ello, se celebra un procedimiento arbitral de consumo y llega dictarse laudo, éste podrá ser anulado *ex* art. 41.1.a) LA alegando y probando "que el convenio arbitral no existe o no es válido"[121].

2) *Vías de formalización*

El art. 23 RSAC ha recogido las cinco posibles vías de formalización del convenio arbitral que recogía el art. 24 ARDSAC, a saber:

---

120 El nuevo RSAC ha decidido recordar expresamente la "naturaleza voluntaria" del arbitraje de consumo (art. 1.3), en la línea del art. 58.1 TRLGDCU.

121 De forma muy ilustrativa postula la SAP Madrid núm. 10/2008 (Sección 13ª), de 16 de enero (*Tol 1290873*): "La validez del laudo exige la previa validez del convenio arbitral por ser este un contrato, que, por tanto, ha de cumplir los requisitos generales establecidos en el CC y los especiales de la LA en relación con las partes, con el objeto, con la forma o con el tiempo para que sea válido. La inexistencia o nulidad radical o absoluta se produce en los casos de ausencia de alguno de los denominados requisitos esenciales del convenio (consentimiento, objeto, causa, forma, o caducidad del convenio)" (FJ Cuarto).

A) Existencia de oferta pública de adhesión al Sistema Arbitral de Consumo de la empresa reclamada (adhesión general)

La vía más frecuente en la práctica viene siendo la formalización del convenio cuando el empresario ha realizado una OPA y el consumidor presenta una solicitud de arbitraje que coincide "con el ámbito de la oferta" (art. 24.2 ARDSAC). Esto es, la perfección del convenio mediante la presentación de la solicitud cuando la empresa reclamada ha emitido y existe una OPA, y siempre que aquélla coincida "con el ámbito de la oferta".

El art. 23.3 RSAC sigue manteniendo esta vía, si bien en los siguientes términos:

> "Cuando exista oferta pública de adhesión al Sistema Arbitral de Consumo, en el modo establecido por el artículo siguiente, el convenio arbitral se entenderá válidamente formalizado por la mera presentación de la solicitud de arbitraje, siempre que la pretensión esté incluida en el ámbito de la actividad de la empresa o establecimiento"[122].

Estamos en este caso ante lo que podemos denominar adhesión general, en la medida en que en principio el empresario acepta el sometimiento al arbitraje de consumo por cualquier conflicto que pueda surgir con sus clientes consumidores.

En este supuesto el convenio quedará perfeccionado en el mismo momento de la presentación de la solicitud de arbitraje[123] y no con la admisión de dicha solicitud ni el acuerdo de inicio del procedimiento arbitral que el presidente de la JAC lleve a cabo *ex* arts. 35.1 y 37.1, 1º RSAC, respectivamente. Las aludidas resoluciones son meramente declarativas del convenio ya perfecto. En este sentido, el RSAC dice que "formalizado convenio arbitral válido y constando la documentación completa y necesaria para la tramitación del procedimiento,

---

122 Este precepto hace referencia *in fine* al "ámbito de la actividad de la empresa o establecimiento" en lugar de al "ámbito de la oferta" (términos que empleaba la anterior regulación) porque la nueva normativa, como *infra* trato, ha decidido eliminar las OPA limitadas y, por tanto, no permitir que las OPA tengan un ámbito limitado objetivamente solo a ciertas controversias de todas las que pueden surgir con la clientela.

123 Marín López, J. J.: "El arbitraje de consumo: primeros pronunciamientos judiciales", *Aranzadi Civil*, núm. 3, 1994, edición electrónica, p. 5, nota 17.

la persona titular de la presidencia de la Junta Arbitral acordará el inicio del procedimiento arbitral" (art. 37.1, 1º); de forma que en estos casos en que exista OPA se notificarán a las partes conjuntamente tanto la resolución de admisión a trámite de la solicitud (al no haberse notificado con anterioridad) como la de inicio del procedimiento (art. 37.3 RSAC).

Por último, hay que decir que el dato expuesto de que éste es el cauce habitual o mayoritario de formalizar convenios arbitrales de consumo no ha de llevar a confusión en el sentido de pensar que actualmente la gran mayoría de empresas existentes se encuentran adheridas (siguen siendo muy pocas las empresas adheridas[124])[125]. Lo que ocurre es que en numerosas ocasiones es una misma empresa

---

[124] Como dije en la introducción, resulta problemático que el SAC siga siendo tan desconocido por la ciudadanía. Lo es para los consumidores, y se ha comentado que el problema principal es que lo es para las empresas y muy especialmente, por parte de los abogados, muy centrados aún en los procedimientos judiciales, que no suelen aconsejar a sus clientes el uso del SAC o, incluso, llegan a desaconsejarlo. Quizás el problema de la desconfianza en el SAC se deba a que este se haya presentado por las Administraciones Públicas "como el sistema para defender los derechos de las personas consumidoras" (*vid.* SÁNCHEZ MORAGAS, F. X.: "Los problemas de identidad, del arbitraje de consumo y su reubicación como ADR, ante la aparición de los nuevos métodos adecuados de solución de controversias", *cit.*, pp. 3-4). Así, difícilmente aumente el número de empresas adheridas al SAC. Pero también es cierto que hay Comunidades Autónomas como la Valenciana donde ha descendido considerablemente el número de empresas adheridas. Así, si estamos a la Memoria de Consumo de 2023 de la Generalitat Valenciana (accesible en https://cindi.gva.es/documents/161328197/384631646/MEMORIA+2023.pdf/10a54790-5ed8-fb8d-b213-85e994e14164?t=1721046097943, consultada el 13.09.24), mientras en 2022 había en total 301 empresas adheridas a las JAC de dicha Comunidad, en 2023 el número se redujo a 251 (*vid.* p. 42).

[125] Esperemos que esta vez se dé cumplimiento al art. 27 RSAC y contemos con un registro o base de datos electrónica nacional que incluya todas las empresas adheridas a las distintas JAC, con las debidas actualizaciones de altas y bajas, y sea de fácil acceso para los ciudadanos. Digo que "esperemos que esta vez" porque el ARDSAC (art. 31) ya articulaba este registro, pero basta acceder a él para comprobar que tan solo constan algunas empresas adheridas (accesible en https://www.dsca.gob.es/es/consumo/empresas/adhesi-n-al-sistema-arbitral-de-consumo, consultada el 15.09.24). El citado art. 27 también exige que cada JAC disponga de su propia base de datos electrónica (apartado 2). Aunque a día de hoy hay Juntas que tienen su registro, también esperemos que en aplicación de esta norma todas dispongan de las pertinentes bases de datos actualizadas.

la reclamada y ésta está adherida (como, p. ej., sucede en el sector de las comunicaciones electrónicas, entendiendo por tales las telefonías fija y móvil y proveedores de internet).

B) Aceptación expresa por la empresa reclamada (adhesión puntual o concreta)

En este segundo supuesto no existe oferta pública de adhesión (la empresa reclamada no está adherida al SAC) y el convenio se perfecciona mediante la aceptación expresa de la empresa tras la notificación por la JAC de la solicitud de arbitraje de consumo.

Así, al amparo de lo establecido en los arts. 23.5 y 37.2 y 3 RSAC[126], la JAC dará traslado de la solicitud —una vez admitida, claro está— al reclamado para su aceptación o rechazo en el plazo de diez días hábiles[127] —a contar desde el día siguiente a la notificación de la solicitud, se entiende— y el convenio quedará perfeccionado con la aceptación expresa del arbitraje propuesto, debiéndose entonces

---

126 Antes, los arts. 24.4 y 37.3.b) ARDSAC.

127 En el ARDSAC eran quince días (art. 37.3.b). Siendo loable la reducción del plazo, hay un dato importante nada desdeñable. Y es que la citada Propuesta de Directiva del Parlamento Europeo y del Consejo por la que se modifica la Directiva 2013/11/UE propone introducir la obligación de que las empresas respondan a las solicitudes de las entidades de RAL indicando si aceptan o no someterse al ADR "en un plazo no superior a veinte días hábiles, a las solicitudes que les remitan las entidades de resolución alternativa indicando si tienen intención de participar o no en el procedimiento de RAL contra ellos". Y en este sentido, la Propuesta añade un apartado 8 al art. 5 de la Directiva 2013/11/UE con el siguiente tenor literal: "Los Estados miembros velarán por que los comerciantes establecidos en su territorio con los que se ponga en contacto una entidad de resolución alternativa de su país o de otro Estado miembro comuniquen a dicha entidad si aceptan o no participar en el procedimiento propuesto y respondan en un plazo razonable, que no superará los veinte días hábiles".
Así las cosas, siendo lo pretendido por la norma europea que no haya mucha demora en obtener respuesta por la empresa y así acelerar los procedimientos, no parece haber inconveniente en que un Estado como el nuestro decida incorporar normas que fijen un plazo menor al de veinte días hábiles que, por tanto, redunden en una mayor agilidad procedimental (*vid.* Considerando 38 de la Directiva 2013/11/UE). Aunque también podría entenderse que, estimando la Propuesta que un plazo razonable es el de máximo veinte días hábiles, debería modificarse el RSAC y darse dicho plazo a la empresa para contestar si acepta o no someterse al SAC.

resolver o acordar el inicio del procedimiento[128] por el presidente de tal JAC (art. 37.1 RSAC). Nos encontramos en este caso, a diferencia del anterior, ante una adhesión puntual, al referirse o extenderse la aceptación de sometimiento a arbitraje de consumo únicamente a un conflicto concreto; vía de formalización que también es usual en la práctica, pero menos que la anterior.

Por otro lado, transcurrido el citado plazo de diez días hábiles sin que conste la aceptación del arbitraje por el reclamado, "se procederá a dictar resolución[129] de archivo de la solicitud, dejando expedita la vía judicial, dándose traslado al consumidor de cualquier propuesta del empresario para alcanzar una solución consensuada que resuelva de forma total o parcial el litigio" (art. 36.4 RSAC); archivo que —aunque no lo diga el nuevo Reglamento como sí hacía el art. 37.3. b). 2º ARDSAC— deberá notificarse a las partes.

En relación con este segundo modo de perfección del convenio en que no existe oferta pública, hay quien ha venido entendiendo que había que incluir en el mismo aquellos casos en que existía oferta pública de adhesión pero su ámbito o sus términos no eran coincidentes con los del arbitraje solicitado[130]. No obstante, hay quien ha

---

Dicho lo anterior, dudosamente el planteamiento de la Propuesta introduciendo la comentada obligación sea eficaz al no prever posibles consecuencias por su incumplimiento.

128 Fíjese en que, a diferencia de lo que disponía el art. 37.3, 5º ARDSAC, el nuevo RSAC ya no fija o hace coincidir la fecha de inicio del procedimiento con la "fecha de entrada de la aceptación en la Junta". Lo deseable para los justiciables desde luego es que se haga coincidir en la práctica.

129 Aunque el RSAC no lo diga, cabe entender que la dictará el presidente de la JAC, como expresamente sí indicada el ARDSAC.

130 Gutiérrez Sanz, M. R.: "Especialidades del convenio arbitral en materia de consumo", *Cuadernos de Consumo*, núm. 27, 2006, pp. 62 y 70; Marín López, J. J.: *cit.*, p. 7. Cierta jurisprudencia menor bajo la vigencia del Real Decreto 636/1993, de 3 de mayo, por el que se regulaba el SAC, se había preocupado de indicar que, junto a la vía de sometimiento genérico del empresario al sistema arbitral de consumo, se contemplaba una segunda "en defecto de tal oferta general o cuando la solicitud de arbitraje no coincida con el ámbito de sometimiento de aquélla por referirse a una cuestión no amparada por la misma", debiéndose notificar "la solicitud de arbitraje al reclamado, tal como contempla y regula el art. 9 del mencionado RD, quedando formalizado el convenio arbitral desde el momento en que la junta arbitral de consumo recibe la aceptación, expresa y por escrito, del arbitraje por parte de la empresa reclamada" (SAP

considerado que en principio (salvo en supuestos excepcionales) no debía intentarse la posible formalización de convenio arbitral, siendo lo correcto el archivo de las actuaciones[131] y dejando expedita al consumidor la vía judicial[132]. Y es que podía pensarse que en principio no tiene mucho sentido que un determinado empresario se adhiera al sistema arbitral de consumo bajo determinadas limitaciones o condiciones —en los casos excepcionales en que permitía el ARDSAC— y, pese a no concurrir las mismas, se le requiera personalmente para su posible aceptación de sometimiento a arbitraje de consumo para ese concreto conflicto.

En cualquier caso, este problema no se puede plantear bajo la vigencia del nuevo Reglamento al no admitir éste las OPA limitadas, como *infra* se verá. Sin embargo, hay supuestos en que excepcionalmente habrá que tratar a la empresa adherida al SAC como si no lo estuviera e intentar formalizar el convenio arbitral de consumo por esta segunda vía, como es el caso del art. 31.4 RSAC o, tal vez, cuando se presente la solicitud de arbitraje en una JAC distinta a aquella a la que está adherida la empresa reclamada, como también se verá en el epígrafe III.2) del Capítulo segundo de esta monografía.

C) Convenio arbitral como cláusula incorporada a un contrato

Esta tercera vía, más teórica que real, está prevista en el art. 23.1, 1° RSAC[133]. Consiste en la perfección del convenio arbitral mediante una cláusula incorporada en un contrato principal de consumo, pactando el sometimiento a arbitraje de consumo para resolver aquellos futuros y eventuales conflictos que puedan surgir. Aunque sea muy excepcional esta vía en la práctica hay que tener en cuenta que, en caso de observarse, el convenio arbitral despliega una particular eficacia[134].

---

de Córdoba 110/2002 —Sección 2ª— de 29 de abril [JUR 2002, 156932], FD Segundo).

131 Maluquer de Motes Bernet, C. J.: "Oferta pública de sometimiento al sistema arbitral", *Estudios sobre Consumo*, núm. 59, 2001, p. 125.

132 Avalando esta postura, puede verse la SAP Murcia núm. 91/2001 (Sección 3ª), de 14 de marzo (JUR 2001, 152287), FD Tercero.

133 Esta vía estaba prevista en el art. 24.1, 1° ARDSAC.

134 A ella me refiero en el epígrafe IV.3) del Capítulo primero de la presente obra.

Es más real la incorporación de dichas cláusulas en relación con otros arbitrajes distintos al de consumo que no han sido "implementados por normas legales para un determinado sector" (p. ej., los Tribunales Arbitrales de los Colegios de Abogados). Pero no hay que olvidar que estas cláusulas, incorporadas en contratos de adhesión derivados de relaciones de consumo, se reputan abusivas (y, por tanto, nulas de pleno derecho) *ex* art. 90.1 TRLGDCU. Así lo recuerda la STSJ Cataluña (Sala de lo Civil y Penal) núm. 31/2017, de 8 de junio (*Tol 6217941*), indicando que el "el TACAB no fue creado por una Ley" (*vid.* FD Tercero)[135].

Y tengamos presente que, en caso de existir este tipo de cláusulas abusivas, si surge un conflicto en la aplicación o interpretación del contrato en que se incluye tal cláusula, la parte interesada presenta una demanda judicial para resolverlo y la parte demandada presenta declinatoria pretendiendo hacer valer la cláusula arbitral, el juez deberá apreciar de oficio la nulidad radical del convenio arbitral. El TS ha acogido la "tesis débil" del principio *kompetenz-kompetenz* entendiendo que "no existen razones para sostener la tesis fuerte del principio kompetenzkompetenz en nuestro ordenamiento jurídico y limitar el ámbito del conocimiento del juez cuando resuelve la declinatoria de jurisdicción por sumisión a arbitraje" [STS —Sala 1ª— núm. 409/2017, de 27 de junio (*Tol 6199910*), FD Tercero[136]].

---

135 En el mismo sentido, con respecto a la sumisión a la Corte Española de Arbitraje Económico de Derecho y Equidad, la STJS Madrid (Sala de lo Civil y Penal) núm. 29/2012, de 18 de julio (ECLI:ES:TSJM:2012:17476), FJ Segundo.

136 Dice la aludida resolución en igual FD, que "la conclusión de lo expuesto es que si se ha iniciado un litigio judicial en el que se ha planteado, por medio de declinatoria, la falta de jurisdicción por existir un convenio arbitral, el enjuiciamiento que ha de realizar el órgano judicial sobre la validez y eficacia del convenio arbitral y sobre la inclusión de las cuestiones objeto de la demanda en el ámbito de la materia arbitrable, no está sometido a restricciones y no debe limitarse a una comprobación superficial de la existencia de convenio arbitral para, en caso de que exista, declinar su jurisdicción sin examinar si el convenio es válido, eficaz y aplicable a la materia objeto del litigio".

D) Convenio arbitral como documento o documentos independientes del contrato

Esta vía de perfección del convenio arbitral mediante contrato o documento independiente del contrato principal o en varios documentos independientes (art. 23.1 RSAC) también es muy frecuente en la práctica. Desde luego no lo es si pensamos en que las propias partes, sin ningún intermediario, acuerden someterse a arbitraje de consumo firmando a tal efecto el correspondiente documento. Pero sí lo es si pensamos en los casos en que, tras la fracasada función mediadora de las OMIC entre los consumidores y empresarios, la empresa decida entonces —y así se refleje documentalmente— someterse a arbitraje de consumo[137].

E) Convenio arbitral por uso ilegítimo del distintivo oficial

Esta vía, que también preveía el art. 24.3 ARDSAC, ha sido acogida por el art. 23.4 RSAC en términos similares, a saber:

"Se entenderá válidamente formalizado el convenio arbitral por la mera presentación de la solicitud de arbitraje si resulta acreditado que en ese momento el empresario utiliza o exhibe el distintivo público de adhesión al Sistema Arbitral de Consumo, sin existir oferta de adhesión previa o habiendo perdido esta sus efectos".

Esta forma de perfección del convenio consiste, pues, en dar por perfeccionado el convenio arbitral cuando el consumidor presenta una solicitud de arbitraje contra una empresa que en dicho momen-

---

137 Por poner un ejemplo: en la JAC del Ayuntamiento de Madrid la inmensa mayoría de expedientes de arbitraje de cosnumo provienen de la OMIC del Ayuntamiento: "Muchos de los expedientes de arbitraje han pasado previamente por un proceso de mediación en la OMIC, sometiendo la persona consumidora voluntariamente a arbitraje (...). El grupo mayoritario procede de las oficinas de la OMIC del Ayuntamiento de Madrid, en concreto, 310 de la oficina Central y 414 de las oficinas de distrito, es decir, el 81,72% del total. El 18,28% de las solicitudes restantes fueron, prácticamente, presentadas directamente por las personas consumidoras ante la JAC municipal" (Memoria Anual de Actuaciones 2022 del Instituto Municipal de Consumo de Madrid, p. 25; accesible en https://transparencia.madrid.es/FWProjects/transparencia/PlanesYMemorias/Memorias/InstitutoMunicipalConsumo/ficheros/MemoriaActividadesIMC2022.pdf, consultada el 14.09.24).

to de la presentación está haciendo uso del distintivo oficial pese a no constar como empresa adherida o a no estarlo ya.

Estamos ante una vía de formalización que fue introducida *ex novo* por el ARDSAC haciéndose eco y acogiendo la solución que venían manteniendo los tribunales *pro consumatore* para no defraudar ni frustrar las expectativas de los consumidores[138]. Así, p. ej., puede citarse la SAP de Guadalajara (Sección Única) núm. 33/2003, de 12 de febrero (JUR 2003, 84777), que desestima la anulación del laudo basada, entre otros motivos, en la nulidad del convenio arbitral. En este concreto caso el problema radicaba en que el reclamado (cierto Hotel) inicialmente se adhirió al sistema arbitral de consumo de la Junta de Guadalajara, posteriormente cambió de titular (una nueva entidad pasaba a ser la propietaria del inmueble y de la explotación de la marca comercial de tal Hotel) y en ningún momento aquella Junta tuvo noticia alguna sobre una denuncia o revocación posterior de la adhesión. Así las cosas, la ausencia de tales actos, junto al hecho acreditado de que el Hotel reclamado seguía haciendo uso del distintivo oficial, condujeron a tal consideración por parte de la Audiencia Provincial.

Si bien es cierto que esta vía está en la línea de la posible admisión de convenios arbitrales tácitos prevista en el art. 9.5 LA, también lo es que no casa bien con la exigencia legal del carácter expreso del convenio arbitral (art. 58.1 TRLGDCU). Por ello, para evitar la consideración de ilegal del art. 23.4 RSAC, convendría modificar tal precepto del TRLGDCU y suprimir del mismo la exigencia de que la sumisión de las partes conste "expresamente, por escrito, por medios electrónicos o en cualquier otra forma admitida legalmente que permita tener constancia del acuerdo"[139].

---

138 Es probable que esto explique que otros Sistemas Arbitrales de Consumo similares al nuestro pero implementados posteriormente no aludan expresamente a esta vía. *Vid.*, p. ej., el art. 31 del Decreto Supremo Nº 103-2019-PCM, que aprueba en Perú el Reglamento del Sistema de Arbitraje de Consumo y regula el "sometimiento al arbitraje de consumo" (vías de formalización del convenio) recogiendo las otras cuatro vías *supra* tratadas, pero no la quinta.

139 Y tengamos presente que las leyes autonómicas de protección de los consumidores incluyen como posible infracción el hecho de proporcionar información que pueda inducir a engaño o confusión. *Vid.*, p. ej., el art. 69.4 del Decreto Legislativo 1/2019, de 13 de diciembre, del Consell, de aprobación del Texto

3) Efectos del convenio arbitral

A) Efectos positivos y negativos de todo convenio arbitral

Si hablamos de la eficacia general de cualquier convenio arbitral, hay que distinguir dos tipos de efectos, a saber:

1. Efecto o efectos positivos (también llamados contractuales o sustantivos): consisten en obligar a las partes a cumplir y pasar por lo estipulado (art. 1091 CC). Por consiguiente, este *pacta sunt servanda* se traduce en que, suscrito el convenio arbitral, las partes están obligas a acudir a arbitraje en los términos acordados en caso de que surja un conflicto. Se trata, por tanto, de efectos que derivan de que el convenio, como cualquier otro contrato, tiene fuerza de ley entre las partes contratantes; efectos que, en definitiva, comprenden la exigencia de cumplimiento de las obligaciones *inter partes* que adquieren quienes han firmado el convenio arbitral. De ello se concluye, como tantas veces ha reiterado la jurisprudencia, incluyendo la menor más reciente, "que el convenio arbitral solo despliega su eficacia respecto de las partes que lo suscriben" [SAP de Barcelona —Sección 15ª— núm. 146/2024, de 2 de abril (*Tol 10039394*), FJ Quinto].

Este efecto lo acoge el art. 11.1 LA bajo los términos "el convenio arbitral obliga a las partes a cumplir lo estipulado", y sobre él ya se había pronunciado nuestra jurisprudencia incluso bajo la vigencia de la arcaica Ley de Arbitraje de Derecho Privado con respecto al contrato de compromiso[140].

2. Efecto o efectos negativos (o procesales): implican la exclusión de la jurisdicción estatal, esto es, que los órganos jurisdiccionales de-

---

Refundido de la Ley del Estatuto de las personas consumidoras y usuarias de la Comunitat Valenciana. En consecuencia, estas conductas son susceptibles de sancionarse.

140 A modo de ejemplo cabe citar la STS (Sala 1ª) núm. 195/1979, de 25 de mayo (*Tol 1740839*), según la cual: "Instaurado el arbitraje por la vía contractual, el negocio jurídico que lo contiene obliga a las partes a pasar por lo estipulado de acuerdo con las normas generales del derecho de obligaciones (...), de manera que la fuerza vinculante del laudo se basa en la voluntad misma de los contratantes manifestada al pactar la previa sumisión a la decisión arbitral".

ben abstenerse de conocer si ante ellos la parte hace valer o presenta la correspondiente declinatoria de sometimiento a arbitraje[141].

A este efecto alude el mencionado art. 11.1 LA *in fine*, bajo los términos "impide a los tribunales conocer de las controversias sometidas a arbitraje, siempre que la parte a quien interese lo invoque mediante declinatoria", y encuentra su máxima expresión en el art. 7 LA[142].

El efecto negativo es, pues, resultado del cauce procesal previsto en la LEC para denunciar la falta de jurisdicción o competencia del tribunal ante el que se interpone la demanda o por corresponder el conocimiento del asunto a árbitros o mediadores: la declinatoria, regulada concretamente en los arts. 63 a 65 de tal Ley. Es éste un cauce que, como también se dice expresamente de acuerdo con la regulación propia de la LEC sobre el mismo (art. 39), debe hacerse valer o, lo que es lo mismo, invocarse por las partes. Ello significa que ni los árbitros pueden proponer la declinatoria al juez[143] ni puede éste de oficio declararse incompetente aun apreciando la existencia de un convenio arbitral ante los documentos aportados con la demanda[144]; lo que, por otra parte, es lógico, considerando que nada impide que las partes decidan finalmente someterse, a pesar de la preexistencia del convenio arbitral, a los órganos jurisdiccionales.

---

141 Al respecto téngase en cuenta que la presunción de sometimiento a arbitraje previsto en el art. 38 de la Ley 16/1987, de 30 de julio, de Ordenación de los Transportes Terrestres, "constriñe la sumisión a las Juntas Arbitrales de las controversias mercantiles surgidas en relación con el cumplimiento de los contratos de transporte terrestre de carácter nacional", por lo que si se interpone declinatoria cuando en la controversia la mayor parte del transporte ha sido internacional, la misma no debe prosperar [AAP de Barcelona —Sección 15ª— núm. 75/2024, de 7 de junio (*Tol 10172263*), FJ Segundo].

142 Dice la Exposición de Motivos (apartado II) de la LA al respecto: "El artículo 7, sobre intervención judicial en el arbitraje, es un corolario del denominado efecto negativo del convenio arbitral, que impide a los tribunales conocer de las controversias sometidas a arbitraje. De este modo, la intervención judicial en los asuntos sometidos a arbitraje ha de limitarse a los procedimientos de apoyo y control, expresamente previstos por la Ley".

143 Caballol Angelats, L.: *El tratamiento procesal de la excepción de arbitraje*, Bosch Editor, Barcelona, 1997, p. 51; siguiéndole, Verdera Server, R.: "Comentario al artículo 9. Forma y contenido del convenio arbitral", *cit.*, p. 453.

144 Herrero Perezagua, J. F.: *Jurisdicción y competencia en materia de consumidores*, *cit.*, p. 212.

Expuestos los efectos positivo y negativo que en principio produce cualquier convenio arbitral, debe reseñarse que en el caso concreto del convenio arbitral de consumo en sentido estricto (de sometimiento al arbitraje de consumo reglamentado por el Real Decreto 713/2024) sus efectos presentan unas particularidades que seguidamente expondré[145].

B) Particularidad del efecto positivo del convenio arbitral de consumo

La particularidad con respecto a este efecto consiste en que "no serán vinculantes para los consumidores los convenios arbitrales suscritos con un empresario antes de surgir el conflicto"; sí lo serán para la empresa (art. 57.4 TRLGDCU). Esto es, consiste en que el convenio arbitral de consumo que se haya pactado entre empresa y consumidor antes de surgir el conflicto (sea como cláusula contractual o documento independiente) no son de obligado cumplimiento para el consumidor, aunque sí lo es para la empresa. Por tanto, aun habiendo pactado la sumisión a arbitraje de consumo, surgido el conflicto el consumidor podrá intentar solucionar la controversia

---

145 Si hablamos de un convenio arbitral de consumo en sentido amplio (de sometimiento a otros arbitrajes distintos al de consumo) hay que tener en cuenta que el mismo será nulo de pleno derecho (por abusivo) si se encuentra inserto en un contrato de adhesión (constituye una condición general de la contratación) y no es de sumisión a un órgano de arbitraje institucional creado o implementado por una norma legal para un sector o un supuesto específico (art. 90.1 TRLGDCU), "como sucede, sin ánimo exhaustivo, con la Comisión Mediadora y arbitral de la Propiedad Intelectual prevista en el art. 158. 2 del RD.L. 1/1996, de 12 de abril que aprueba el Texto refundido de la Propiedad Intelectual completado con los RD 1889/2011, de 30 de diciembre por el que se regula su funcionamiento y el RD 1023/2015, de 13 de noviembre, por el que se desarrolla reglamentariamente la composición, organización y ejercicio de funciones de la Comisión Primera de la Propiedad Intelectual. También se encuentran entre estos arbitrajes institucionales, las Juntas Arbitrales de Transportes previstas en el art. 37 de la Ley 16/1987, de 30 de julio, de ordenación de los Transportes terrestres completado con el RD 1/1990, de 28 de septiembre, por el que se aprueba su Reglamento" [STSJ Cataluña —Sala de lo Civil y Penal— núm. 31/2017, de 8 de junio (*Tol 6217941*), FD Tercero].

mediante otro ADR o, si así lo desea, acudir a la vía judicial[146]. Con ello, "el legislador pretende que el consumidor adopte su decisión con conocimiento de causa, es decir, una vez surgido el conflicto con el empresario o profesional"[147].

Estamos ante una previsión (la recogida en el art. 57.4 TRLGDCU) que traspone el art. 10.1[148] de la tan citada Directiva 2013/11/UE del Parlamento Europeo y del Consejo, de 21 de mayo de 2013, relativa a la resolución alternativa de litigios en materia de consumo y por la que se modifica el Reglamento (CE) nº 2006/2004 y la Directiva 2009/22/CE. En el mismo sentido se

---

146 En íntima relación se encuentra la previsión del art. 63.1, 1º *in fine* LEC, a tenor de la cual "mediante la declinatoria, el demandado y los que puedan ser parte legítima en el juicio promovido podrán denunciar la falta de jurisdicción del tribunal ante el que se ha interpuesto la demanda, por corresponder el conocimiento de ésta a tribunales extranjeros, a órganos de otro orden jurisdiccional, a árbitros o a mediadores, *excepto en los supuestos en que exista un pacto previo entre un consumidor y un empresario de someterse a un procedimiento de resolución alternativa de litigios de consumo y el consumidor sea el demandante*" (la cursiva es mía).

147 Informe del CGPJ sobre el Proyecto de Real Decreto por el que se regula el Sistema Arbitral de Consumo, aprobado por Acuerdo del Pleno de 25 de enero de 2024, p. 12.

148 Este precepto dispone: "Los Estados miembros velarán por que un acuerdo entre el consumidor y el comerciante de someter una reclamación a la apreciación de una entidad de resolución alternativa no sea vinculante para el consumidor cuando se haya celebrado antes de que surgiera el litigio y cuando tenga por efecto privar al consumidor de su derecho a recurrir ante los órganos jurisdiccionales competentes para la resolución judicial del litigio". Al respecto pueden verse Díez García, H.: "Los principios de libertad y legalidad de la Directiva 2013/11/UE, de 21 de mayo (Directiva sobre resolución alternativa de litigios en materia de consumo) y su impacto en el sistema arbitral de consumo", en Díaz Alabart, S. (dir.), *Resolución alternativa de litigios de consumo a través de ADR y ODR: Directiva 2013/11/UE y Reglamento (UE) Nº 532/2013*, Reus, Madrid, 2017, pp. 153-208; y Marín López, M. J.: "Análisis de la voluntad del sometimiento al mecanismo extrajudicial, el carácter vinculante de la solución alcanzada y el estatuto de la persona encargada de la decisión del conflicto", en *Retos y perspectivas de los sistemas de reclamación de los consumidores. Estatuto jurídico sobre la aplicación en España de la Directiva 2013/11/UE de resolución alternativa de conflictos de consumo*, ADICAE, Zaragoza, 2015, pp. 54-61.

encuentra el art. 15.1 y 2[149] de la Ley 7/2017, de 2 de noviembre, por la que se incorpora al ordenamiento jurídico español dicha Directiva 2013/11/UE[150].

Resulta llamativo que, como se verá en el siguiente Capítulo, el RSAC haya abordado una serie de reformas para adaptar el ARDSAC a ciertas normas de la Directiva 2013/11/UE, así como de su Ley de trasposición (Ley 7/2017) y, sin embargo, haya olvidado adaptar los arts. 10.1 y 15.1[151], respectivamente, de dichas normas, para dejar claro, en la línea del art. 57.4 TRLGDCU, que "no serán vinculantes para los consumidores los convenios arbitrales suscritos con un empresario antes de surgir el conflicto". En efecto, ni el art. 23 RSAC, que ya sabemos regula la "formalización del convenio arbitral", ni ningún otro, hace mención de dicho extremo. Lo más recomendable sería que el art. 23.1 *in fine* RSAC, que es el que indica que el convenio arbitral puede consistir en una cláusula contractual o un acuerdo independiente, así lo exigiera hacer constar en aras de evitar equívocos, especialmente si estamos ante contratos de adhesión. Y ello porque, si no se hace, es muy probable que los consumidores desconozcan que, surgido el conflicto, el efecto positivo del convenio arbitral sólo se extiende a la empresa (pero no a ellos), de forma que, no estando vinculados por tal convenio, pueden elegir acudir

---

149 Reza este precepto:
"1. No serán vinculantes para el consumidor los acuerdos suscritos antes del surgimiento de un litigio entre un consumidor y un empresario con objeto de someterse a un procedimiento con resultado vinculante.
2. Para el empresario el acuerdo celebrado antes del surgimiento del litigio será vinculante si reúne las condiciones de validez exigidas por la normativa aplicable a dicho acuerdo. Este acuerdo no será necesario cuando el empresario se encuentre obligado, por ley o por su adhesión previa, a participar en dicho procedimiento".

150 El art. 57.4 TRLGDCU transpuso, mucho antes de la Ley 7/2017, el citado art. 10 de la Directiva 2013/11/UE mediante la modificación operada por la Ley 3/2014, de 13 de marzo.

151 Como se ve, "dicho precepto priva del carácter vinculante (para el consumidor, no para el empresario) del convenio arbitral cuando éste se perfeccione con carácter previo al surgimiento del conflicto". *Vid.* COLMENERO GUERRA, J. A.: "La necesidad de una ley de resolución alternativa de conflictos en materia de consumo", *LA LEY Mediación y Arbitraje*, núm. 12, 2022, edición digital, p. 10.

al SAC o a cualquier otra vía (judicial o extrajudicial) de solución de controversias[152].

C) Particularidad del efecto negativo del convenio arbitral de consumo

La particularidad con respecto a este efecto consiste en que el convenio arbitral sólo podrá hacerse valer por la empresa interponiendo la correspondiente declinatoria; no así por el consumidor, dado que, si se admitiera y estimara la declinatoria interpuesta por el consumidor, se le causaría indefensión a la empresa (vulnerando el art. 24.1 CE) por el carácter unidireccional del arbitraje de consumo (art. 31.1[153] RSAC).

Y es que no hay que pasar por alto que, considerando el carácter unidireccional del procedimiento arbitral de consumo, lo que significa que sólo puede ser instado por los consumidores, admitir y estimar la declinatoria presentada por parte de estos cuando sea la empresa quien les demande ante los tribunales aboca directamente a la indefensión de la empresa. Así, ésta no podría iniciar un arbitraje de consumo en defensa de sus derechos e intereses y tampoco podría

---

152 Al no exigirse expresamente que dicho extremo conste en el convenio arbitral de consumo, si este se inserta en un contrato de adhesión, podría llegar a plantearse el carácter abusivo de la cláusula. Aunque es cierto que difícilmente pudiésemos hablar de una cláusula abusiva *ex* art. 82.1 TRLGDCU ante la falta de "un desequilibrio importante de los derechos y obligaciones de las partes" y teniendo en cuenta que el SAC es un medio especialmente tuitivo de los consumidores, no podemos olvidar que, de acuerdo con el apartado 4 de igual precepto, "en todo caso son abusivas las cláusulas que, conforme a lo dispuesto en los artículos 85 a 90, ambos inclusive" (…) "limiten los derechos del consumidor y usuario". Y el art. 86.7 TRLGDCU se refiere a la abusividad de aquellas cláusulas que prevean "la imposición de cualquier otra renuncia o limitación de los derechos del consumidor y usuario", lo que podría entenderse ocurre en este caso ante la falta de información expresa al consumidor acerca de su derecho a elegir la vía mediante la cual resolver el conflicto pese a la existencia de tal convenio arbitral.

153 Este artículo ha introducido expresamente este principio general del procedimiento bajo los términos: "El procedimiento arbitral de consumo tiene carácter unidireccional, en el sentido de que únicamente los consumidores y usuarios podrán presentar solicitudes de arbitraje con el fin de que sus litigios de consumo sean resueltos mediante este procedimiento".

hacerlo en la vía judicial[154]. En este sentido, la SAP de Barcelona (Sección 1ª) de 6 de febrero de 2004 (*Tol 7620265*), en un caso en el que precisamente el Juzgado de Primera Instancia admitía la excepción dilatoria (mediante la que entonces se denunciaba la falta de competencia, siendo el mecanismo actual la declinatoria) de sometimiento a arbitraje de consumo interpuesta por un consumidor, señala que "si se confirmase la resolución dictada y se entendiera concurrente esa sumisión al arbitraje, en el presente caso se causaría un grave perjuicio a la parte actora porque se le ha negado el acceso a la vía judicial y se le ha remitido al sistema arbitral y, si la única que puede presentar la solicitud de arbitraje es la demandada y no lo hace, como no lo ha hecho hasta el día de hoy, resultaría que su pretensión quedaría sin analizar y sin resolver, quedando supeditado en definitiva el cumplimiento del contrato, en concreto el pago de los trabajos, a la sola voluntad de la demandada, lo que no resulta admisible" (FD Primero).

En principio podría pensarse que el consumidor sí puede formular declinatoria en aquellos casos en que la empresa, existiendo convenio arbitral de consumo formalizado y comenzado el procedimiento arbitral, decida plantear paralelamente una demanda judicial en vez de reconvenir en éste (caso más hipotético que real porque las empresas suelen aprovechar la posible reconvención vía arbitral para accionar por esta vía). Pero dicha postura no puede prosperar considerando que la reconvención en el mismo procedimiento arbitral no es obligatoria sino potestativa (la empresa "podrá proponer" dice el art. 40.1 RSAC), como sucede en el ámbito judicial. Así, recuerda la STC (Sala Segunda) núm. 106/2013, de 6 de mayo (BOE núm. 133, de 4 de junio de 2013), que "no podemos olvidar que nuestra legislación procesal al regular la reconvención en el art. 406 LEC, dispone que el demandado "podrá" por medio de reconvención formular las pretensiones que crea le competen respecto del demandante; es decir, la decisión de reconvenir o de no hacerlo se regula como un derecho, no como un deber, del que el demandado goza en un pleito frente al demandante. Entender, como han hecho los órganos judiciales, que a la luz del art. 400 LEC, la reconvención es necesaria para

154 Álvarez Alarcón, A.: *El sistema español de arbitraje de consumo*, *cit.*, pp. 204-205.

evitar la preclusión de las pretensiones que el demandado pudiera tener frente al demandante, supone una interpretación contraria el tenor del art. 406 LEC y lesiva del derecho a la tutela judicial efectiva en su vertiente de acceso a la justicia, en la medida que restringe desproporcionadamente el derecho del demandado que optó por no reconvenir, produciendo unos efectos perjudiciales en su esfera jurídica" (FJ 5). Dado que lo que precluye es la posibilidad de reconvenir en el mismo arbitraje de consumo (no de presentar una demanda judicial), basta con que ya haya finalizado el plazo de diez días hábiles para contestar a la solicitud (y reconvenir) para tener que desestimar la declinatoria. Y es obvio que desde que se presenta la demanda judicial hasta que se resuelva la declinatoria (se debe admitir la demanda y emplazar al demandado y éste proponer seguidamente la declinatoria, dándose traslado para alegaciones al actor por cinco días y resolver en los cinco días siguientes) siempre pasarán muchos más de diez días hábiles. Cuestión distinta es que en tal caso nos planteemos y sea posible condenar en costas a la empresa en el proceso judicial por su temeridad *ex* arts. 32.5 y 394.2 LEC.

El nuevo RSAC hace referencia expresa al efecto negativo del convenio arbitral en su art. 23.6 *in fine* señalando que el "convenio arbitral válido impide a los tribunales conocer de los litigios sometidos a arbitraje, siempre que la parte a quien interese lo invoque mediante declinatoria, así como de que la decisión que ponga fin al litigio tendrá carácter vinculante". Como se ve, nada dice acerca de la estudiada particularidad. Así, hay algo que podría matizar el precepto para no dar lugar a equívocos y a interpretaciones contrarias al art. 24.1 CE: allí donde el precepto dice "siempre que la *parte* a quien interese lo invoque mediante declinatoria" podría concretar diciendo "siempre que la *empresa* a quien interese lo invoque mediante declinatoria" (la cursiva es mía).

V. PROCEDIMIENTO ARBITRAL DE CONSUMO

El procedimiento arbitral de consumo se regula en el Capítulo IV RSAC, rubricado "procedimiento arbitral y actuaciones administrativas previas" (arts. 31 a 45 RDSAC). Seguidamente expondré los pasos o trámites que se deben seguir en el mismo, comenzando con una serie de actuaciones previas.

1) Actuaciones prearbitrales

1. En primer lugar, debemos hablar de la presentación del acto iniciador: la solicitud (art. 32 RSAC), cuya forma y requisitos trato en el apartado II.1) del Capítulo segundo del presente trabajo.

2. Con ella se inicia su tramitación administrativa, "entrando en escena" el secretario de la JAC, a quien corresponde comprobar que la solicitud cumple todos los requisitos exigidos por el RSAC[155]. Si no los cumple, requerirá al reclamante para su subsanación otorgándole al efecto un plazo de diez días hábiles so pena de tenerle por desistido y archivar el expediente (art. 34 RSAC).

3. Cuando la solicitud cumpla todos los requisitos aludidos, corresponde "entrar en escena" al presidente de la JAC ante la que aquella se ha presentado, quien debe realizar una serie de actuaciones, a saber:

3.1. En primer lugar, deberá verificar la competencia de la JAC conforme al art. 7 RSAC[156]. En caso de no ser competente, la trasladará a la Junta que lo sea en el plazo de diez días hábiles contados desde la fecha en que se presentó la solicitud (art. 33 RSAC).

3.2. Verificada la competencia, deberá resolver sobre la admisión o inadmisión de la solicitud[157] (art. 35 RSAC).

---

155 Aunque es verdad que el nuevo RSAC nada dice acerca de que es al secretario a quien corresponde llevar a cabo esta verificación (sí lo hacía el art. 34.2 ARDSAC) ni que a él le corresponde garantizar el funcionamiento de la JAC, siendo el responsable de las notificaciones de los actos de la Junta (sí lo decía el ARDSAC en su art. 7.3, 1º), cabe seguir entendiéndolo de la misma manera, porque a él le corresponde "velar por la legalidad formal y material de las actuaciones" y garantizar que los procedimientos se cumplen (art. 16.2 de la Ley 40/2015, de 1 de octubre, de Régimen Jurídico del Sector Público). Dicho esto, se echa en falta en el nuevo RSAC un reparto de funciones entre secretario y presidente más claro, en la línea del ARDSAC.

156 Los nuevos criterios de atribución de la competencia de las JAC los analizo en el apartado V.2) del Capítulo segundo de este trabajo.

157 Las causas de inadmisión y los posibles recursos que caben contra las admisiones o inadmisiones las trato en el epígrafe II.2) del Capítulo segundo de la

3.3. Admitida la solicitud, deberá comprobar si existe o no un convenio arbitral válidamente formalizado mediante las cuatro vías a que me refiero en el apartado IV.2) A), C), D) y E) del Capítulo primero de la presente obra:

3.3.1. De existir, acordará el inicio del procedimiento arbitral (art. 37.1 RSAC) y se dará traslado de la solicitud y de toda la documentación aportada por el consumidor a la empresa reclamada, otorgándole diez días hábiles[158] para su contestación (y, en su caso, reconvención) y que aporte los documentos y pruebas de que intente valerse y, si así lo desea, proponga una solución al conflicto[159].

3.3.2. De no existir, sea cuando la empresa reclamada no esté adherida al SAC o porque lo esté pero los términos de la adhesión no coinciden con los de la voluntad del consumidor (pensemos en que exista una OPA en derecho y el consumidor haya indicado que no desea que el arbitraje se resuelva de esta forma sino en equidad, en cuyo caso de trata a la empresa como no adherida *ex* art. 31.4 RSAC), se trasladará la solicitud a la empresa reclamada otorgándole un plazo de diez días hábiles[160] para aceptar o rechazar el arbitraje, proponer una solución que ponga fin al litigio si así lo desea y, en caso de aceptar el arbitraje, aportar la contestación a esta junto con los documentos y pruebas de que quiera valerse (art. 36.2 RSAC) y formular, en su caso, reconvención (pese al silencio del nuevo Reglamento, también se deberá informar a la empresa reclamada sobre su facultad de reconvenir por analogía con lo dispuesto en el art. 37.4, 1° *in fine* y *ex* art. 40.1 RSAC).

---

presente monografía.

158 En el ARDSAC eran "15 días" (art. 37.3.a), 2°) y en el PRDSAC eran "quince días naturales" (art. 37.4).

159 Aunque es verdad que el art. 6.f) RSAC recoge, entre las funciones de las JAC, la de "facilitar una solución consensuada (...) siempre que se considere objetivamente posible", lo cierto es que es muy difícil saber, simplemente con los datos contenidos en la solicitud de arbitraje, si va a ser posible un acuerdo. De ahí que en la práctica lo normal y lo correcto es que siempre se invite a la empresa a alcanzar un acuerdo.

160 En el ARDSAC eran "quince días" (art. 37.3.b), 1°) y en el PRDSAC eran también "diez días hábiles" (art. 36.2).

En caso de que haya aceptación al sometimiento a arbitraje, al estar formalizado el convenio arbitral (art. 36.3 RSAC), el presidente de la JAC acordará el inicio del procedimiento (art. 37.1 RSAC).

3.4. Acordado el inicio del procedimiento arbitral en sentido estricto, designará al órgano arbitral[161], sea unipersonal o colegiado[162], incluyendo titulares y suplentes (arts. 14.1, 1° y 37.2 RSAC). Resulta relevante reseñar que en caso de que el arbitraje se resuelva en equidad y no sea complejo, a diferencia de lo que sucedía bajo la vigencia del ARDSAC[163], el presidente de la JAC podrá decidir que actúe como árbitro —único, se entiende— propuesto por la Administración una persona que acredite tener conocimientos jurídicos generales suficientes, "además de formación específica o experiencia profesional en derecho de consumo, durante un periodo superior a dos años" (art. 10.2, 2° RSAC). Previsiones como esta pretenden flexibilizar la dotación de recursos en las JAC para poder asumir un mayor número de solicitudes, pero quizás ponga en duda la fiabilidad del SAC[164].

---

161 Y repárese en que la notificación a las partes del órgano arbitral designado (notificación que *ex* art. 37.3 RSAC puede llevarse a cabo junto a la notificación de la admisión a trámite de la solicitud y la del inicio del procedimiento) es fundamental. Así, en caso de no observarse, podrá anularse el laudo al amparo del art. 41.1.d) LA por no haberse ajustado el procedimiento arbitral a lo dispuesto en el RSAC (STSJ Comunidad Valenciana —Sala de lo Civil y Penal— núm. 3/2015, de 21 de enero [ECLI:ES:TSJCV:2015:615], FD Cuarto).

162 *Vid.* el apartado IV.1) del Capítulo segundo de esta obra, donde me refiero a los casos en que debe conocer un órgano arbitral unipersonal. En el resto de casos, conocerá un órgano colegiado, compuesto por tres árbitros: uno propuesto por la Administración Pública (este árbitro es quien preside), otro por las asociaciones de consumidores y usuarios y otro por las organizaciones empresariales (art. 13 RSAC).

163 Conforme a esta derogada norma, era imprescindible que el árbitro propuesto por la Administración siempre fuera licenciado o graduado en derecho (art. 17, 1° *in fine*).

164 Sánchez Moragas, F. X.: "Los problemas de identidad, del arbitraje de consumo y su reubicación como ADR, ante la aparición de los nuevos métodos adecuados de solución de controversias", *cit.*, p. 7.

2) *Actuaciones arbitrales*

Finalizada, pues, la aludida fase administrativa previa, dan comienzo las actuaciones arbitrales (lo que es el procedimiento arbitral en sentido estricto[165]), "entrando en escena" el órgano arbitral[166]. En dicho procedimiento se integrará toda la documentación aportada por las partes en la aludida fase previa, esto es, la solicitud presentada por el consumidor, la contestación a la misma presentada por la empresa (junto con los documentos u otras pruebas propuestas por

---

165 El mismo se rige por los principios de audiencia, contradicción e igualdad, gratuidad, fácil acceso (incluyendo el acceso a personas con discapacidad), confidencialidad y equidad (art. 31.2 a 4 RDSAC).

166 Pero repárese en que el nuevo RSAC (art. 37.1, 2º) sigue contemplando la posibilidad, como hacía el art. 39.2 ARDSAC, de que el presidente de la JAC pudiese acordar la acumulación de solicitudes para que se tramitaran y resolvieran en un mismo procedimiento cuando el reclamado era el mismo y existía igual *causa petendi* entre ellas (el PRDSAC, sin embargo, guardaba silencio al respecto de la posible acumulación, quizás por su escasa aplicación práctica). Pese a que la nueva regulación ha decidido hablar de "idéntica pretensión" (en vez de causa de pedir), hay que entender que basta con que existan iguales hechos jurídicamente relevantes para que pueda tener lugar la acumulación, sin que sea necesario que la pretensión, con todos sus elementos, sea totalmente coincidente.
Dicho esto, hay un dato que no podemos pasar por alto. Y es que, si ve la luz la mencionada Propuesta de Directiva del Parlamento Europeo y del Consejo por la que se modifica la Directiva 2013/11/UE, será necesario modificar el aludido art. 37.1, 2º RSAC para adaptarlo a la nueva normativa. Y ello es así porque según la Propuesta, que parte de promover la acumulación de asuntos similares en un solo procedimiento porque "contribuye a aumentar la eficiencia de la resolución de litigios, especialmente los transfronterizos", "el artículo 5, apartado 2, letra d), consolida la posibilidad ya existente en determinados Estados miembros de que las entidades de resolución alternativa acumulen asuntos similares contra un solo comerciante para ahorrar recursos al sistema de RAL y tiempo al comerciante y los consumidores afectados, otorgando a los consumidores afectados el derecho a oponerse a dicha acumulación". En este sentido, la Propuesta modifica el art. 5 de la Directiva 2013/11/UE para que los Estados Miembros garanticen que las entidades de resolución alternativa "puedan acumular asuntos similares contra un solo comerciante en un único procedimiento, a condición de que se informe al consumidor de que se trate y que este no se oponga a ello" (apartado 2, letra d). Por consiguiente, será necesario modificar el art. 37.1, 2º RSAC para incluir en él la necesidad de que se informe a los consumidores afectados y no exista oposición. En caso de existir oposición por parte de algún consumidor, su asunto no debería ser acumulado y tramitarse en un procedimiento independiente.

ambos) y, en su caso, la reconvención y propuesta de solución efectuadas por la empresa (art. 39.1 RSAC). En él, el órgano arbitral lleva a cabo una serie de actuaciones, a saber:

1. Será el encargado de admitir o inadmitir la reconvención que, en su caso, haya podido formular la empresa en la contestación, así como de admitir/inadmitir tanto posibles modificaciones de la solicitud[167] como reconvenciones sobre éstas. En caso de que reconvenga la empresa, se dará traslado de la misma al consumidor otorgándole un plazo de siete días hábiles[168] para formular alegaciones al respecto[169], a contar desde el día siguiente a su notificación (art. 40 RSAC).

2. Dará audiencia a las partes en la forma que estime oportuna, ya sea oralmente o por escrito y de forma presencial o telemática (art. 41.1 RSAC); audiencia a la que obviamente deberán ser citadas las partes con antelación suficiente (art. Art. 41.2 RSAC).

Estamos ante una audiencia nada formal que, en la práctica —cuando es oral— comienza con la lectura o exposición de la solicitud del consumidor, tras lo cual se da la palabra a las partes para asentir, clarificar o detallar las alegaciones en ella contenidas, dejando claras sus posturas. Posteriormente el órgano arbitral suele realizar las preguntas que estima oportunas[170], dado que las solicitudes de arbitraje en muchas ocasiones suelen ser muy parcas y no contener información relevante para poder resolver el litigio y el aludido turno de palabra que se otorga al consumidor no aporta esta información.

3. Es en esta audiencia donde en principio se deben practicar los medios probatorios propuestos por las partes, que hayan sido propuestos en los escritos iniciales de solicitud y contestación (más allá de los documentos ya aportados junto a éstos) o en el mismo acto (art. 32.2, e) *in fine*, art. 36.2, 1°, art. 37.4, 1°, art. 41.2 *in fine* y art. 42.1, 1° RDSAC), que admita el órgano arbitral —claro está—, así como los que éste de oficio haya acordado antes de la audiencia o acuerde en este mismo acto por ser necesarios para resolver el litigio

---

167 Sobre la problemática posible modificación de solicitudes *vid.* el apartado II.3) del Capítulo segundo de esta monografía.

168 En el ARDSAC el plazo que se otorgaba era de "quince días" (art. 43.3).

169 Y, en su caso, proponer prueba, aunque el nuevo RSAC no lo diga expresamente, como sí hacía el ARDSAC (art. 43.3).

170 Álvarez Moreno, M. T.: "Mediación y arbitraje de consumo", *cit.*, p. 380.

(art. 42.1, 1° y 4[171] RDSAC). En caso de que sea imposible practicar las pruebas en la misma audiencia, se practicarán en otro momento, siempre adoptando "las medidas necesarias para garantizar los principios de igualdad y contradicción entre las partes en el momento que las pruebas se lleven a cabo" (art. 42.1, 2° RSAC).

4. De dicha audiencia se levantará acta, que en principio deberá recoger toda una serie de información (a saber: firma de la persona que la levante, esto es, de quien actúe como secretario del órgano arbitral[172], "fecha y lugar en el que se realiza, identificación de los asistentes, pretensión y, en su caso, reconvención y hechos o circunstancias constatados durante su celebración, así como acuerdos adoptados"), salvo que la audiencia —celebrada oralmente, sea de forma presencial o por medios telemáticos, así cabe entenderlo— se haya grabado, en cuyo caso bastará con aportar la grabación (art. 41.4 RSAC)[173].

---

171 Conforme a este apartado 4, el acuerdo de la práctica de pruebas de oficio sólo será posible cuando haya disponibilidad presupuestaria porque es la JAC la que en principio asume los gastos derivados de tal práctica. En el caso de las pruebas practicadas a instancia de parte, en principio a cada parte le corresponde sufragar los gastos de la práctica que haya propuesto y, si las pruebas son propuestas de común acuerdo, los gastos de su práctica en principio se repartirán por igual entre empresa y consumidor (art. 42.3 RSAC). He dicho en tres ocasiones "en principio" porque se podrán repartir de forma distinta tales gastos cuando el órgano arbitral aprecie mala fe o temeridad en alguna de las partes, en cuyo caso podrá imputarlos a dicha parte (art. 43.5 RDSAC).

172 Podrá levantar el acta incluso el propio árbitro. Tal y como sucedía al amparo del art. 44.2 ARDSAC, debe levantar el acta el secretario del órgano arbitral. Lo que sucede es que el ARDSAC preveía que actuase como secretario del órgano arbitral el secretario de la JAC o bien quien designase el presidente de la JAC de entre el personal que prestara sus servicios en ella (art. 18.2, último párrafo), mientras que el art. 8.3 RSAC contempla la posibilidad de que incluso los propios árbitros (el árbitro único o el presidente del órgano arbitral, en caso de ser el órgano colegiado) actúen como secretarios, asumiendo sus funciones. El cambio o novedad responde a la necesidad de aprovechar al máximo los recursos personales para poder agilizar los procedimientos y, en su caso, poder asumir un mayor número de solicitudes.
Todas las funciones de la secretaría del órgano arbitral se enumeran en el art. 8.4 RSAC, recogiendo en la letra b) la de "levantar acta de las audiencias y, en su caso, custodiar las grabaciones de audiencias telemáticas, así como cualquier documentación aportada en aquellas, dando fe de su autenticidad".

173 La regulación que contiene el nuevo Reglamento sobre la "audiencia" y la "prueba" viene a ser coincidente con la del ADRDSAC (arts. 44 y 45, respectiva-

5. Y resolverá el asunto (por mayoría simple de sus miembros, en caso de ser el órgano colegiado, decidiendo el presidente en caso de empate —art. 31.5 RSAC—), dictando y notificándose[174] a las partes el correspondiente laudo, que en todo caso deberá motivarse[175], en el plazo máximo de noventa días naturales contados desde la resolución de inicio del procedimiento arbitral. Dicho plazo excepcionalmente podrá prorrogarse por un máximo de otros noventa días naturales cuando el asunto sea especialmente complejo y así se motive (arts. 44.1 y 45.1 y 2 RSAC). Estamos ante un plazo que fue modificado por la Ley 7/2017 para adaptarlo a lo previsto en el art. 8.e) de la Directiva 2013/11/UE.

Excepcionalmente, el órgano arbitral dictará laudo sin entrar en el fondo del asunto en los casos previstos en el art. 44.2 RSAC, a saber:

a) cuando no disponga de los elementos indispensables para resolver el litigio [si el reclamante aporta los elementos indispensables y el laudo no entra a resolver el fondo, cabe anularlo *ex* art. 41.1.f) LA por vulnerar el orden público, tal y como apuntan resoluciones como la STSJ de Castilla y León —Sala de lo Civil y Penal— núm. 9/2024, de 20 de junio (*Tol 10168358*), FD Cuarto y Quinto];

---

mente), si bien el RSAC ha incluido el aludido apartado 4 en el art. 41 haciendo mención expresa del contenido mínimo del acta y a que podrá obviarse cuando se haya grabado aquella.

174 La notificación del laudo puede corresponder al secretario de la JAC o a "cualquier otra designada por la persona titular de la presidencia de la Junta Arbitral de Consumo, pudiendo determinar que dicha función sea asumida por el órgano arbitral unipersonal o por la persona titular de la presidencia del órgano arbitral colegiado" (*vid.* art. 8.3 y 4.c) RSAC). *Vid.* también *supra*, nota a pie 172.

175 Así debe hacerse sea el arbitraje en derecho o en equidad. Si "la motivación es inexistente y aunque el arbitraje de consumo es de equidad, no por ello puede aceptarse que no requiera motivación alguna, pues los árbitros deben efectuar un juicio razonado y razonable del por qué se alcanza la solución que se acoge en el laudo"; y, de no hacerse, cabrá anular el laudo (STSJ Comunidad Valenciana —Sala de lo Civil y Penal— núm. 13/2014, de 19 de noviembre [ECLI:ES:TSJCV:2014:10331], FD Tercero a Quinto). No comparto, sin embargo, que tal anulación se lleve a cabo al amparo de la letra f) del art. 41.1 LA, como hace dicha Sentencia (*vid. supra*, último párrafo de la nota a pie 102). La anulación cabría *ex* art. 41.1.d) LA por no haberse ajustado el procedimiento a lo dispuesto por el RSAC.

b) cuando las propias partes acuerden dar por terminado el procedimiento; c) cuando la continuación de las actuaciones sea imposible o innecesaria (tal innecesaridad se ha introducido *ex novo* por el nuevo RSAC);

d) o cuando el reclamante desista de su solicitud, salvo que la empresa reclamada se oponga alegando un interés legítimo en la resolución del caso y el órgano arbitral así lo aprecie (también esta última previsión de la letra d) se ha introducido *ex novo*). Según el Informe del CGPJ sobre el Proyecto de Real Decreto por el que se regula el Sistema Arbitral de Consumo, aprobado por Acuerdo del Pleno de 25 de enero de 2024, podría el consumidor desistir de su solicitud y, con ella, de la reconvención de la empresa[176]. Ahora bien, es cuestionable la admisión del desistimiento en tal supuesto cuando la empresa que haya reconvenido desee continuar, porque estaríamos ante uno de esos casos en que existe interés legítimo de aquella en que se resuelva el caso.

Así las cosas, dadas las nuevas previsiones del RSAC, que no hacen sino acoger todos los casos en que los árbitros deben ordenar la terminación de las actuaciones según el art. 38.2 LA, habría sido más fácil remitirse a lo dispuesto en tal Ley Arbitral y añadir únicamente de forma expresa el caso previsto en la letra a), que es el único no recogido en la LA.

---

[176] *Vid.* p. 32 del Informe.

Capítulo Segundo:

PRINCIPALES NOVEDADES INTRODUCIDAS POR EL NUEVO REGLAMENTO

I. INTRODUCCIÓN

Atendiendo a lo que apunta el Preámbulo del Real Decreto 713/2024, de 23 de julio, y a su regulación, cabe distinguir dos tipos de reformas:

1) Un primer tipo de reformas que derivan de la necesidad de adaptar la regulación del Sistema Arbitral de Consumo a otras leyes (a saber: por un lado, las Leyes 39/2015, de 1 octubre, del Procedimiento Administrativo Común de las Administraciones Públicas, y 40/2015, de 1 de octubre, de Régimen Jurídico del Sector Público, que vienen a sustituir a la Ley 30/1992, de 26 noviembre, de Régimen Jurídico de las Administraciones Públicas y de Procedimiento Administrativo Común, y a la Ley 11/2007, 22 de junio, de acceso electrónico de los ciudadanos a los servicios públicos[177]; y, por otro lado, la Ley 7/2017, de 2 de noviembre, por la que se incorpora al ordenamiento jurídico español la Directiva 2013/11/UE, del Parlamento Europeo y del Consejo, de 21 de mayo de 2013, relativa a la resolución alternativa de litigios en materia de consumo), destacando:

A) Como mera novedad formal, establecer la supletoriedad de las mencionadas Leyes 39 y 40/2015, así como del "resto de normas de Derecho administrativo", para los actos llevados a cabo por las Juntas Arbitrales de Consumo en lo no previsto expresamente por dicho Real Decreto 713/2024 (apartado 2 de su Disposición final segunda). En tal Disposición final segunda, pero en su apartado 1, se sigue manteniendo la aplicación supletoria de la Ley 60/2003, de

---

177 Las Leyes 30/1992 y 11/2007 Ley fueron formalmente derogadas por la Ley 39/2015 (Disposición derogatoria única, apartado 2, letras a) y b)), respectivamente).

23 de diciembre, de Arbitraje[178], para el procedimiento arbitral y las actuaciones arbitrales[179]. Novedoso resulta, sin embargo, también establecer la aplicación supletoria de las citadas Leyes 39 y 40/2015 para iguales aspectos (el procedimiento arbitral y las actuaciones del órgano arbitral); leyes que —así cabe entenderlo, aunque no lo haya aclarado el nuevo Reglamento como debería haber hecho— se aplicarán en lo no previsto en la Ley Arbitral[180].

B) Y, como novedad sustancial, adaptarse a la citada Ley 7/2017, cumpliendo con sus exigencias de información y acogiendo sus causas de inadmisión de solicitudes.

2) Y un segundo tipo de reformas que ha entendido pertinentes el Gobierno (Ministerio de Derechos Sociales, Consumo y Agenda 2030). Entre ellas, son reseñables seis novedades fundamentales:

A) Se establecen nuevos criterios de atribución o determinación de la competencia de las Juntas Arbitrales de Consumo (art. 7).

B) Se refuerza la figura del árbitro único (art. 12).

C) Se suprimen las ofertas públicas de adhesión limitadas (art. 24) y, en coherencia con ello, el distintivo de empresa adherida al Sistema Arbitral de Consumo pasa a ser único (art. 26).

---

178 El aludido carácter supletorio lo dispone igualmente la Disposición adicional única, la Exposición de Motivos y el art. 1.3 LA, reiterando esta última norma que "esta Ley será de aplicación supletoria a los arbitrajes previstos en otras Leyes".

179 En el ARDSAC la aplicación supletoria de distintas leyes se encontraba regulada en su art. 3 bajo la rúbrica, nada apropiada, de "regulación aplicable":
"1. El arbitraje de consumo se rige por lo dispuesto en la presente norma y, en lo no previsto en ella, por la Ley 60/2003, de 23 de diciembre, de Arbitraje.
2. La actividad de las Juntas Arbitrales de Consumo es de carácter administrativo, siéndoles de aplicación en lo no previsto expresamente en esta norma, la Ley 30/1992, de 26 de noviembre, de Régimen Jurídico de las Administraciones Públicas y del Procedimiento Administrativo Común.
3. El arbitraje electrónico y los actos realizados por vía electrónica, en lo no previsto expresamente en esta norma, se regirá por lo dispuesto en la Ley 11/2007, de 22 de junio, de acceso electrónico de los ciudadanos a los servicios públicos".

180 Repárese en que la aplicación supletoria de la Ley Arbitral y de las aludidas leyes administrativas puede dar lugar a dudas y situaciones interpretativas confusas. Ello porque, mientras la primera ley se rige por una enorme flexibilidad y deja entrada a la autonomía de la voluntad de las partes e, inclusive, de los árbitros, las segundas leyes se caracterizan por una gran rigidez.

D) Se establece un nuevo régimen jurídico de la reconvención empresarial y la modificación de la pretensión inicial del consumidor (art. 26).

E) Se apuesta por el empleo de las Tecnologías de la Información y Comunicación (TIC) en todo el procedimiento arbitral.

F) Y, aunque nada se diga en el Preámbulo del Real Decreto 713/2024[181], se suprime el arbitraje de consumo colectivo, probablemente por la nula aplicación práctica[182].

Así las cosas, el presente Capítulo tiene por objeto efectuar un análisis crítico de estas principales reformas o novedades fundamentales llevadas a cabo por el nuevo Real Decreto. Tal estudio se realizará considerando todas las normas que integran nuestro ordenamiento jurídico, la citada Propuesta de Directiva y la jurisprudencia que lo complementa, incluyendo la más reciente[183].

---

181 Tampoco se decía nada en el Preámbulo del PRDSAC.

182 Como ha apuntado Escalona Rodríguez, "al requerirse la aceptación voluntaria de ambas partes, nunca una empresa implicada en conflictos que afectan a múltiples clientes (academias de idiomas, clínicas dentales, productos financieros, etc.) ha manifestado su intención de someterse a arbitrajes de consumo. Resulta preciso, pues, reformular este procedimiento para hacerlo útil" (*vid.* "La transformación del sistema español de arbitraje de consumo", *cit.*, p. 291). Es una pena que el Gobierno no aproveche la ocasión para reformular este procedimiento y hacerlo eficaz (algunas ideas al respecto pueden verse en mi obra "Sistema Arbitral de Consumo: algunas propuestas «inteligentes» de lege ferenda", *InDret*, núm. 1, 2024, pp. 126 y 127), suprimiendo la necesaria aceptación de las empresas que estén adheridas al SAC y haciendo uso de sistemas de inteligencia artificial. Además, fíjese en que no parece muy coherente la supresión de este arbitraje colectivo cuando precisamente la Unión Europea está manifestando su interés en los medios colectivos. Basta con estar a la citada Propuesta de Directiva del Parlamento Europeo y del Consejo por la que se modifica la Directiva 2013/11/UE, donde se indica que deben fomentarse los ADR colectivos.

183 Este Capítulo toma de base mi obra "Principales cambios del nuevo Proyecto de Real Decreto regulador del Sistema Arbitral de Consumo: ¿hacia un arbitraje de consumo más eficaz?", *Revista General de Derecho Administrativo*, núm. 66, 2024, edición digital, pp. 3-30, si bien teniendo en cuenta las novedades que han sido introducidas por el Real Decreto 713/2024 finalmente aprobado.

II. SOLICITUDES DE ARBITRAJE DE CONSUMO

Para tratar el alcance de la adaptación del RDSAC a la Ley 7/2017, de 2 de noviembre, resulta necesario hablar de las solicitudes de arbitraje de consumo, como ahora se verá.

La regulación de las solicitudes de arbitraje de consumo se encontraba fundamentalmente en los arts. 34 a 36 ARDSAC, preceptos que regulaban, respectivamente, la "presentación de solicitudes", las "causas de inadmisión de solicitudes" y el "recurso contra la admisión o inadmisión de la solicitud de arbitraje". En el RSAC la "presentación de solicitudes de arbitraje" se regula en el art. 32, si bien el art. 34 (bajo la rúbrica "verificación del contenido de la solicitud de arbitraje") incluye en su apartado 2 las posibles subsanaciones que en el ARDSAC se regulaban en el apartado 2 del art. 34; y las causas de inadmisión de solicitudes y posibles recursos contra las resoluciones de admisión o inadmisión de solicitudes se tratan en el art. 35, rubricado de forma más general "admisión e inadmisión de las solicitudes de arbitraje".

1) Formas de presentación y requisitos mínimos

A) Formas de presentación

El art. 34 ARDSAC regulaba las posibles formas de presentación y los requisitos mínimos de las solicitudes. Según este precepto del derogado Real Decreto, las formas de presentación eran básicamente dos (se admitía expresamente cualquier medio que permitiera tener constancia de su contenido y autenticidad):

A) De forma tradicional en papel ("por escrito"), en cuyo caso la solicitud y documentación que acompañara a la misma debía presentarse por duplicado (art. 34.1 *in fine* ARDSAC).

B) O por medios electrónicos haciendo uso de tecnologías de la información y comunicación (las conocidas TIC), para lo cual era fundamental emplear los sistemas de firma electrónica admitidos en la correspondiente Junta Arbitral de Consumo (art. 53 ARDSAC). A esta misma conclusión se llegaba aplicando supletoriamente la Ley 39/2015 (aunque el art. 3.3 ARDSAC se remitía expresamente a la citada Ley 11/2007, 22 de junio, de acceso electrónico de los ciudadanos a los servicios públicos, la remisión había que entenderla hecha a la Ley 39/2015, que es la que había derogado y sustituido a aquella[184]).

Centrándonos en la nueva normativa, el art. 32 RDSAC regula la "presentación de solicitudes de arbitraje" sin aludir a las posibles formas (en papel u *online*) de presentación, pese a lo cual las aludidas formas (la "tradicional" en papel o la "moderna" por medios electrónicos) siguen igualmente observándose. Probablemente tal silencio responda a que, como indicaba el Preámbulo del PRDSAC, "se apuesta por la utilización de las nuevas tecnologías en todas las fases del procedimiento" (el Real Decreto 713/2024 finalmente aprobado ha decidido omitir este dato), incluyendo por tanto la presentación de solicitudes. Lo que sí hace este art. 32 es aclarar el lugar de presentación de la solicitud, que podrá ser "el registro de la Junta Arbitral competente, si existiera, o en cualquiera de los lugares a que se refiere el artículo 16.4 de la Ley 39/2015, de 1 de octubre".

Dicho lo anterior, conviene efectuar dos observaciones:

1) En primer lugar, con respecto a la forma *online* de presentar la solicitud, tal y como se ha venido interpretando por las Juntas Arbitrales de Consumo, esta vía es obligatoria para las personas jurídicas y entes sin personalidad *ex* art. 14.2, a) y b), respectivamente, de la Ley 39/2015 (normas que establecen para ellos la obligación de relacionarse electrónicamente con las Administraciones Públicas), aplicable supletoriamente como ya sabemos. Dije hace unos meses que para garantizar una mayor seguridad jurídica sería deseable que el art. 17 de la Ley 7/2017, de 2 de noviembre, se refiriera expresamente a esta obligatoriedad de las personas jurídicas y entes sin personalidad. Y ello porque su apartado 1 se limita a decir que "las partes podrán presentar sus reclamaciones, así como cuanta documentación sea necesaria, en línea o no", sin distinguir si el solicitante o reclamante es una persona física, jurídica o ente sin personalidad, lo que podría

---

184 Igualmente, la remisión que hacía el art. 3.2 ARDSAC a la Ley 30/1992, de 26 noviembre, de Régimen Jurídico de las Administraciones Públicas y de Procedimiento Administrativo Común, en relación con la actividad de las JAC, había que entenderla hecha a igual Ley 39/2015 y la Ley 40/2015, de 1 de octubre, de Régimen Jurídico del Sector Público. En este sentido, la Disposición adicional única del PRDSAC, sobre "aplicación supletoria", ya se refería expresamente a dichas normas en su apartado 2.

llevar a entender que todo consumidor, con independencia de su condición, puede optar[185].

Pues bien, aunque la mencionada Ley 7/2017 no ha sido modificada, lo cierto es que se disipan las dudas al haber establecido el Real Decreto 713/2024 —como *supra* he apuntado— la supletoriedad de la Ley 39/2015 en sede del procedimiento arbitral de consumo y de los actos de los órganos arbitrales y al ser las solicitudes de arbitraje los actos iniciadores del procedimiento arbitral. Y también, en igual sentido, el art. 23.2 RSAC contempla expresamente la posibilidad de que una norma exija que el convenio arbitral conste en formato electrónico.

2) Y, en segundo lugar, respecto de la forma escrita de presentar la solicitud, resulta llamativo que el RSAC haya eliminado la exigencia de presentar por duplicado la solicitud y documentación que la acompañe. Quizás la falta de previsión responda a que se parta de emplear al máximo los medios electrónicos, presentar las solicitudes por esta vía y seguir la línea de la reforma del Real Decreto-ley 6/2023, 19 diciembre: éste ha modificado el art. 273.4 LEC, de manera que se ha eliminado de él la exigencia de presentar en papel tantas copias como demandados o ejecutados haya cuando se presentan escritos o documentos por vía telemática o electrónica que dan lugar al primer emplazamiento, citación o requerimiento del demandado o ejecutado[186].

En consecuencia, ante la falta de dicha previsión tampoco es exigible presentar por duplicado la solicitud de arbitraje y documentos que se acompañen en papel, alejándose en este punto la regulación de lo previsto en el art. 273.6, 2º[187] LEC. Y ello es así aunque se deba

---

185 Marcos Francisco, D.: “Principales cambios del nuevo Proyecto de Real Decreto regulador del Sistema Arbitral de Consumo: ¿hacia un arbitraje de consumo más eficaz?”, *cit.*, pp. 5-6.

186 En efecto se ha suprimido la exigencia de presentar en soporte papel copias de los documentos que dan lugar al primer emplazamiento, citación o requerimiento del demandado o ejecutado en los tres días siguientes a la presentación de los documentos de forma *online* (antes de la reforma había que presentar tantas copias literales como partes emplazadas, citadas o requeridas).

187 Conforme al tenor literal de este precepto, “de todo escrito y de cualquier documento que se aporte o presente en soporte papel y en las vistas se acompañarán tantas copias literales cuantas sean las otras partes”.

trasladar físicamente la aludida documentación a una empresa reclamada que, por no ser una persona jurídica o ente sin personalidad (como sucede con los empresarios autónomos), no está obligada a relacionarse electrónicamente con la Administración Pública.

B) Requisitos mínimos

En cuanto a los requisitos mínimos de contenido de las solicitudes, son (art. 32.2 RSAC):

1. Datos personales del consumidor solicitante: nombre y apellidos, nacionalidad, dirección de correo electrónico —cuando se disponga de ella— y DNI (si es extranjero, NIE o, cabe entender en su defecto, el de su pasaporte[188]). Si se formula la solicitud mediante representante también se debe identificar a éste y aportar el documento que acredite la representación, sea legal o voluntaria. Esto último, aunque es lógico y se sobreentiende[189], ha sido recogido expresamente en el art. 32.2, a) *in fine* RSAC.

2. Datos personales de la empresa reclamada: "nombre, apellidos o razón social, NIF y domicilio del empresario reclamado, así como, si fuera conocida, su dirección a efectos de notificaciones. En caso de que el consumidor no disponga de alguno de estos datos, aportará cualquier otro dato que pueda resultar de interés para la completa identificación y localización del empresario reclamado".

3. Los hechos que motivan la controversia y la petición, basada en estos, indicando —si es pecuniaria, como suele ocurrir en la práctica— su cuantía.

4. Lugar, fecha y firma del solicitante o, en su caso, de su representante.

---

[188] Así lo entiendo —en igual sentido que el ARDSAC— aunque el RSAC emplee la conjunción disyuntiva "o" y hable de DNI, pasaporte o NIE en vez de "número de identidad de extranjero o, en su defecto, el de su pasaporte o documento de viaje" (art. 34.1.a ARDSAC).

[189] Así es con respecto a la representación voluntaria si aplicamos supletoriamente el art. 5.3 y 4 de la Ley 39/2015. Igualmente, de acuerdo con el art. 264, 2º LEC es necesario acompañar a la demanda los documentos que acrediten la representación legal.

Los cuatro requisitos de contenido indicados vienen a coincidir sustancialmente con los que preveía el art. 34.1 ARDSAC[190]. Pero hay que tener en cuenta que, por un lado, hay un requisito que ha sido suprimido de la anterior regulación y, por otro, hay dos que han sido añadidos.

5. Así, con respecto al requisito eliminado, el ARDSAC preveía que en el caso de que existiera una oferta pública de adhesión en derecho también debía indicar el consumidor si aceptaba dicha forma de resolución del arbitraje (art. 34.1.f, relacionado con el art. 33.1). Este requisito era de escasa practicidad, porque la práctica forense demuestra que lo normal es que cuando el consumidor presenta la solicitud desconoce el dato de la existencia de una oferta pública de adhesión en derecho (es más, suele desconocer si la empresa está o no adherida al Sistema Arbitral de Consumo e, inclusive, lo que significa la adhesión mediante oferta pública de adhesión y que sea en derecho o en equidad). De ahí que muchas JAC no han hecho mención en sus solicitudes a este extremo (p. ej., la JAC de la Comunidad Valenciana[191] o la Regional de Madrid[192]); otras, sin embargo, como la JAC de Cataluña[193], sí lo han venido haciendo.

Podría pensarse, pues, que el RSAC ha eliminado el aludido requisito indicado en el art. 34.1.f) ARDSAC y ya no lo menciona en el precepto que regula los requisitos de contenido de las solicitudes dada su poca practicidad. Sin embargo, no es esto lo que se deduce del art. 31.4 RDSAC, a cuyo tenor literal: "El arbitraje de consumo se decidirá en equidad salvo que las partes, de común acuerdo, opten

---

190 Ello con alguna diferencia puntual, tal y como es que la anterior regulación no exigía aportar la dirección de correo electrónico cuando se tuviese; novedad reseñada por el CGPJ en su Informe sobre el Proyecto de Real Decreto por el que se regula el Sistema Arbitral de Consumo, aprobado por Acuerdo del Pleno de 25 de enero de 2024 (p. 26).

191 Accesible en https://siac-front.gva.es/siac-front/public/descarga/es/F3524 (consultada el 11.09.24).

192 Accesible en https://galapagar.es/wp-content/uploads/2019/12/IMPRESO_DE_LA_CAM_SOLICITUD_DE_ARBITRAJE_DE_CONSUMO.pdf (consultada el 20.09.24).

193 Su modelo de solicitud de arbitraje se encuentra disponible en https://consum.gencat.cat/web/.content/10_AGENCIA/00_Atencio_al_consumidor/Resolucio_de_conflictes_de_consum/Arbitratge_de_consum/Sollicitud_arbitratge_cas.pdf (consultada el 11.09.24).

expresamente por la decisión en derecho. Si el empresario en su oferta de adhesión hubiera optado por que el litigio sea resuelto exclusivamente en derecho y *el consumidor hubiera optado en su solicitud de forma expresa por que el litigio sea resuelto en equidad*, se comunicará este hecho y se solicitará al reclamante su aceptación de la decisión en derecho, tratándose la solicitud como si no existiera adhesión previa en caso de falta de acuerdo"[194] (la cursiva es mía).

Así, de este precepto parece desprenderse que las solicitudes deben permitir al reclamante optar por la resolución del arbitraje en derecho o en equidad para el caso de que la empresa reclamada esté adherida al SAC en derecho. Ello podría traducirse en la práctica:

1) En que la solicitud permita al consumidor marcar una casilla correspondiente a la afirmación de que "el solicitante desea resolver el arbitraje en equidad cuando la empresa esté adherida en derecho";

2) O, si se prefiere, en que la solicitud dé la opción al consumidor reclamante de elegir entre marcar la casilla de "arbitraje en derecho" o bien la de "arbitraje en equidad" para el caso de que la empresa haya emitido una OPA en derecho. Esta segunda opción no parece ser la más eficiente porque habría que requerir al consumidor para subsanar en el caso de que no marcara ninguna casilla.

Siendo la regla general la resolución en equidad, regla fijada por ese mismo precepto, no parece tener mucho sentido que el consumidor deba poder optar expresamente en la solicitud por tal equidad para el caso de que la empresa reclamada esté adherida en derecho.

---

194 Así, el RSAC cambia de criterio con respecto al ARDSAC: mientras según éste, si el consumidor no había indicado expresamente en la solicitud que deseaba la resolución del arbitraje en derecho, la JAC debía dar traslado al consumidor para que manifestara su conformidad y, en su defeco, dar traslado de la solicitud a la empresa reclamada adherida en derecho al SAC para ver si aceptaba someterse en equidad (se consideraba a la empresa como no adherida), conforme al RSAC, aun cuando el consumidor haya indicado expresamente en su solicitud que desea la resolución en equidad, la JAC le preguntará si acepta la resolución del arbitraje en derecho y, en caso de no hacerlo, dará traslado de la solicitud a la empresa para ver si acepta la resolución en equidad (se le considera como no adherida).

En este punto considero que es más adecuada la previsión del art. 34.1.f) ARDSAC, si bien mejorable[195].

6. El primero de los dos requisitos de contenido que han sido añadidos consiste en que "en el caso de que la Junta Arbitral notifique las actuaciones arbitrales de conformidad con lo establecido en la Ley 39/2015, de 1 de octubre, el consumidor podrá elegir que la práctica de la notificación se realice por medios electrónicos o en lugar físico"[196] (art. 32.2, c) RSAC). Es decir, el consumidor deberá indicar en la misma solicitud si desea que las notificaciones se practiquen de forma electrónica o en papel. Ahora bien, al respecto hay que tener en cuenta:

- Que dicha opción sólo tendrá lugar cuando la posibilite el correspondiente impreso de solicitud de arbitraje de consumo de la JAC en cuestión, conforme a su práctica (si esta carece de medios electrónicos será inviable dicha opción). Sobre esta cuestión hay que considerar el art. 31.7 RSAC, que señala que "la notificación de las actuaciones arbitrales, incluido el laudo, se realizará conforme a la práctica adoptada por la Junta Arbitral o, en su defecto, según lo previsto en la Ley 39/2015, de 1 de octubre".
- Si dicha opción es viable, sólo podrán elegir las personas físicas consumidoras (ya sabemos que las jurídicas y entes sin personalidad están obligadas a relacionarse electrónicamente con las Administraciones Públicas).

---

195 Para que este requisito hubiera sido realmente efectivo debería haberse recogido en las solicitudes, deberían haberse incluido instrucciones muy claras dirigidas al reclamante y debería haberse indicado una forma fácil e inmediata de acceder a las empresas adheridas y al dato de si lo están en derecho.

196 Por su parte, según el art. 32.2.c) PRDSAC este requisito, que también se recogía en términos similares, consistía en la indicación del "medio de notificación por el que optan en el procedimiento, siempre que se respete el artículo 31.8 de este real decreto". Dicho art. 31.8 postulaba que "la notificación de las actuaciones arbitrales, incluido el laudo, se realizará, según lo previsto en la Ley 39/2015, de 1 de octubre, o conforme a la práctica adoptada por la Junta Arbitral de Consumo, prevaleciendo esta última".

– Siendo loable la nueva normativa, lo cierto es que este extremo ya lo han venido incluyendo en sus solicitudes JAC como la autonómica de Madrid[197] y las JAC de Andalucía[198].

7. Y el segundo de los requisitos (más que requisitos de contenido o "datos" —como dice el RSAC— que deben constar en la solicitud, yo hablaría de una clase de documento que debe presentarse con la solicitud) consiste en aportar "la respuesta del empresario a la reclamación interpuesta ante el mismo o, en caso de no haber sido atendida transcurrido un mes desde su presentación, se aportará acreditación de haber intentado la comunicación con aquel" (art. 32.2, f) RSAC). Este requisito se encuentra íntimamente relacionado con una de las posibles causas de inadmisión de solicitudes que han sido añadidas *ex novo*, a las que me refiero en el siguiente epígrafe. En efecto, si en el RSAC, en coherencia con la Ley 7/2017, pasa a ser causa de inadmisión que el consumidor no se haya puesto previamente en contacto con el empresario para tratar de resolver el asunto o no acredite haber intentado la comunicación con este, debiendo en todo caso ser admitida si hubiera transcurrido más de un mes desde que el consumidor presentó la reclamación al empresario y este no haya comunicado su resolución (art. 35.2, c) RSAC), lo lógico y coherente con ello es que sea necesario aportar junto con la solicitud la prueba que acredite el cumplimiento de este presupuesto de procedibilidad[199].

8. Junto a la solicitud se aportará "cuanta documentación o pruebas sean necesarias para el conocimiento y solución del litigio" (contratos, facturas, etc.). Repárese en que la utilización del tiempo verbal futuro en sentido imperativo "se aportará" (equivalente a "se deben aportar") en vez del potestativo del ARDSAC ("podrán aportarse o proponer"), responde a que lo más conveniente es que así se haga *ab initio*. Podría pensarse que, en caso de no hacerse, precluye la posibilidad, como sucede en los procesos judiciales civiles; postura

---

197 *Vid. supra*, nota a pie 192.

198 Accesible en https://www.consumoresponde.es/sites/default/files/articulos/Solicitud%20arbitraje%20JACA%20rellenable%20%287-10-2021%29_0.pdf (consultada el 20.09.24).

199 Este requisito no se recogía en el PRDSAC. Sin embargo, con buen criterio, el RSAC lo ha mejorado con su inclusión.

que aparentemente también cabría defender al amparo del art. 42.1, 1º RSAC, conforme al cual "las partes deberán aportar, junto con la solicitud de arbitraje o la contestación a esta, las pruebas de las que dispongan con relación al litigio (...)" (art. 42.1, 1º RSAC). Pero, sin perjuicio del posible archivo de las actuaciones al que *infra* me referiré, nada obsta a que pruebas de las que ya se disponía *ab initio* y no se hayan aportado inicialmente se aporten posteriormente, como se desprende del art. 41.2 RSAC (a cuyo tenor "las partes serán citadas a la audiencia con suficiente antelación y con la advertencia expresa de que en ella podrán efectuar las alegaciones y proponer las pruebas que consideren necesarias para hacer valer sus derechos y no hubieran sido propuestas con anterioridad"), de la misma forma que el órgano arbitral puede acordar de oficio pruebas complementarias que considere necesarias para la solución del litigio (art. 42.1, 1º *in fine* RSAC), en la línea de la flexibilidad propia del arbitraje, evidenciada en artículos como el 29[200] LA.

9. También habrá de acompañarse copia del convenio arbitral de consumo (en el hipotético caso, más teórico que real, que exista) (art. 32.2.g) RSAC[201]).

Por lo tanto, además de los requisitos de contenido *supra* mencionados en los puntos 1 a 6, resulta indispensable aportar los citados documentos (ya sea el aludido documento "procesal" presupuesto de procedibilidad, la copia del convenio o los documentos y otros escritos y objetos relativos al fondo del asunto). Ello significa que considerando que, frente a lo que sucedía en el ARDSAC, los docu-

---

200 Postula este precepto lo siguiente:
"1. Dentro del plazo convenido por las partes o determinado por los árbitros y a menos que las partes hayan acordado otra cosa respecto del contenido de la demanda y de la contestación, el demandante deberá alegar los hechos en que se funda, la naturaleza y las circunstancias de la controversia y las pretensiones que formula, y el demandado podrá responder a lo planteado en la demanda. *Las partes, al formular sus alegaciones, podrán aportar todos los documentos que consideren pertinentes o hacer referencia a los documentos u otras pruebas que vayan a presentar o proponer.*
2. Salvo acuerdo en contrario de las partes, *cualquiera de ellas podrá modificar o ampliar su demanda o contestación durante el curso de las actuaciones arbitrales*, a menos que los árbitros lo consideren improcedente por razón de la demora con que se hubiere hecho" (la cursiva es mía).

201 En igual sentido se encontraba el art. 34.1.e) ARDSAC.

mentos o pruebas en defensa del consumidor pasan a ser elementos inherentes a la descripción de los hechos que deben acompañarlos con la solicitud (pasan a formar parte de su contenido), cabe entender que en caso de no aportarse —de igual forma que si no se aporta el convenio arbitral o si faltan otros requisitos de contenido anteriormente indicados— la Junta Arbitral requerirá al "reclamante su subsanación en un plazo que no podrá exceder de diez días hábiles[202], con la advertencia de que, si no aportara la documentación[203] requerida en el plazo concedido, se le tendrá por desistido de su solicitud, procediéndose al archivo de las actuaciones" (art. 34.2 RSAC)[204].

10. Hay otro requisito de contenido que no exige el art. 32 RSAC en toda solitud, pero que convendría lo hubiera hecho conforme a las previsiones del necesario consentimiento informado[205] recogidas en el art. 10.2[206] de la Directiva 2013/11/UE (transpuestas en el art.

---

202 En el ARDSAC el plazo que se concedía no podía exceder de 15 días (art. 34.2).

203 No parece muy adecuado que el RSAC hable únicamente de "documentación requerida", dado que es posible requerir para simplemente subsanar datos o información.

204 Pensemos, p. ej., en el caso de que el consumidor haga referencia en su solicitud a los datos contenidos en una factura o/y un contrato de que dispone y, sin embargo, no lo/s aporte. Cosa distinta es que la JAC carece de competencia para valorar la suficiencia o insuficiencia de la prueba y, en su caso, solicitar de oficio pruebas complementarias, función que corresponde al órgano arbitral (art. 42.1, 1º RSAC).

205 Como dice el Informe del CGPJ sobre el Proyecto de Real Decreto por el que se regula el Sistema Arbitral de Consumo, aprobado por Acuerdo del Pleno de 25 de enero de 2024, "con ello el legislador se asegura de que el consumidor es libre y consciente de que se está sometiendo a un procedimiento vinculante con exclusión de la jurisdicción" (*vid.* p. 13). Pero recordemos que dicho consentimiento informado resulta exigible tanto respecto de consumidores como de empresas, excepto cuando éstas se encuentren adheridas al SAC (*vid.* Esteban De La Rosa, F.: "Cuestiones pendientes en la europeización del sistema español de arbitraje de consumo", en Esteban De La Rosa, F. (dir.), *Justicia digital, mercado y resolución de litigios de consumo: innovación en el diseño de acceso a la justicia,* Thomson Reuters Aranzadi, 2021, p. 315).

206 A tenor del mismo, "los Estados miembros velarán por que, en los procedimientos de resolución alternativa que tengan por objeto resolver el litigio mediante la imposición de una solución, únicamente se dé a la solución carácter vinculante para las partes cuando estas hayan sido informadas con antelación de dicho carácter vinculante y lo hayan aceptado expresamente. Si las soluciones son vin-

15.3[207] de la Ley 7/2017) y a las exigencias de transparencia contempladas en el art. 7.1, letras n) y o)[208] de la mencionada Directiva 2013/11/UE (transpuestas por el art. 35.1.l) y m) de la repetida Ley 7/2017[209]). Y digo esto por lo siguiente:

– Conforme a los mencionados arts. 10.2 de la Directiva 2013/11/UE y 15.3 de la Ley 7/2017, en la medida en que las partes deben ser informadas "con antelación" a la sumisión al arbitraje —en términos de la Directiva— o, si se prefiere, en el momento de prestar el consentimiento a la sumisión —en términos de la Ley— del carácter vinculante del laudo e, incluso, de que someterse a arbitraje impide acudir posteriormente a la vía judicial, desde luego lo más eficiente es que se informe y recabe dicho consentimiento en la solicitud. De ahí que se haya dicho que tal art. 15 obligará a los presidentes de las

---

culantes para el comerciante con arreglo a la normativa nacional, no se exigirá la aceptación del comerciante para cada caso concreto".

207 Conforme a este precepto, "el sometimiento del consumidor y del empresario al procedimiento ante una entidad de resolución alternativa de litigios de consumo cuya decisión sea vinculante requerirá, junto a la existencia de un acuerdo posterior al surgimiento del litigio, que en el momento de la prestación del consentimiento las partes sean informadas de que la decisión tendrá carácter vinculante, y de si la misma les impide acudir a la vía judicial, debiendo constar por escrito, o por otro medio equivalente, su aceptación expresa. Esta garantía de consentimiento informado no será de aplicación al empresario cuando se encuentre obligado, por ley o por su adhesión previa, a participar en dicho procedimiento".

208 En virtud del principio de transparencia regulado en el citado art. 7, las entidades de resolución alternativa (como son las JAC) deben poner a disposición del público de forma claramente comprensible toda una serie de información ("en su sitio web, en un soporte duradero o por cualquier otro medio que consideren adecuado"), como es la relativa al "efecto jurídico del resultado del procedimiento de resolución alternativa" (letra n) y "la fuerza ejecutiva de la decisión de resolución alternativa de litigios, si procede" (letra o), como es el caso del laudo.

209 Así se desprende igualmente del art. 6.1.c) de la Ley 7/2017, de acuerdo con el cual el Reglamento de la entidad de resolución alternativa debe incluir, entre otros extremos, "toda la información relativa al procedimiento que, de conformidad con lo establecido en esta ley, vengan obligadas a proporcionar a las partes, antes, durante o después del procedimiento, así como los efectos jurídicos del resultado del procedimiento".

JAC a recabar el consentimiento informado de las partes antes de decidir sobre la admisión de la solicitud[210].

Es verdad que ambas normas no permiten descartar que se informe al consumidor y se recabe su consentimiento expreso en un momento posterior[211]. Pero, como he comentado, no sería eficiente tener que prever otro trámite *ad hoc* para ello.

Dicho lo anterior, no hay que perder de vista que en aquellos abundantes casos en que el consumidor se haya dirigido inicialmente a una OMIC y, al resultar infructuosa la labor mediadora de esta, le haya propuesto su sometimiento al SAC, también debería observarse dicho consentimiento informado. En este sentido, igualmente sería conveniente que las OMIC recogieran en sus formularios la información sobre el carácter vinculante del laudo y la imposibilidad de dirigirse a la vía judicial o, si se prefiere, que proporcionaran al consumidor el formulario de solicitud de la JAC en que conste tal información a efectos de cumplimentarlo. En caso de que tampoco se haga así y el consumidor acceda a la propuesta de la OMIC y se someta al SAC, será necesario que se haga en la JAC mediante un trámite *ad hoc*[212].

---

210 Pillado González, E.: "Régimen jurídico de la mediación de consumo tras la Ley 7/2017, de 2 de noviembre, por la que se incorpora al ordenamiento jurídico español la Directiva 2013/11/UE, del Parlamento Europeo y del Consejo, de 21 de mayo de 2013", *Revista General de Derecho Procesal*, núm. 48, 2019, p. 15.

211 Díez García, H.: "Los principios de libertad y legalidad de la Directiva 2013/11/UE, de 21 de mayo (Directiva sobre resolución alternativa de litigios en materia de consumo) y su impacto en el sistema arbitral de consumo", *cit.*, p. 201.

212 Y repárese en que el repetido consentimiento informado se debe recabar de ambas partes conforme a la aludida normativa, esto es, resulta exigible tanto respecto de consumidores como de empresas, excepto cuando éstas se encuentren adheridas al SAC (*vid.* Esteban De La Rosa, F.: "Cuestiones pendientes en la europeización del sistema español de arbitraje de consumo", *cit.*, p. 315). Por ello, la citada información también debería contenerse en el formulario de aceptación del arbitraje *ad hoc* por parte de la empresa. En este sentido, de *lege ferenda* el art. 36.2 RSAC debería hacer referencia al necesario consentimiento informado de la empresa sobre el carácter vinculante del laudo y el hecho de tener vedada la vía judicial. Igualmente es reseñable que, aunque dicho consentimiento informado no es necesario recabarlo en caso de empresas adheridas *ex* arts. 10.2 *in fine* de la Directiva 2013/11/UE y 15.3 *in fine* de la Ley 7/2017, sería conveniente que así constara también en los formularios de adhesión (de

– De acuerdo con tal art. 35.1.l) y m) de la Ley 7/2017, las entidades de resolución alternativa acreditadas deben informar claramente del "efecto jurídico del resultado del procedimiento de resolución alternativa" y de "si el resultado o decisión del procedimiento tiene fuerza ejecutiva". Es verdad que las citadas Ley 7/2017 y Directiva 2013/11/UE no exigen que dicha información se haga constar necesariamente en la solicitud: según la Directiva, bastaría otro medio como su publicación en la página web de la entidad de resolución alternativa y, según la Ley, tal información debe facilitarse en tal web y además en otro soporte duradero. Pero desde luego lo más garantista es que conste en dicho acto iniciador del arbitraje (junto a su indicación en la web[213]).

Todo ello justifica que el art. 32.1 del PRDSAC así lo exigiera. Exigía hacer constar en la solicitud "de forma expresa que el consumidor conoce el carácter vinculante de la decisión del litigio, y la renuncia a acudir a la vía judicial".

---

emisión de OPA) para evitar confusiones; y, por ello, que también se modificara el art. 24.1 o 2 RSAC para exigir que así sea.

213 Sin embargo, es reseñable que el nuevo RSAC no ha incluido entre las funciones de las JAC (art. 6), como debería haber hecho, la de informar en su portal de internet de tales extremos. Se ha limitado a exigirles que publiquen en él "información anual sobre la actividad desarrollada conforme a lo previsto en el artículo 38 de la Ley 7/2017, de 2 de noviembre, por la que se incorpora al ordenamiento jurídico español la Directiva 2013/11/UE, del Parlamento Europeo y del Consejo, de 21 de mayo de 2013, relativa a la resolución alternativa de litigios en materia de consumo" (letra i). Al respecto hay que decir que si la citada Propuesta de Directiva del Parlamento Europeo y del Consejo por la que se modifica la Directiva 2013/11/UE acaba viendo la luz, deberá modificarse el aludido art. 38 para que la información anual de actividad regulada en dicho precepto pase a ser bianual. Ello responde, como argumenta la Propuesta, a reducir las cargas administrativas y el coste para las entidades de RAL. En este sentido, la Propuesta modifica el art. 7.2 de la Directiva 2013/11/UE, de forma que la parte introductoria se sustituye por los siguientes términos: "Los Estados miembros velarán por que las entidades de resolución alternativa, cuando así se solicite, pongan a disposición del público en su sitio web, en un soporte duradero o por cualquier otro medio que consideren adecuado, sus informes bienales de actividad".

En consecuencia, las JAC deberían emitir informes de su actividad cada dos años (y no cada uno, tal y como prevé el RSAC por remisión al art. 38 de la Ley 7/2017).

Dada la conveniencia de la comentada previsión, incluso antes de la repetida Directiva había JAC que ya incluían este contenido en sus solicitudes, como la JAC de la Comunidad Valenciana[214]. Antes de entrar en vigor el RSAC he podido comprobar que hay otras JAC que también lo hacían, como la JAC de la Comunidad de Madrid[215].

Así las cosas, si bien el RSAC ha incorporado al concreto ámbito del SAC las previsiones del necesario consentimiento informado y también ha dado cumplimiento a las mencionadas exigencias de transparencia indicando en su art. 23.6 que "en el momento de la prestación del consentimiento por las partes para la resolución de su litigio mediante el arbitraje de consumo, deberán ser informadas (...) de que la existencia de un convenio arbitral válido impide a los tribunales conocer de los litigios sometidos a arbitraje, siempre que la parte a quien interese lo invoque mediante declinatoria, así como de que la decisión que ponga fin al litigio tendrá carácter vinculante", lo cierto es que se limita a indicar que dicha información se incluya "*preferentemente* en los formularios normalizados puestos a disposición de las Juntas Arbitrales" (la cursiva es mía). Lo conveniente hubiera sido, como hacía el PRDSAC, exigir su inclusión en toda solicitud y no dejar en manos de las JAC la forma en que informar y recabar el consentimiento. No olvidemos que no estamos ante una cuestión baladí, dado que si no se recaba tal consentimiento del consumidor (sea vía JAC u OMIC), cabría anular el laudo dictado al amparo de la LA de acuerdo con su art. 41.1.a) (porque el convenio arbitral no existe) y f) [por atentar contra el orden público al vulnerar normas imperativas de protección de los consumidores, consideradas, integrantes del orden público "comunitario" según el TJUE —*vid.* SSTJUE de 21 de diciembre de 2016, dictada en los asuntos acumulados C-154/15 y C-307/15 (*Tol 7984659*), y de 26 de enero de 2017, dictada en el asunto C-421/14 (*Tol 5940695*)—][216].

---

214 *Vid. supra*, nota a pie 191.

215 *Vid. supra*, nota a pie 192.

216 En caso de no recabarse el consentimiento de la empresa, el laudo también podría ser anulado *ex* art. 41.1.a) LA.

2) Causas de inadmisión

Si estamos a la anterior regulación, el art. 35.1 ARDSAC recogía las "causas de inadmisión de solicitudes de arbitraje de consumo". Según este precepto, se debían inadmitir las solicitudes:

1. Que no refieran a conflictos de consumo (entre consumidores y empresas) en relación con derechos legal o contractualmente reconocidos al consumidor o que versen sobre materias que no puedan ser objeto de arbitraje de consumo (así se desprendía de la remisión que el art. 35.1 hace al art. 2 ARDSAC y este al art. 1.2).

2. Que resulten infundadas.

3. Y que no afecten a los derechos y legítimos intereses económicos de los consumidores.

En la práctica un porcentaje elevado de inadmisiones viene respondiendo a la falta de condición de consumidor del solicitante[217].

Pues bien, por su parte, el RSAC recoge las causas de inadmisión de las solicitudes en su art. 35.2, pero en mayor número al haber acogido el elenco de causas de inadmisión de solicitudes previstas en el art. 18.1[218] de la Ley 7/2017 (precepto que transpone el art. 5.4[219] de la Directiva 2013/11/UE), a saber:

---

[217] No siempre es posible conocer las causas de inadmisión en la práctica. Así, mientras Memorias como la citada Memoria de Actividades del Instituto Regional de Arbitraje de Consumo 2023 no las indican (*vid.* p. 15), otras como la también citada de la Junta Arbitral de Consumo de la Comunidad Valenciana de año 2022 sí las recogen, siendo por esta causa más de la mitad de las inadmisiones, exactamente 18 de 37 (*vid.* p. 6). Por su parte, la mencionada Memoria de Actividades de la Junta Arbitral de Consumo de Andalucía de 2022 señala que ha habido "162 solicitudes inadmitidas (10%) por carecer el solicitante de la condición de consumidor final, no tratarse el litigio de una relación de consumo o existir indicio racional de delito" (*vid.* p. 67).

[218] Dispone lo siguiente: "Las entidades deberán establecer en su estatuto o reglamento las causas por las que se puede inadmitir a trámite una reclamación, no siendo posible la inadmisión por un motivo distinto a los que se señalan a continuación:

a) Si el consumidor no se hubiera puesto previamente en contacto con el empresario para tratar de resolver el asunto o no acreditara haber intentado la comunicación con este. En todo caso, la reclamación habrá de ser admitida si hubiera transcurrido más de un mes desde que el consumidor presentó la reclamación al empresario y este no ha comunicado su resolución.

1. Que no refieran a conflictos de consumo (entre consumidores y empresas) o que versen sobre materias que no puedan ser objeto de arbitraje de consumo (así se desprende de la remisión que el art. 35.2 hace al art. 2 RSAC[220], cuyo apartado 1 a su vez se remite al art. 1.2).

2. Que resulten infundadas. Estamos ante una causa de inadmisión que carece de sentido porque no es posible decidir sobre el carácter fundado o infundado de la solicitud en este momento inicial

---

b) Si la reclamación resultare manifiestamente infundada o no se apreciara afectación de los derechos y legítimos intereses del consumidor.
c) Si el contenido de la reclamación fuera vejatorio.
d) Si el litigio hubiera sido resuelto o planteado ante otra entidad acreditada o ante un órgano jurisdiccional.
e) Si el consumidor presentara ante la entidad de resolución alternativa la reclamación transcurrido más de un año desde la interposición de la misma ante el empresario reclamado o su servicio de atención al cliente.
f) Si, tratándose de un procedimiento con resultado vinculante para el consumidor, el litigio planteado versa sobre intoxicación, lesión, muerte o existen indicios racionales de delito, incluida la responsabilidad por daños y perjuicios directamente derivada de ellos".

219 Esta norma establece:
"Los Estados miembros, según lo estimen oportuno, podrán permitir que las entidades de resolución alternativa mantengan e introduzcan normas de procedimiento que les permitan negarse a tramitar un litigio determinado por cualquiera de los siguientes motivos:
a) que el consumidor no haya tratado de ponerse en contacto con el comerciante de que se trate en relación con su reclamación para intentar, como primer paso, resolver el asunto directamente con el comerciante;
b) que el litigio sea frívolo o vejatorio;
c) que otra entidad de resolución alternativa o un órgano jurisdiccional estén examinando o hayan examinado en ese litigio;
d) que el valor de la reclamación sea inferior a un umbral monetario preestablecido;
e) que el consumidor no haya presentado la reclamación ante la entidad de resolución alternativa dentro de un plazo preestablecido, que no será inferior a un año desde la fecha en que el consumidor haya presentado su reclamación al comerciante;
f) que la tramitación del tipo de litigio en cuestión pudiera comprometer gravemente por otros motivos el funcionamiento de la entidad de resolución alternativa.
(...)".

220 Dice: "además de por las causas previstas en el artículo 2 (...)".

del procedimiento[221], salvo que entendamos que alude a la falta de los fundamentos fácticos en que el consumidor basa su petición. Pese a ello, el RSAC no ha aprovechado la ocasión para suprimirla.

3. Que no afecten a los derechos y legítimos intereses económicos de los consumidores. Pensemos, p. ej., en las no pocas solicitudes en que se pide que la empresa se disculpe.

4. Haber planteado (o ya haber sido resuelto) el mismo litigio ante un órgano jurisdiccional u otra entidad de resolución alternativa española acreditada y notificada a la Comisión Europea conforme a la citada Ley 7/2017, salvo que se haya desistido del primer procedimiento[222]. Continúa el RSAC indicando que "en ningún caso se admitirá a trámite una solicitud de arbitraje previamente inadmitida

---

221 GUZMÁN FLUJA, V. C.: "Consideraciones sobre el procedimiento arbitral de consumo: trámite de audiencia, reconvención, mediación y acumulación de procedimientos", en PILLADO GONZÁLEZ, E. (coord.), *Resolución de conflictos en materia de consumo: proceso y arbitraje*, Tecnos, Madrid, 2009, p. 245; PILLADO GONZÁLEZ, E.: "Régimen jurídico de la mediación de consumo tras la Ley 7/2017, de 2 de noviembre, por la que se incorpora al ordenamiento jurídico español la Directiva 2013/11/UE, del Parlamento Europeo y del Consejo, de 21 de mayo de 2013", *cit.*, p. 16.

222 En el PRDSAC, que ya acogía iguales causas de inadmisión, no se contemplaba la salvedad indicada. Desde mi punto de vista esta referencia expresa no era necesaria, dado que si ya se ha desistido de un procedimiento no podemos decir que la resolución del litigio se haya planteado en vía judicial o ante otra entidad. Pero, si se quería eliminar toda duda, hubiera sido más fácil decir que "el litigio hubiera sido resuelto o se encuentre pendiente" y eliminar la salvedad. Sea como fuere, coincido con la opinión personal de José Luis Gallego Carrasco (jefe de Departamento de Arbitraje del Área de Gobierno de Economía, Innovación y Hacienda del Ayuntamiento de Madrid), entendiendo que esta causa de inadmisión no se debe interpretar en el sentido —literal— de impedir que se acuda a un segundo ADR en consumo (p. ej., el SAC) cuando se ha acudido a uno primero (la mediación, p. ej.) que no finaliza con un acuerdo o una resolución vinculante para las partes. Entender lo contrario no casa bien con la pretendida promoción de los ADR de la Directiva 2013/11/UE (que recoge esta causa de inadmisión en su art. 5.4.c) y que ni siquiera se contemplaba en la Propuesta de Directiva del Parlamento Europeo y del Consejo, de 29 de noviembre de 2011, relativa a la resolución alternativa de litigios en materia de consumo, COM (2011) 793 final).
Por otro lado, el PRDSAC preveía que el presidente de la JAC pudiera admitir la solicitud si las partes estaban de acuerdo en la sumisión al SAC, lo que "puede ser muy difícil que pase" (SÁNCHEZ MORAGAS, F. X.: "¿Qué novedades aporta el nuevo proyecto de real decreto por el que se regula el Sistema Arbitral de

por cualquier Junta Arbitral o sobre la que un órgano arbitral hubiera dado por terminadas sus actuaciones por cualquiera de las circunstancias previstas en el artículo 44, dejando expedita la vía judicial".

5. Como ya he adelantado *supra*, no haber planteado ante la empresa una reclamación previa para intentar solucionar el conflicto ni acreditar haber intentado contactar con ella a tal efecto o, habiéndolo hecho, no haya transcurrido más de un mes desde su presentación sin obtener respuesta por parte de la empresa. Esta previsión está en plena sintonía con lo dispuesto en el art. 21.3[223] TRLGDCU.

Con esta causa de inadmisión se acaba con las no pocas situaciones problemáticas que en la práctica se vienen dando cuando el consumidor intenta contactar con la empresa para interponer la correspondiente reclamación previa obligatoria y no hay forma de hacerlo o, siendo posible contactar, la empresa nunca responde a dicha reclamación o lo hace en un tiempo excesivo[224]. Dicha previsión resulta, pues, loable. Pero también debería haberse previsto la necesidad de que transcurra un mes desde que se intentó contactar con la empresa para formalizar la reclamación previa sin éxito (este defecto trae causa en la propia Ley 7/2017, dado que la reproduce el RSAC), p. ej., mediante el envío de un correo electrónico y/o llamadas telefónicas. La regulación proyectada no establece el plazo que debe transcurrir en estos casos para que se admita la solicitud, pareciendo lógico fijar

---

Consumo, del gobierno español?", *cit.*). De ahí que el RSAC finalmente no haya acogido esta previsión.

223 Reza este precepto:
"En todo caso, y con pleno respeto a lo dispuesto en los apartados precedentes, los empresarios pondrán a disposición de los consumidores y usuarios información sobre la dirección postal, número de teléfono, fax, cuando proceda, y dirección de correo electrónico en los que el consumidor y usuario, cualquiera que sea su lugar de residencia, pueda interponer sus quejas y reclamaciones o solicitar información sobre los bienes o servicios ofertados o contratados. Los empresarios comunicarán además su dirección legal si esta no coincidiera con la dirección habitual para la correspondencia.
Los *empresarios deberán dar respuesta a las reclamaciones recibidas en el plazo más breve posible y, en todo caso, en el plazo máximo de un mes desde la presentación de la reclamación*" (la cursiva es mía).

224 A ellas se refiere Sánchez Moragas, F. X.: "¿Qué novedades aporta el nuevo proyecto de real decreto por el que se regula el Sistema Arbitral de Consumo, del gobierno español?", *cit.*

el mismo plazo previsto para el caso de haber conseguido contactar con la empresa y no haber obtenido respuesta a la reclamación interpuesta.

La Propuesta de Directiva del Parlamento Europeo y del Consejo por la que se modifica la Directiva 2013/11/UE, reforma el art. 5.4.a) de esta norma europea y pasa a articular como posible causa de inadmisión "que el consumidor no haya tratado de ponerse en contacto con el comerciante de que se trate en relación con la reclamación para intentar, como primer paso, resolver el asunto directamente con el comerciante, *siempre que no introduzcan condiciones desproporcionadas en cuanto a cómo debe producirse dicho contacto*" (la cursiva es mía, que es precisamente la novedad añadida por la Propuesta). Por tanto, frente a la regulación vigente, la norma propuesta "aclara que, aunque los consumidores están obligados a intentar resolver el litigio bilateralmente con el comerciante, las entidades de resolución alternativa no deben establecer condiciones desproporcionadas en cuanto a cómo debe producirse el contacto con el comerciante antes de poder proceder a la RAL". Si la Propuesta ve la luz, no sería necesario modificar el art. 35.2, c) RSAC en la medida en que el nuevo Reglamento, al mencionar que basta con acreditar haber intentado la comunicación con la empresa para admitir la solicitud de arbitraje consumo y dejar un mes de margen para que la empresa conteste, no cabe hablar de condiciones desproporcionadas.

6. Haber presentado la solicitud cuando haya transcurrido más de un año desde que se presentó reclamación previa ante la empresa.

7. Y el carácter vejatorio del contenido de la reclamación.

Como se aprecia, a las causas indicadas en los tres primeros puntos (ya previstas en el ARDSAC) se añaden las cuatro restantes. Aunque no era obligatorio recoger en el Reglamento regulador del SAC todas las causas previstas en el citado art. 18.1 de la Ley 7/2017, se han extrapolado todas[225].

Dicho lo anterior, y al haberse introducido las indicadas causas nuevas de inadmisión, es reseñable que el RSAC ha mantenido el

---

225 El PRDSAC recogía todas excepto la causa de inadmisión consistente en que el litigio se hubiera resuelto o planteado ante un órgano jurisdiccional (sí la contemplaba con respecto a las entidades acreditadas).

posible recurso ante la Comisión de las Juntas Arbitrales de Consumo contra la resolución de admisión o inadmisión de la solicitud en los casos previstos en el art. 2[226](cuando se discuta sobre si estamos ante conflictos de consumo —entre consumidores y empresas— o si versan sobre materias que pueden ser objeto de arbitraje de consumo); resolución que "no pondrá fin a la vía administrativa y podrá ser impugnada por cualquiera de las partes" (art. 35.4, 1º) en el plazo de un mes[227], presentando directamente el recurso ante la mencionada Comisión o bien ante el presidente de la JAC que dictó aquella resolución, en cuyo caso deberá dar traslado a la repetida Comisión en el plazo de quince días hábiles (art. 35.4, 2º)[228].

Para el resto de supuestos en que se resuelva sobre la admisión o inadmisión por otros motivos, dicha resolución "pondrá fin a la vía administrativa" (art. 35.5 RSAC) y podrá ser objeto de recurso potestativo de reposición en dicha vía (*vid.* apartado III del Preámbulo del Real Decreto 713/2024, art. 5.2 RSAC y art. 123 de la Ley 39/2015).

Y téngase en cuenta que, tal y como ha venido siendo *ex* art. 35.3 ARDSAC, cuando se desee impugnar una resolución de admisión y ya se haya notificado la designación del órgano arbitral, corresponderá a éste pronunciarse al respecto en virtud del principio *kompetez-kompetenz* (art. 35.6 RSAC).

3) Posible modificación

A) La deficiente regulación del anterior Reglamento

Por último, otra cuestión fundamental en relación con las solicitudes es su posible modificación, que contemplaba el art.

---

226 Sin embargo, por su parte, el PRDSAC decidía suprimir este recurso ante la Comisión de las Juntas Arbitrales de Consumo.

227 En el ARDSAC eran quince días (art. 36.1).

228 El ARDSAC no precisaba que los quince días eran "hábiles" (art. 36.2 *in fine*). Por lo demás, se mantiene la regulación del ARDSAC, de forma que se debe resolver el recurso y notificar la resolución en el plazo máximo de tres meses desde que se interpuso y la falta de resolución en tal plazo implica su desestimación por silencio administrativo (art. 36.3 ARDSAC y 35.4, 3º RSAC). "La resolución de este recurso pone fin a la vía administrativa" (art. 36.4 ARDSAC y 35.4, 3º *in fine* RSAC).

43.1[229] ARDSAC de una forma excesivamente parca y muy poco apropiada. Y ello porque, en la línea de la flexibilidad propia del arbitraje de consumo, permitía modificar o ampliar aquellas "en cualquier momento antes de la finalización del trámite de audiencia" e indicaba que dicha ampliación no alteraría la competencia del órgano arbitral ya designado, pero nada más decía al respecto.

La falta de regulación planteaba dudas tales como la forma de proceder en caso de modificar la solicitud e, inclusive, si siempre era admisible toda modificación, aunque esta implicase un cambio sustancial de la pretensión o pretensiones inicialmente ejercitadas y reflejadas en aquella.

A) Con respecto a la primera duda o cuestión indicada, pese a la falta de regulación, cuando tenía lugar una modificación (más allá de modificaciones sin importancia, como la simple corrección de errores aritméticos o de cálculo), para no vulnerar los principios de audiencia y contradicción (art. 41.1 ARDSAC) y, por tanto, no causar indefensión a la empresa reclamada, resultaba imprescindible darle traslado para que efectuara las alegaciones que estimara pertinentes (pudiéndosele dar 15 días, igual plazo que se otorgaba al consumidor para formular alegaciones en caso de que la empresa reconviniese *ex* art. 43.3 ARDSAC[230]). Aunque nada dijera el ARDSAC sobre esta

---

229 Recordemos el tenor literal del art. 43:
"1. En cualquier momento antes de la finalización del trámite de audiencia, las partes podrán modificar o ampliar la solicitud y la contestación, pudiendo plantearse reconvención frente a la parte reclamante. La ampliación de la solicitud o la reconvención no modifican la competencia del órgano arbitral designado por el presidente de la Junta Arbitral de Consumo, conforme a lo previsto en los artículos 19 y 20.
2. Planteada la reconvención, los árbitros la inadmitirán si versa sobre una materia no susceptible de arbitraje de consumo o si no existiera conexión entre sus pretensiones y las pretensiones de la solicitud de arbitraje. La inadmisión de la reconvención se recogerá en el laudo que ponga fin a la controversia.
3. Admitida la reconvención, se otorgará al reclamante un plazo de quince días para presentar alegaciones y, en su caso proponer prueba, procediendo a retrasar, si fuera preciso, la audiencia prevista".

230 *Vid.*, Marcos Francisco, D.: "Especialidades en la formulación del objeto del proceso arbitral de consumo: la pretensión, la reconvención y la modificación de las pretensiones", *Revista General de Derecho Procesal*, núm. 21, 2010, edición digital, pp. 1-37. Ya apunté en relación con el ARDSAC que "hay que decir que la nueva regulación no concreta cómo ha de proceder la junta arbitral de con-

necesidad de dar traslado, necesariamente debía observarse, so pena de causar indefensión a la empresa reclamada. De no hacerse así en la práctica ante la falta de previsión, cabía anular el laudo dictado al amparo del art. 41.1, b) LA por no haberse permitido a la parte reclamada hacer valer sus derechos e, inclusive, *ex* art. 41.1, d) LA por no haberse ajustado el procedimiento arbitral a los principios esenciales contemplados en el art. 41.1 ARDSAC y en el art. 24.1 LA.

B) Y con respecto a la segunda duda indicada, hay que tener en cuenta que, en caso de alterarse sustancialmente el objeto del arbitraje, podía la empresa no aceptar la sumisión al mismo (si se había adherido al SAC mediante una oferta pública de adhesión limitada y la modificación excedía del ámbito de la oferta o si había aceptado adherirse *ad hoc*) y así haberlo alegado. En tal supuesto debían archivarse las actuaciones. En caso contrario, podía anularse el laudo con base en el art. 41.1, c) LA[231] (*vid.* SAP de Cádiz —Sección 3ª— de 18

---

sumo cuando se modifica o se amplía la solicitud (al igual que la contestación), limitándose a regular en los apartados 2 y 3 del citado precepto la actuación que ha de observarse por dichas juntas arbitrales en caso de reconvención. Entendemos que en aquellos casos en que la modificación sea tal que implique una alteración de la pretensión inicialmente ejercitada o una acumulación de nuevas, procederá aplicar por analogía lo dispuesto en tales apartados, de forma que serán inadmitidas cuando versen "*sobre una materia no susceptible de arbitraje de consumo*" o deriven de relaciones jurídicas de consumo distintas que la pretensión originaria (art. 43.2), así como en los otros supuestos y por las otras causas que vimos al tratar la reconvención (nos remitimos, pues, a lo allí expuesto).
Por otro lado, ante el aludido silencio, cabe entender que, una vez admitidas las nuevas pretensiones, resulta trascendental que se le dé a la parte demandada traslado de las mismas para no causarle indefensión, otorgándole el plazo de 15 días para formular alegaciones o proponer prueba y, en caso de que ello se plantee con anterioridad al acto de la audiencia, procediendo a "retrasar, si fuera preciso, la audiencia prevista" (art. 43.3). Si la nueva pretensión se ejercita en la misma audiencia, en pleno respeto de los principios de igualdad, audiencia y contradicción, también debe procederse a suspender aquélla, sea porque así lo estime necesario el reclamado que haya comparecido a los efectos de preparar pertinentemente su defensa, sea porque éste no haya asistido a la audiencia (en cuyo caso, siempre habría de darle traslado por 15 días de tal pretensión para no causarle indefensión)".

231 Hay que tener en cuenta que no son pocos los casos en que la empresa reclamada ha aceptado el arbitraje, sea mediante la intervención de una OMIC o directamente de una JAC, posteriormente el consumidor modifica su pretensión inicial y la empresa muestra su disconformidad por haber sometido a arbitraje

de octubre de 2002 [ECLI:ES:APCA:2002:2677][232]) porque no hay que olvidar que, como declara reiterada jurisprudencia, "las facultades y competencia de los árbitros vienen en suma determinados por el "thema decidendi" establecido por la voluntad de las partes, estando por ello sometidos los mismos al principio de congruencia, sin que por ende puedan traspasar los límites del compromiso resolviendo cuestiones no sometidas a su decisión o sometidas inoportunamente fuera de plazo, si bien pueden resolver cuestiones que sean consecuencia lógica u obligada de las que se le han planteado, dada la naturaleza flexible extrajudicial del arbitraje, pero siéndoles, no obstante, aplicable la doctrina general de la congruencia exigida a las resoluciones judiciales" (SAP Badajoz —Sección 3ª— núm. 247/2004, de 28 de julio [ECLI:ES:APBA:2004:760], FD Segundo[233]).

---

de consumo una petición o cuestión concreta. Con independencia de la posible anulación del laudo, admitir automáticamente cualquier modificación resta confianza y credibilidad al SAC.

232 Así lo hace esta Sentencia, con base en el art. 45.4 de la anterior Ley Arbitral de 1988, indicando que el consumidor "amplió sustancialmente la cuestión a someter a arbitraje contraviniendo así lo establecido en el art. 12.3 del precitado Real Decreto que contempla la posibilidad de que las partes presenten documentos y hagan las alegaciones que consideren necesarias para la mejor defensa de sus intereses, pero debe entenderse que sobre la cuestión que previamente ya han sometido a arbitraje sin que en ese momento se pueda ampliar dicha cuestión" (FD Único).

233 Reza esta Sentencia: "el reclamante, al introducir en dicho acto las variaciones referidas en su reclamación, se excedió de lo que podríamos denominar meras aclaraciones o petición, incluso, de reclamaciones consecuentes o conexas, introduciendo, pues, una verdadera alteración del tema debatido, y en un momento previsto esencialmente para presentar documentos y hacer alegaciones para la mejor defensa de los intereses de las partes, entre los que se encuentra la proposición de pruebas de que intenten valerse, siendo también éste momento cuando debe denunciarse la falta de competencia objetiva de los árbitros, pero sin que puedan las partes, como decíamos, variar o alterar los motivos expuestos en el escrito inicial, cual hiciera el reclamante, produciendo con ello una verdadera indefensión a la aseguradora que se oponía a aquella petición precisamente por razón de su materia, al quedarse, en definitiva, sin poder preparar su defensa para poder desvirtuar tales alegatos posteriores, y proponer pruebas al respecto, de lo que se colige, en conclusión, que el laudo no se atuvo estrictamente al mandato conferido, al resolver en suma sobre extremos que no fueron sometidos a la decisión arbitral oportunamente, ya que las manifestaciones realizadas por el recurrente en la comparecencia fijaban una reclamación diferente a la formulada en su solicitud inicial, incidiendo por consiguiente el

B) La nueva regulación: mejorada, pero mejorable

Pues bien, precisamente para solucionar algunos de estos problemas interpretativos y la forma de proceder ante la falta de normativa, el RSAC ha regulado la "reconvención del empresario y modificación de la pretensión por el consumidor o usuario" (art. 40)[234] mejorando la regulación vigente, aunque planteando algunas cuestiones (a las que *infra* me refiero). En este sentido, conforme a la nueva normativa:

> "1. El empresario reclamado podrá proponer reconvención a la solicitud de arbitraje en el momento de contestación a esta.
> 2. La reconvención solo podrá ser admitida por el órgano arbitral si existe conexión con la pretensión del consumidor. Admitida la reconvención, se otorgará a la persona reclamante un plazo de siete días hábiles a contar desde el día siguiente a su notificación para presentar alegaciones.
> 3. En cualquier momento, en el curso de las actuaciones arbitrales, el consumidor podrá modificar o ampliar la pretensión recogida en la solicitud, a menos que el órgano arbitral lo considere improcedente por razón de la demora con que se hubiere efectuado.
> 4. El empresario dispondrá de un plazo de siete días hábiles a partir del día siguiente a la notificación de la modificación o ampliación de la

---

laudo impugnado en causa de nulidad, al resultar incongruente con el tema sometido a arbitraje" (FD Tercero).

234 Por su parte, igual art. 40 del PRDSAC regulaba la "modificación de la pretensión por el consumidor y reconvención del empresario", también mejorando la regulación vigente y planteando algunas cuestiones. De acuerdo con este precepto:
"1. En cualquier momento, antes de la finalización del trámite de audiencia previsto en el artículo 41, el consumidor podrá modificar la pretensión recogida en la solicitud y el empresario la contestación a esta, pudiendo plantear reconvención el empresario reclamado frente al consumidor, garantizándose, en todo caso, el principio de audiencia y contradicción de las partes.
2. En caso de modificación sustancial de la pretensión incluida en la solicitud del consumidor, o de existencia de reconvención por el empresario reclamado, el órgano arbitral que conozca del asunto deberá proceder a su traslado a la otra parte, al menos diez días antes de la fecha fijada para la celebración de la audiencia. Se procederá a la suspensión de la audiencia en el caso de que no fuera posible el cumplimiento de dicho plazo por haberse producido ya la citación a la audiencia y fijándose, en este caso, nueva fecha para su celebración.
3. La no admisión de la modificación sustancial de la pretensión inicial, o de la formulación de la reconvención, se recogerá en el laudo o resolución que ponga fin al procedimiento, debiendo ser fundamentada".

pretensión para dar contestación o, en su caso, proponer reconvención sobre la pretensión que haya sido modificada o ampliada, garantizándose, en todo caso, el principio de audiencia y contradicción de las partes, fijándose si fuera necesario una nueva fecha para la celebración de la audiencia, o una nueva audiencia en caso de que ya se hubiera celebrado con anterioridad.

5. La inadmisión de la modificación sustancial de la pretensión inicial o de la reconvención se recogerá en el laudo que ponga fin al procedimiento, debiendo ser fundamentada".

En relación con esta nueva normativa cabe efectuar las siguientes consideraciones:

1ª. Como se ve, el RSAC ha mejorado la regulación porque su art. 40.4 ya prevé expresamente la necesidad de dar traslado a la empresa reclamada de toda modificación o ampliación[235] (más allá —entiendo— de las aludidas modificaciones banales), disponiendo de un plazo de siete días hábiles para formular alegaciones desde el día siguiente a su notificación (el mismo plazo que el apartado 2 de igual precepto otorga al consumidor para el caso de que el empresario haya reconvenido[236]) e, incluso, para reconvenir sobre las pretensiones modificadas o ampliadas, "garantizándose, en todo caso, el principio de audiencia y contradicción de las partes, fijándose si fuera necesario una nueva fecha para la celebración de la audiencia, o una nueva audiencia en caso de que ya se hubiera celebrado con anterioridad".

2ª. Otra novedad fundamental *ex* art. 40.3 RSAC es que es posible modificar las solicitudes en cualquier momento del curso de las actuaciones (por tanto, sería posible en la misma audiencia)[237], "a menos que el órgano arbitral lo considere improcedente por razón de

---

235 Se mejora en este punto la normativa proyectada (art. 40.2 PRDSAC), que solo preveía el traslado a la empresa en caso de "modificación sustancial de la pretensión" inicial. No hay que perder de vista que los principios de audiencia, contradicción e igualdad deben observarse en todo arbitraje de consumo (art. 41.1 RDSAC y art. 31.2 PRDSAC), so pena de anular el laudo dictado al amparo del art. 41.1, c) y d) LA.

236 Dicho plazo se ha visto, pues, reducido, dado que el art. 43.3 ARDSAC contemplaba quince días.

237 Mientras que en el ARDSAC era posible "en cualquier momento antes de la finalización del trámite de audiencia" (art. 43.1), al igual que en el art. 40.1 PRDSAC.

la demora con que se hubiere efectuado"[238]. Esta nueva norma, que no ofrece ninguna razón que justifique la salvedad[239] y que es acorde con lo previsto en el art. 29.2[240] LA, podría llevar a pensar que tras la celebración de la audiencia ya no es posible efectuar modificaciones, aunque no se haya dictado el laudo, entendiendo inadmisible tal demora. Pero en la medida en que como hemos visto el art. 40.4 RSAC prevé la celebración de otra audiencia en caso de que ya se hubiera celebrado una, podría llegar a concluirse lo contrario.

3ª. En tercer lugar, el RSAC (art. 40.5) introduce un concepto jurídicamente indeterminado[241] (el de modificación "sustancial"), que también debería definirse[242], al señalar que "la inadmisión de la

---

238 La nueva normativa (art. 40.1 RSAC) ha decidido, sin embargo, fijar un momento preclusivo para reconvenir por parte del empresario: debe hacerlo en el momento de la contestación a la solicitud (de forma similar a lo que sucede en la vía procesal civil *ex* arts. 406.1 y 438.2, 2º LEC). Ello sin perjuicio de la posible reconvención posterior en relación con modificaciones de la solicitud.
En consecuencia, frente al trato igualitario de consumidor y empresario contemplado por el ARDSAC y el PRDSAC, que preveían la posible modificación de la solicitud o de la contestación o el planteamiento de reconvención en cualquier momento antes de acabar la audiencia, el RSAC ha optado por discriminar positivamente al consumidor, que es el único que puede modificar sus alegaciones y en principio puede hacerlo en cualquier momento del procedimiento.

239 *Vid.* Informe del CGPJ sobre el Proyecto de Real Decreto por el que se regula el Sistema Arbitral de Consumo, aprobado por Acuerdo del Pleno de 25 de enero de 2024, p. 32.

240 Según el tenor literal de este precepto, "salvo acuerdo en contrario de las partes, cualquiera de ellas podrá modificar o ampliar su demanda o contestación durante el curso de las actuaciones arbitrales, a menos que los árbitros lo consideren improcedente por razón de la demora con que se hubiere hecho".

241 Y que los tribunales han venido interpretando como aquella que "afecta de forma decisiva a la configuración de la pretensión recitada o a los hechos en los que ella se funda", introduciendo con ello "un elemento de innovación esencial en la delimitación del objeto del proceso" [SSTS —Sala 4ª— de 22 de abril de 2015 (*Tol 5166980*) y de 10 de abril de 2014 (ECLI:ES:TS:2014:2366)]. Para más detalles al respecto puede verse Jiménez Batista, A.: "La variación sustancial de la demanda en la jurisdicción social", *IUSLabor*, núm. 2, 2019, pp. 104-130.

242 Yo entiendo por tal, la variación de los hechos alegados en la solicitud que fundamentan la petición, la variación de la petición (pidiendo algo diferente) o su ampliación, ya sea ejercitando nuevas peticiones adicionales o la inicial en cantidad superior, siempre que lo solicitado *ex novo* no sea accesorio o complementario de lo inicialmente pedido.

La STSJ de la Comunidad Valenciana (Sala de lo Civil y Penal) núm. 12/2015, de 4 de mayo (*Tol 5559664*), partiendo de la gran flexibilidad en el ámbito arbitral y, en particular, en el arbitraje de equidad, no ve ningún inconveniente en que el órgano arbitral llegue incluso a condenar a una cantidad mayor a la definitivamente solicitada por la parte (no aprecia incongruencia *ultra petita*) al amparo de lo manifestado por la propia LA en su Exposición de Motivos (apartado VI) y trayendo a colación "el examen de la debida congruencia que ya fue recogida por nuestro Tribunal Supremo a la hora de valorarla en los arbitrajes de equidad formalizados al amparo de la Ley de Arbitraje de 1953. Trayendo a colación dos resoluciones de nuestro alto Tribunal en las que se sientan dichos criterios de flexibilidad y elasticidad:
— La STS (Pte. Gumersindo Burgos y Pérez de Andrade) de fecha 15 de diciembre de 1987 en la que se establece que "no implica que los árbitros estén obligados a interpretar este principio tan restrictivamente que se coarte su misión decisoria, ya que la naturaleza y finalidad del arbitraje permite una mayor elasticidad en la interpretación de las estipulaciones que describen las cuestiones a decidir, las que deben apreciarse no aisladamente, sino atendiendo a aquella finalidad y a sus antecedentes, pudiendo reputarse comprendidas en el compromiso, aquellas facetas de la cuestión a resolver íntimamente vinculadas a la misma, y sin cuya aportación quedaría la controversia insuficientemente fallada (Sentencias de 24 de abril de 1953; 13 de mayo de 1960; 25 de noviembre de 1982)"
— La STS nº 543/1984 de fecha 9 octubre que señala como doctrina de esa Sala "que así como el órgano jurisdiccional de derecho público no puede resolver más cuestiones que aquéllas que los litigantes someten a su decisión, incurriendo en incongruencia si resuelve otras distintas… también el órgano de arbitraje privado de equidad que se propase a resolver puntos que no fueron sometidos a su decisión incurre en exceso de jurisdicción" pero matiza a renglón seguido "que al igual que el Juez no está obligado a amoldarse rígida y literalmente a lo pedido, basta con que los árbitros guarden acatamiento a la sustancia de lo solicitado y a los hechos probados que sirven de apoyo a la petición… para juzgar de la congruencia del Laudo… ha de tenerse en cuenta, de un lado, lo limitado de la materia o contenido a que alcanza aquél, y de otro, que la finalidad del arbitraje de equidad permite una mayor elasticidad con la interpretación de sus términos no siendo autorizado en estos recursos discutir el mayor o menor fundamento de los fundamentos, puesto que el ámbito de la decisión arbitral se desenvuelve sin más límites que la conciencia de los árbitros, de acuerdo con su leal saber y entender, reduciéndose el recurso a examinar si hubo o no exceso jurisdiccional traspasando los límites objetivos del compromiso, no ateniéndose para ello a la literalidad de las cláusulas compromisorias, sino procurando inducir la voluntad de las partes, que es la fuente generadora de la jurisdicción arbitral, por el conjunto de todas ellas, pues si bien los árbitros de equidad no pueden traspasar los límites objetivos de compromiso, tampoco ha de exigírseles interpretarlo con demasiada restricción, que iría en contra de la finalidad que guió al legislador al admitir los juicios de esta naturaleza, tendente a solu-

modificación sustancial de la pretensión inicial o de la reconvención se recogerá en el laudo que ponga fin al procedimiento, debiendo ser fundamentada" (la cursiva es mía). Fíjese en que hay algo que esta nueva normativa sigue sin aclarar: las causas por las que cabe inadmitir las modificaciones (o la reconvención). Está claro que la resolución de inadmisión contenida en el laudo definitivo debe motivarse. Pero, ¿en qué causas cabe basar la misma? Ante tal silencio cabe entender, como en el ARDSAC, que no son admisibles cuando las nuevas pretensiones no tengan conexión objetiva con la pretensión o pretensiones iniciales, cuando versen sobre materias no susceptibles de arbitraje de consumo y —así debería entenderse y debería haberse previsto— cuando se plantee una modificación sustancial de la solicitud o pretensión inicial y no se acepte por la empresa reclamada no adherida al SAC.

Hay que tener en cuenta que en caso de que la empresa reclamada esté adherida al SAC (como *infra* se verá, ya no cabe adherirse con limitaciones materiales), haya pactado con el consumidor la sumisión al SAC para eventuales litigios futuros sin cortapisa alguna o haya hecho un uso ilegítimo del distintivo oficial y se haya formalizado el convenio por esta vía, no será necesario contar con su aceptación a la modificación sustancial. Sólo será necesario contar con ella cuando la aceptación del arbitraje de consumo haya sido *ad hoc*. Ello no está en la línea de lo que sucede en el ámbito procesal, en el que precisamente no es admisible una modificación sustancial de la demanda so pena de causar indefensión (*vid.* en este sentido los arts. 400, 401 y 426.1 LEC y los arts. 80.1.c) y 85.1, 3° de la vigente Ley 36/2011, de

---

cionar las cuestiones más bien en un ambiente amistoso y equitativo, al margen de todo rigor legal o formal, no exigible en procesos en los que no es precisa la cualidad de peritos o técnicos en Derecho por parte de los árbitros"" (FJ Cuarto).

Lo difícil es determinar si ha habido o no modificación sustancial, lo que la STSJ valenciano en igual FJ entiende no ha sucedido en el caso examinado porque "la discrepancia hipotéticamente existente, tendría un *carácter puramente accesorio*, no teniendo en relación al objeto de la reclamación la entidad suficiente, tanto en lo relativo a su importe, como en relación a la base fáctica del conflicto o a los alegatos de las partes, como para justificar una decisión tan drástica como la declaración de nulidad (...)" (la cursiva es mía).

10 de octubre, reguladora de la Jurisdicción Social), vulnerando con ello el art. 24.1 CE.

En el arbitraje de consumo no deberían permitirse unilateralmente modificaciones sustanciales por su vinculación, no con los principios de audiencia y contradicción (o, si se prefiere, la indefensión) que ya hemos visto rigen también en los procedimientos arbitrales (no se vulneran al darse la posibilidad de formular alegaciones), sino con la voluntariedad esencial del arbitraje que, como reiteradamente ha dicho el TC, se fundamenta en la libre autonomía de la voluntad de las partes plasmada en el convenio arbitral. Lo contrario (un arbitraje obligatorio) es inconstitucional (salvo que el contenido del laudo sea revisable ante los órganos jurisdiccionales, lo que en la actualidad no se contempla en la vigente Ley Arbitral[243]) por atentar contra el art. 24.1 CE en su vertiente de acceso a los tribunales (STC —Pleno— núm. 119/2014, de 16 de julio [BOE núm. 198, de 15 de agosto de 2014]; STC —Pleno— núm. 8/2015, de 22 de enero [BOE núm. 47, de 24 de febrero de 2015] y STC —Pleno— núm. 1/2018, de 11 de enero [BOE núm. 34, de 7 de febrero de 2018]).

De ahí que discrepe de resoluciones como la STSJ Comunidad Valenciana (Sala delo Civil y Penal) núm. 4/2017, de 7 de marzo (*Tol 6167032*), según las cuales "debe tenerse en consideración al respecto que dentro del procedimiento arbitral, no se previenen unos complejos trámites formales, ni son de aplicación inmediata las normas contenidas en nuestra LECv, sino que por el contrario se establecen unas sencillas reglas según las cuales a tenor del acuerdo de las partes, o en su defecto lo que decidan los árbitros, se van a encauzar las diferentes pretensiones, con la única limitación de que se cumplan escrupulosamente los principios de igualdad, audiencia y contradicción. Normas que de un lado aparecen comprendidas en la normativa especial del sector (...). De otro lado ya que con un carácter más general se previene esta tramitación en los artículos 24 y ss. de la Ley de Arbitraje, donde en su artículo 29 se alude a una

243 Es de sobra conocido que la acción de anulación no es un recurso similar al de apelación, de forma que los motivos de anulación del laudo previstos en el art. 41.1 LA no permiten en principio (salvo en caso de vulneración del orden público) una revisión del fondo del asunto, estando relacionados fundamentalmente con la existencia de *errores in procedendo*.

demanda y contestación, pero en contra de lo que ocurre dentro del proceso civil ordinario ello no delimita el objeto del proceso, ya que ese mismo precepto alude a la posibilidad de que a lo largo de las actuaciones arbitrales cualquiera de las partes puedan ampliar o modificar sus respectivas pretensiones, con la única limitación de que las partes hubieran limitado esa posibilidad o que el árbitro por razón del momento en que se produce la entienda tardía.

Por lo que vemos que no existe ningún inconveniente a que se produzca una ampliación del contenido de la demanda, como realizan los hoy demandados. Lo que tendría como único límite el que pudiera entenderse como abusiva o contraria a la buena fe, en definitiva que por el momento en que se realiza se impida el cumplimiento de los principios antes expuestos" (FD Segundo).

En definitiva, desde mi punto de vista solo debería admitirse la modificación sustancial de las solicitudes si la empresa adherida *ad hoc* al SAC la acepta. En caso contrario podría anularse el laudo *ex* art. 41.1, c) LA[244] y estaríamos, a la postre, ante un arbitraje obligatorio, hoy en día —según la interpretación del TC— considerado inconstitucional[245].

---

244 *Supra* he citado algunas resoluciones que anulan laudos por este motivo (aunque aplicando la legislación arbitral anterior), por lo que me remito a lo expuesto. Sin embargo, ha habido algunas resoluciones judiciales que no han visto problemas en modificar la/s pretensiones iniciales. Así, p. ej., SAP de Guipúzcoa (Sección 2ª) de 23 de julio de 2001 (ECLI:ES:APSS:2001:1297), FD Tercero; o la SAP Cuenca (Sección 1ª) núm. 207/2007, de 5 de diciembre (*Tol 7501050*). Según esta: "Asimismo debe decaer el motivo de haber resuelto el laudo cuestiones no sometidas a su decisión, pues si se observa bien el expediente arbitral, las reclamaciones de los demandantes, en el acto de la Audiencia previa, ya se concretaron, y de ahí el informe pericial, a todos los daños y perjuicios tanto de la plaza de garaje, como de la vivienda que el demandante les vendió. Basta ver el documento nº 2, folio 23 del Rollo de Sala, en el que D. Íñigo y Dª Virginia, si bien sin un excesivo formalismo, que por otro lado el procedimiento arbitral no requiere, exponen en fecha 17/01/2006 ante la Junta arbitral de Consumo de Cuenca, los hechos que denuncian y someten a arbitraje, leyéndose con meridiana claridad que se refieren tanto a daños en la vivienda, como a la plaza de garaje, achacándolos todos ellos a la defectuosa construcción realizada por Construcciones Mínguez S.L." (FD Segundo).

245 Y nótese que, lejos de estar en contra de los arbitrajes de consumo obligatorios, me manifiesto a favor de la implantación de un SAC obligatorio, en la línea de otras interesantes obras como Colomer Hernández, I. M.: "Hacia un arbitraje

Así las cosas, considero que en la práctica se debe dar traslado para alegaciones de toda modificación (complementaria, accesoria[246] o sustancial) que se plantee y, si resulta sustancial y la empresa que aceptó *ad hoc* el arbitraje de consumo no la acepta en sus alegaciones, es necesario inadmitirla y así motivarlo en el laudo.

Y, si se quiere mantener la posible modificación sustancial de la pretensión de la solicitud sin que la misma tenga que ser aceptada por la empresa reclamada, una opción conveniente *de lege ferenda* sería tener que informar de este extremo expresamente en el mismo documento en que se le otorgue a la empresa un "plazo de diez días hábiles" (art. 36.2 RSAC) para aceptar o rechazar el arbitraje de consumo. Así no se generarían falsas expectativas (no haría falta informar de este extremo en la solicitud de adhesión al SAC porque en el RSAC no se admiten las ofertas públicas de adhesión limitadas, como seguidamente se verá). El problema es que quizá ello desincentivaría la aceptación del arbitraje de consumo.

4ª. Por último, es reseñable que el RSAC no aclara —a diferencia del ARDSAC— si a la hora de valorar la complejidad del asunto y, por ende, designar un órgano arbitral colegiado, cabe tener en cuenta la posible modificación de la solicitud o reconvención. En efecto, el art. 43.1 *in fine* ARDSAC sí aclaraba que "la ampliación de la solicitud o la reconvención no modifican la competencia del órgano arbitral

---

obligatorio de consumo: límites y posibilidades", en CACHÓN CADENAS, M. y PÉREZ DAUDÍ, V. (dirs.) *Proceso y consumo*, Atelier, Barcelona, 2022, pp. 43-74; GRAMUNT FOMBUENA, M.: "¿Arbitraje de consumo obligatorio?", *cit.*, pp. 603-616; MARCOS FRANCISCO, D.: "Sistema Arbitral de Consumo: algunas propuestas «inteligentes» de lege ferenda", *cit.*, p. 143; NIEVA FENOLL, J.: "La obligatoriedad vs. voluntariedad en el sistema arbitral de consumo", *LA LEY Mediación y Arbitraje*, núm. 4, 2020, edición digital, pp. 1-13. Para más detalles sobre esta cuestión *vid.* el apartado II de las breves consideraciones finales de esta monografía.

246 En relación con dicho carácter accesorio, cabe traer a la colación la STSJ de Cataluña (Sala de lo Civil y Penal) núm. 40/2013, de 6 de junio (ECLI:ES:TSJCAT:2013:6227), cuyo FD Quinto dice que "no cabe independizar las acciones ejercitadas (inexistencia de la deuda e improcedencia en consecuencia de la inclusión de los datos personales en ficheros de morosos) toda vez que las unas se hallan íntimamente relacionadas con las otras en el sentido de que la inclusión por Vodafone de los datos de la demandante en el fichero de solvencia patrimonial provienen de una serie de facturas impagadas sobre cuya procedencia la instante no estaba de acuerdo".

designado (...)" conforme a lo previsto por el anterior Reglamento; por lo que no había duda de que, como sucede en la vía jurisdiccional civil para el caso de reconvención (art. 252.5ª LEC), ni ésta ni modificaciones de la solicitud inicial podían afectar a la competencia del órgano arbitral designado. En consecuencia, designado un único árbitro conforme a los criterios previstos en el anterior Reglamento, ya no era posible designar un colegio arbitral teniendo en cuenta la cuantía o complejidad de la reconvención o modificación de la solicitud inicial.

Ante tal silencio podría entenderse que nada impide que así sea. Es decir, podría defenderse que, aunque en principio se haya designado un órgano unipersonal, nada impide que posteriormente, atendidas la modificación de la pretensión inicial o, en su caso, la reconvención, el presidente de la JAC decida modificar la composición y designar a otros dos árbitros (los que por turno corresponda, de entre los acreditados y propuestos por asociaciones de consumidores y por organizaciones empresariales) y así contar con un colegio arbitral (*vid.* arts. 9, 10 y 14 RSAC). Pero lo cierto es que esta interpretación no es la acorde con la voluntad del prelegislador de fomentar la figura del árbitro único ni con la salvedad prevista en el art. 12.1, letra c) RSAC (que trato *infra* en el epígrafe IV del Capítulo segundo de esta obra). Debería, no obstante, aclararse esta cuestión en el nuevo Reglamento.

III. SUPRESIÓN DE LAS OFERTAS PÚBLICAS DE ADHESIÓN LIMITADAS

La "oferta pública de adhesión al Sistema Arbitral de Consumo" aparece regulada en el art. 24 RSAC (anteriormente se regulaba en el art. 25 ARDSAC). Aunque hay otros preceptos que atañen a la adhesión al SAC (arts. 25 a 30), el más importante es el art. 24 al contemplar en su apartado 3 la crucial novedad de que la oferta pública de adhesión "se entenderá realizada a todo el Sistema Arbitral de Consumo, sin limitaciones, y abarcará todas las actividades que desarrolle el empresario bajo el mismo número de identificación fiscal, nombre comercial o marca.

Los empresarios que tengan la condición de personas físicas y desarrollen actividades diferentes de venta o prestación de servicios en distintos establecimientos, o mediante venta a distancia por canales diferentes, deberán identificar claramente en la oferta de adhesión la actividad o actividades para las que efectúan la oferta”[247].

Se suprimen, pues, las OPA limitadas (ya no son admisibles) y, en consecuencia, el distintivo oficial de empresario adherido al SAC pasa a ser único[248]. Al respecto del citado art. 24 cabe efectuar las siguientes observaciones sobre la razón de ser de la supresión y su eficacia y sobre las condiciones o limitaciones permitidas en las OPA.

1) *Fundamento de la supresión: ¿razón de peso suficiente para tal eliminación?*

La nueva regulación en este punto no hace sino seguir la línea de cierta jurisprudencia menor reciente [entre otras, las SSTSJ de Galicia —Sala de lo Civil y Penal— núm. 38/2021, de 16 de diciembre (*Tol 8794666*), FD Tercero[249], y núm. 3/2022, de 13 de enero (*Tol*

---

247 En coherencia con ello, no existe ningún precepto similar al art. 26 ARDSAC, que permita la oferta pública de adhesión en sectores en que exista un importe número de consultas y reclamaciones o en que no haya suficiente implantación del SAC, “previo informe preceptivo de la Comisión de las Juntas Arbitrales de Consumo. El informe negativo a la admisión de la oferta pública de adhesión limitada será, además, vinculante para la Junta Arbitral de Consumo”.

248 Ello es así frente a los dos distintivos que preveía el ARDSAC según la OPA fuera plena o limitada (art. 28.1 y 2). Y es reseñable —también por ser novedad— que el uso del distintivo pasa a ser obligatorio para la empresa, debiendo constar en su portal de internet y en las condiciones generales de sus contratos y, en caso de no contar con tal portal ni/o condiciones generales, deberá exhibirse “en cualquier soporte que permita al consumidor su conocimiento, en particular a través de folletos informativos propios, carteles con la información en lugar accesible al consumidor o cualquier otra comunicación comercial” (art. 26.2 RSAC). Lo que no ha previsto —como debería haber hecho— el RSAC es quién ni cómo controlará dicho uso obligatorio ni las consecuencias del incumplimiento.

249 Resulta muy ilustrativo dicho Fundamento, motivo por el que lo reproduzco (la Sentencia trae causa en un arbitraje de consumo en que una consumidora pedía responsabilidad civil porque estuvo días sin calefacción por una avería al cambiar el contador): “tampoco la reclamación podría ser estimada y ello porque ya ha tenido la Sala ocasión de pronunciarse sobre supuestos similares.

8822253), FD Tercero[250]] que considera que, pese a existir ofertas públicas de adhesión limitadas, se deben entender hechas sin limitaciones para que no quede en papel mojado la eficacia y sumisión al SAC ni se frustren las legítimas expectativas de los consumidores. En este sentido, es "rechazable la posición de la comercializadora de atribuir a la distribuidora la responsabilidad de la cuestión para,

---

Así, en nuestra STSJ de Galicia 22/2020, de 27 de octubre decíamos sobre la misma motivación aquí efectuada "Insiste ahora la empresa actora comercializadora de energía (a tenor de la STS 624/2016, de 24 de octubre, tan responsable como la distribuidora por los daños y perjuicios derivados de un deficiente suministro de energía), en que nos encontramos ante un supuesto de nulidad del laudo combatido *ex* artículo 41.1 e) LA toda vez que de acuerdo con la Oferta Pública de Adhesión al sistema arbitral de Consumo de Galicia están excluidas, entre otras, "las reclamaciones derivadas de responsabilidad extracontractual de cualquier tipo que sea (...), y en particular las reclamaciones en que se solicite una indemnización de daños y perjuicios de cualquier tipo". El árbitro, así pues, concluye la actora, al haber accedido a lo solicitado por la parte reclamante, ha resuelto sobre una cuestión no susceptible de arbitraje y de ahí la predicada nulidad del laudo, adoptado en Derecho.
No podemos compartir el alegato de la actora, y para comprenderlo bastará con reproducir la motivación que luce en las SSTSJG 31 y 32/2018, del 27 y 28 de noviembre, junto con la más reciente STSJG 18/2020, de 13 de octubre, recaídas sobre casos idénticos en su perfil jurídico al que en este momento enjuiciamos, a cuyo tenor "*de seguir la tesis expuesta por la demandante se estaría desvirtuando sobremanera la eficacia y virtualidad del sistema arbitral para resolver los conflictos de consumo limitando enormemente la eficacia de un sistema que se ofrece, necesariamente, como una ventaja para el consumidor. Suprimir la posible exigencia de daños y perjuicios derivados de una relación contractual del arbitraje sería tanto como, de facto, excluir esa vía de resolución de conflictos pues tal responsabilidad deviene ineludible de cualquier relación de aquella clase por mor de lo dispuesto en los artículos 1.101 y 1.124 del Código Civil. De seguir la tesis de la demandante no cabe duda de que la oferta de un sistema de resolución de conflictos de escasa cuantía que se ofrece al consumidor no pasaría de ser papel mojado, en claro fraude de sus expectativas* (...). Y sentada tal premisa y aun prescindiendo de la normativa tuitiva del consumidor, no cabe duda de que la exclusión que esgrime la demandante, al utilizar la expresión "en particular", única y exclusivamente cabe entenderla desde una relación extracontractual pues lo particular es porción de lo general y lo general, como se lee en la cláusula, es la responsabilidad extracontractual, no contractual; la simple aplicación del artículo 1281 del Código Civil lleva sin más a excluir la interpretación dada por la demandante"" (la cursiva es mía).

250 La Sentencia trae causa en un arbitraje de consumo en que una consumidora pedía responsabilidad civil por el retraso en el necesario levantamiento del contador por una avería.

de ese modo, excluir el arbitraje. (...) En realidad, el laudo lo que asume es la corrección de la primera facturación y no podemos sino entender que esa cuestión cae dentro del objeto de la oferta de adhesión, bajo el amparo de la genérica mención a la facturación. Y es que, con arreglo a la normativa indicada, las exclusiones de este concepto deben ser interpretadas restrictivamente pues de otro modo se estaría, en primer lugar, admitiendo una privación del derecho del consumidor a resolver sus controversias de manera eficaz con la comercializadora y, en segundo lugar, otorgando carta de naturaleza a una confusión generada por el predisponente, el autor de la oferta, lo que es rechazable. Bajo el término facturación deben entenderse comprendidas todas aquellas cuestiones sobre las que haya disenso entre las partes al respecto so pena de desnaturalizar la oferta" [STSJ de Galicia —Sala de lo Civil y Penal— núm. 7/2022, de 18 de enero (*Tol 8822254*), FD Segundo][251].

---

251 Esta Sentencia trae causa en un arbitraje de consumo en que una consumidora reclamaba "por disconformidad con la factura complementaria NUM001 de fecha 5 de junio de 2020, por importe de 1.303,15 €. El suministro tenía lugar en el lugar de DIRECCION000, NUM002 y la factura complementaria girada traía causa de la inspección realizada por la distribuidora en el equipo de medida por no registrar correctamente los consumos realizados". Tal Sentencia, postula en el citado FD Segundo: "lo que desde luego si cabe considerar es el citado artículo 46 a cuyo tenor, apartado n), "Serán obligaciones de las empresas comercializadoras, además de las que se determinen reglamentariamente, en relación al suministro: n) Informar a sus clientes sobre sus derechos respecto de las vías de solución de conflictos de que disponen en caso de litigio. A estos efectos las empresas comercializadoras deberán ofrecer a sus consumidores, la posibilidad de solucionar sus conflictos a través de una entidad de resolución alternativa de litigios en materia de consumo, que cumpla los requisitos establecidos por la Directiva 2013/11/UE del Parlamento Europeo y del Consejo, de 21 de mayo de 2013 y en las disposiciones nacionales de transposición. Dichas entidades habrán de ser acreditadas como tales por la autoridad competente". *Los consumidores, por consiguiente, tienen derecho a ese mecanismo de resolución de conflictos de modo que cualquier interpretación que de algún modo cercene, coarte o limite ese derecho debe ser interpretada restrictivamente por imponerlo el artículo 80 del RDLeg 1/2007; pero además de lo anterior, la aplicación de las normas de interpretación de los contratos contenidas en el Código Civil obligan a ponderar la oferta de adhesión de la manera más acorde a su producción de efectos (artículo 1284) y, desde luego, no puede ser favorecida la parte que ha originado la oscuridad o confusión en el contrato (artículo 1288).*
La lectura de las cláusulas de la oferta muestra un cierto desajuste al comparar las previsiones de inclusión y exclusión del objeto de arbitraje. El artículo 25 del Real Decreto 231/2008, de 15 de febrero, por el que se regula el Sistema Arbi-

Otras resoluciones como la STSJ de Murcia (Sala de lo Civil y Penal) núm. 2/2020, de 21 de febrero (*Tol 7921504*), no ven problemas en la existencia de ofertas públicas de adhesión limitadas, siempre y cuando —esto es lo importante— sean claras; ya que, en caso contrario, dicha oscuridad no debe perjudicar a los consumidores[252]. E

---

tral de Consumo dispone que las empresas o profesionales podrán formular por escrito, por vía electrónica a través del procedimiento previsto en el capítulo V, sección 1.ª, o en cualquier otro soporte que permita tener constancia de la presentación y de su autenticidad, una oferta unilateral de adhesión al Sistema Arbitral de Consumo que tendrá carácter público. En la oferta que se contempla aparece que "La adhesión tiene como ámbito objetivo exclusivo todas las reclamaciones relativas a asuntos responsabilidad de la empresa comercializadora: atención al cliente, contratación, facturación y cobro, y las derivadas de estos procesos referidas a los suministros energéticos de electricidad y gas comercializados por Naturgy Iberia"; se añade que quedan excluidas de la adhesión "además de todas las reclamaciones que no tengan cabida en los párrafos anteriores, las siguientes: a) Las reclamaciones relacionadas con temas propios de las empresas distribuidoras: extensión y concesión de accesos a la red, medida, lectura, inspección, fraude en la red (incluyendo equipos de medida) y calidad de suministro (incluyendo la continuidad o interrupción del suministro y daños causados por incidencias en la red)". Pues bien, resulta, de conformidad con lo dispuesto en el apartado g) del artículo 46 de la Ley 24/2013, que incumbe a la empresa comercializadora "realizar las facturaciones a sus consumidores de acuerdo a las condiciones de los contratos que hubiera formalizado en los términos que se establezcan en las disposiciones reglamentarias de desarrollo de esta ley, y con el desglose que se determine", mientras que a la distribuidora le incumbe la lectura previa a la facturación. La operación de lectura es ajena a la relación contractual existente entre la comercializadora y el consumidor y, ciertamente, es la base de la facturación. Así las cosas, resulta procedente resolver la aparente contradicción existente entre admitir como objeto del arbitraje de consumo las cuestiones referentes a la facturación y excluir todas aquellas que, derivadas de la anterior, puedan ser imputables a la empresa distribuidora" (la cursiva es mía).

252 Así, en relación con la oferta pública de adhesión limitada emitida por cierta comercializadora de energía eléctrica, señala esta Sentencia que "solo si la cuestión conflictiva excluida de la oferta pública de adhesión no hubiese tenido reflejo en la facturación, podría la entidad adherida (en este caso Endesa Energía, S.A.U.) invocar con razón que la reclamación del consumidor quedaba fuera de los límites de dicha oferta y, por tanto, debía ser excluida del arbitraje de consumo. La redacción de la oferta es oscura en su redacción, y la interpretación que de la misma patrocina la entidad que la hace conduce a la inanidad de su adhesión al sistema arbitral de consumo. Pero como es sobradamente sabido, dicha oscuridad nunca podría favorecer las pretensiones de la demandante que es quien la ha impuesto art. 1288 del Código Civil, en relación al art. 6.2 de la

importa recordar que, en caso de considerar que se ha resuelto una cuestión excluida del ámbito objetivo de la oferta pública de adhesión, se hace indispensable basar la anulación del laudo *ex* art. 41.1, c) LA. Y ello porque, de alegarse la letra e) del art. 41.1 LA, no se entrará en la pretendida impugnación [STSJ de Cataluña —Sala de lo Civil y Penal— núm. 41/2021, de 22 de julio (*Tol 7921504*), FD Cuarto].

En definitiva, el fundamento o razón de ser que explica la supresión de las OPA limitadas en el nuevo Reglamento no es otro que el reseñado por la propia jurisprudencia, a saber: la práctica ha demostrado que, dado el carácter confuso y oscuro de algunas OPA, se acaban frustrando las legítimas expectativas de no pocos consumidores, y la oscuridad no puede beneficiar a quien la crea (art. 1288 CC, en relación con el art. 6.2 de la Ley 7/1998, de 13 de abril, sobre condiciones generales de la contratación, y con el art. 65 TRLGDCU), estando incluso ante cláusulas abusivas que limitan derechos de los consumidores (art. 86.7 TRLGDCU), como es el derecho a este mecanismo de resolución de conflictos.

El problema con que nos podemos encontrar en la práctica al seguir el nuevo RSAC la aludida línea de no defraudar las expectativas de los consumidores es que no pocas empresas, en sectores donde se presentan la mayoría de reclamaciones, como son el de la energía eléctrica y telecomunicaciones[253], adheridas en la actualidad al SAC con limitaciones, dejarán de estar adheridas. Ello sin duda perjudicará a los consumidores porque, aunque siempre cabrá la sumisión de las empresas *ad hoc*, ello implicará alargar los procedimientos al tener que darles traslado de la solicitud de arbitraje de consumo para su aceptación y ya no serán viables Sentencias como las *supra* citadas que, a la postre, amplían o interpretan el ámbito de aplicación objetivo de las ofertas públicas de adhesión limitadas *pro consumatore* o aquellas otras que no declaran la nulidad del laudo pese a haberse decidido sobre materias que excedían de la OPA si la empresa, al darle audiencia, se había limitado a efectuar alegaciones sobre el fondo

---

Ley de Condiciones Generales de la contratación, y con el art. 10.2 de la Ley General para la Defensa de los Consumidores y Contratación, así como la doctrina jurisprudencial que los interpreta" (FD Tercero).

[253] *Vid. supra*, nota a pie 42.

sin decir nada al respecto de la inexistencia del convenio arbitral [STSJ de Cataluña —Sala de lo Civil y Penal— núm. 7/2016, de 11 de febrero (*Tol 5687149*), FD Segundo y Tercero][254].

Así, cabe esperar que muchas de las aludidas empresas (ya sea el propio empresario o su representante con poder para disponer[255]) que en la actualidad están adheridas con limitaciones al SAC, haciendo uso de lo dispuesto en el apartado 3 de su Disposición transitoria única[256], denuncien su oferta pública de adhesión vigente y abandonen el SAC. Aunque es verdad que aquellas empresas que tienen la obligación de ofrecer a sus consumidores la posibilidad de solucionar sus conflictos mediante una entidad de resolución alternativa de litigios acreditada conforme a la Ley 7/2017 y la Directiva 2013/11/ UE, como sucede con las comercializadoras *ex* art. 46.1, letra n) de la Ley 24/2013, de 26 de diciembre, del Sector Eléctrico, lo tendrán menos fácil porque en la actualidad sólo constan acreditadas treinta y seis entidades[257], de las cuales todas menos seis (Asociación de Mediación "Mediation Quality", Asociación para el Autocuidado de la Salud [ANEFP], Asociación para la Autorregulación de la Comu-

---

254 Obviamente, en el caso de que la empresa sí lo hubiera denunciado durante el procedimiento arbitral y aun así se dictara laudo, era posible anularlo de acuerdo con el art. 41.1.a) LA al no existir convenio arbitral (STSJ Comunidad Valenciana —Sala de lo Civil y Penal— núm. 15/2014, de 2 de diciembre [ECLI:ES:TSJCV:2014:10352], FD Tercero).
Discutible es, sin embargo, la STSJ Extremadura (Sala de lo Civil y Penal) núm. 1/2014, de 3 de julio (ECLI:ES:TSJEXT:2014:1129), que se limita a anular el laudo por haberse excedido sobre el ámbito de la oferta sin entrar a valorar si la empresa alegó o no durante el procedimiento la falta de convenio arbitral y, por ende, sin tener en cuenta lo dispuesto en el art. 6 LA, aplicable supletoriamente (*vid.* FD Tercero).

255 De acuerdo con el art. 24.5 RSAC ya no es necesario que sea el representante legal de la empresa quien emita o denuncie la OPA, dado que admite a un representante voluntario. El ARDSAC (art. 25.4) sí hablaba únicamente del "representante legal", al igual que el art. 24.5 PRDSAC.

256 Según este apartado: "Las ofertas limitadas de adhesión que se encuentren en vigor en la fecha de entrada en vigor de esta norma deberán adecuarse a esta norma en el plazo de seis meses desde el día siguiente a su entrada en vigor. Transcurrido ese plazo, se tendrán por no puestas las limitaciones de la oferta de adhesión, salvo denuncia expresa de esta por el empresario".

257 *Vid.* https://ec.europa.eu/consumers/odr/main/?event=main.adr.show2 (consultada el 13.09.24).

nicación Comercial [Autocontrol], Comité de Mediación de la Asociación de Confianza Online, Sección de Consumo Europeo de la Agencia Catalana de Consumo y Servicio de Mediación de la Agencia Catalana de Consumo) son Juntas Arbitrales de Consumo[258].

2) *Únicas limitaciones o condiciones permitidas en las ofertas públicas: nuevas dudas*

Las únicas limitaciones o condiciones que el art. 24 PRDSAC sigue permitiendo incluir en las OPA y que, como en el ARDSAC, no se consideran como tales, son:

1ª. La adhesión al SAC en derecho o en equidad. Frente al ARDSAC es novedad que el apartado 2 del citado precepto prevea la posibilidad de que la empresa opte por que el arbitraje se resuelva de cualquiera de las dos formas indicadas, a elección del consumidor;

2ª. La adhesión al SAC por un determinado plazo temporal superior a un año[259] (apartado 4);

---

[258] Desconozco los motivos por los que dichos datos no coinciden con los proporcionados por SÁNCHEZ MORAGAS, según quien "si hacemos una consulta al portal oficial del Ministerio de Consumo, podemos ver que, a la fecha de este artículo, tenemos acreditadas a la Junta Arbitral Nacional de Consumo, 19 Juntas Arbitrales de Consumo autonómicas, 10 Juntas Arbitrales de Consumo provinciales y 32 Juntas Arbitrales de Consumo municipales, lo que supone un total, 62 juntas arbitrales de consumo, repartidas por toda España" (*vid.* "Los problemas de identidad, del arbitraje de consumo y su reubicación como ADR, ante la aparición de los nuevos métodos adecuados de solución de controversias", *cit.*, p. 10). Si estamos a la información que consta en la aludida página web del Ministerio en la fecha que escribo estas palabras, tampoco existe coincidencia, constando en el listado de entidades notificadas a la Comisión Europea un total de 49 JAC, junto a la Asociación para la Autorregulación de la Comunicación Comercial (Autocontrol, el Comité de Mediación de la Asociación de Confianza Online, la Asociación para el Autocuidado de la Salud (ANEFP), la Agencia Estatal de Seguridad Aérea (AESA), el Servicio de Mediación de la Agencia Catalana de Consumo y la Sección de Consumo Europeo de la Agencia Catalana de Consumo (*vid.* https://www.dsca.gob.es/es/consumo/resoluci-n-alternativa-de-conflictos/listado-entidades-notificadas-comision-europea-autoridades-competentes-espana, consultada el 19.09.24).

[259] El art. 25.3 ARDSAC hablaba de "no inferior".

3ª. Y la adhesión a la/s JAC correspondiente/s al territorio en que la empresa desarrolla principalmente su actividad[260] (apartado 4). En el caso de que en el territorio en que la empresa desarrolle principalmente su actividad existan varias JAC, será competente para resolver sobre la OPA —como sucedía *ex* art. 27.1 ARDSAC— la de superior ámbito territorial, siendo por tanto competente —como en este punto ha añadido expresamente el art. 25.1, 3º RSAC— la JAC Nacional cuando la actividad se desarrolle en el territorio de más de una Comunidad Autónoma.

Al respecto de las limitaciones que se permiten en la nueva regulación cabe efectuar cuatro observaciones:

A) En primer lugar, que se ha eliminado la posible limitación consistente en exigir que el consumidor presente una reclamación previa ante la empresa antes de someter el asunto al SAC y ponerlo en funcionamiento (contenida en el art. 25.3, 3º ARDSAC) por la sencilla razón de que es lo coherente y lógico con la previsión de la nueva regulación consistente en que pasa a ser causa de inadmisión de toda solicitud de arbitraje de consumo precisamente el no haberse interpuesto dicha reclamación, como ya sabemos[261]. Si legalmente siem-

260 Se entiende que la empresa desarrolla principalmente su actividad en un territorio, "cuando dirija su oferta de bienes y servicios a los consumidores domiciliados en ese territorio, a través de establecimientos abiertos al público o mediante técnicas de comunicación a distancia" (art. 24.4, 2º). En el art. 25.3, 2º ARDSAC se entendía que "la empresa o profesional desarrolla principalmente su actividad en un determinado territorio cuando comercialice sus bienes y servicios exclusivamente a través de establecimientos abiertos al público en dicho ámbito territorial". Por tanto, como se ve, en el nuevo RSAC sigue siendo fundamental el territorio en que la empresa comercializa sus bienes y servicios, pero va más allá de la anterior regulación e incluye, además de la forma tradicional de comercialización mediante una atención directa y personal al público, la llevada a cabo mediante TIC a distancia (como es la vía telefónica o electrónica), cada vez mayor.
El PRDSAC empleaba unos términos confusos e inadecuados al introducir la conjunción "o" y entender que la empresa desarrolla principalmente su actividad en un territorio "cuando dirija su oferta de bienes y servicios a los consumidores domiciliados en ese territorio, o a través de establecimientos abiertos al público o mediante técnicas de comunicación a distancia" (art. 24.4, 2º).

261 De ahí que, como ya comenté, carecía de sentido que el PRDSAC hiciese referencia expresa en su art. 24.4, 3º a que las OPA pudieran incluir esta condición o presupuesto de procedibilidad (*vid.* mi obra "Principales cambios del nuevo

pre debe observarse tal reclamación previa, no tiene ningún sentido que la OPA establezca tal condición (la establezca o no, va a regir).

B) La segunda observación tiene que ver con la 1ª limitación *supra* indicada como admisible, en relación con lo dispuesto en el art. 31.4 RSAC. Y es hay que partir de que el nuevo Reglamento no mantiene los mismos términos del art. 33.1 ARDSAC, pudiendo dar lugar a confusión. Aunque el art. 31.4 RSAC ha acogido igual forma de proceder para el caso de que exista una OPA en derecho y el consumidor desee que el arbitraje se resuelva en equidad (el tratamiento de la empresa como no adherida, trasladándole la solicitud para su aceptación), lo que difiere es la manera en que el consumidor manifiesta su voluntad de que el arbitraje se resuelva en equidad. Así, mientras del art. 33.1 (en relación con el art. 34.1.f) y 2) ARDSAC se desprendía que en las solicitudes de arbitraje no se tenía que dar la opción de elegir la equidad para el caso de que la empresa estuviera adherida en derecho (se debía necesariamente dar la opción de consentir la resolución en derecho), del nuevo art. 31.4 se desprende que el consumidor "de forma expresa" debe poder optar por que el arbitraje sea resuelto en equidad. Esto es, parece que en las solicitudes se debe dar al consumidor la opción de elegir expresamente la equidad para el caso en que la empresa reclamada esté adherida al SAC en derecho.

Y lo más curioso es que en el nuevo Reglamento no resulta suficiente que el consumidor haya manifestado así su voluntad en la solicitud. No resulta suficiente porque, aun así, la JAC le requerirá para ver si acepta la resolución en derecho, lo que no parece muy lógico. Era más lógica la regulación anterior porque preveía dicho requerimiento sólo para el caso de que el consumidor no hubiese marcado en la solicitud la casilla correspondiente a manifestar su voluntad de resolver el litigio en derecho cuando estuviese la empresa reclamada adherida de esta forma; omisión que podía deberse a que verdaderamente existiese voluntad de resolver el asunto en equidad, pero también a un descuido o a falta de información para optar por una u otra forma de resolución. Y también era más lógica la postura

---

Proyecto de Real Decreto regulador del Sistema Arbitral de Consumo: ¿hacia un arbitraje de consumo más eficaz?", *cit.*, p. 22).

del PRDSAC, que en su art. 31.4 contemplaba que "en el caso de que el consumidor opte en su solicitud de forma expresa porque el litigio sea resuelto en equidad, y exista una oferta pública del empresario para que la solución de sus litigios se efectúe exclusivamente mediante arbitraje de derecho, se tratará la solicitud como si fuera dirigida a una empresa no adherida, solicitando la aceptación del empresario reclamado para que ese litigio sea resuelto mediante arbitraje en equidad". Como se ve, el Proyecto optaba por tratar a la empresa reclamada (adherida en derecho) directamente como una empresa no adherida si el consumidor había manifestado en la solicitud su voluntad expresa de resolver el asunto en equidad.

C) La tercera observación también tiene que ver con la 1ª limitación *supra* indicada. Y es que para que la novedad plasmada en el art. 24.2 RSAC (consistente en que la empresa en la OPA pueda optar por que el arbitraje se decida "indistintamente a elección del consumidor" en derecho en equidad) tenga virtualidad práctica es necesario que todas las solicitudes de arbitraje den la opción al consumidor de optar entre arbitraje en derecho o en equidad, lo que no cohonesta bien con la indicada regla de la equidad (art. 31.4 RSAC) ni con lo que hemos visto parece desprenderse de este mismo precepto (que sólo se dará la opción expresamente de optar por la equidad para el supuesto de que la empresa esté adherida en derecho).

D) Y la cuarta observación tiene que ver con la tercera y última limitación admisible *supra* indicada, que viene a ser coincidente con la contemplada en el art. 25.3 ARDSAC. Y es que si tenemos en cuenta los nuevos criterios de atribución de competencia territorial a las JAC (a los que me refiero dos epígrafes más abajo), se puede generar cierta confusión porque, como veremos, se da más importancia al domicilio del consumidor, esto es, en principio (cuando el consumidor reside en España) debe ser competente una JAC con sede en la Comunidad Autónoma en que tenga su domicilio (la competencia de la JAC a la que la empresa esté adherida ya no es criterio prioritario sobre la competencia de la JAC correspondiente al domicilio, como ha venido siendo *ex* art. 8.3 ARDSAC). En consecuencia, cabe entender que:

– Cuando se presente una solicitud de arbitraje por un consumidor en la JAC a la que esté adherida la empresa (entiendo que el hecho de presentarla en dicha Junta constituye una clara manifestación de su voluntad de que conozca dicha JAC), su competencia será atribuida válidamente siempre que la Junta tenga su sede en la Comunidad Autónoma en que el consumidor esté domiciliado cuando presente la solicitud (art. 7.3 RSAC). Si no tiene la sede en dicha Comunidad Autónoma, el presidente de la JAC *ex* art. 33 RSAC deberá trasladar la solicitud a la JAC competente conforme al art. 7.1 y 2 RSAC (la del domicilio del consumidor o, si este no reside en España, la de la empresa, en los términos que detallo *infra*).

– Pero lamentablemente no aclara, como debería haber hecho, el RSAC cómo se debe proceder cuando se presente una solicitud de arbitraje por un consumidor en la JAC correspondiente a su domicilio, pero este se encuentre en un territorio español diferente al de la JAC a la que esté adherida la empresa (no haya coincidencia entre las JAC). Ante tal silencio, caben dos posibilidades (hay una doble alternativa):

1ª) Tratar a dicha empresa como no adherida y, sólo si la empresa acepta el arbitraje *ad hoc* en dicha JAC, se podrá desarrollar; aceptación que raramente se produzca[262].

2ª) O entender —como considero más lógico— que *ex* art. 33 se debe trasladar la solicitud a la JAC a la que está adherida la empresa a los efectos de atribuirle la competencia si el consumidor, domiciliado en la Comunidad Autónoma en que tiene la sede la JAC ante la que

---

262 Digo "raramente" porque si la empresa ha decidido, haciendo uso de los lógicos términos del RSAC, adherirse a la JAC correspondiente al territorio en que desarrolla su actividad, difícilmente quiera someterse a la JAC correspondiente a otro territorio en que no comercializa bienes o servicios, sea en la forma que sea. Cuestión distinta es que la empresa no se haya adherido a todas las JAC en cuyo territorio desarrolla su actividad. Esto es algo que, si bien se ha venido aceptando al amparo del ADRSAC, en el que se permitían las OPA limitadas —de ahí que haya empresas que, p. ej., únicamente se han adherido a una JAC autonómica o a la JAC nacional y todas o parte de las autonómicas—, no debería aceptarse bajo la vigencia del nuevo Reglamento. En estos otros casos lo lógico es dar prevalencia a la JAC correspondiente al domicilio del consumidor.
Dicho lo anterior, es verdad que cada vez hay más vistas virtuales y se emplean medios electrónicos en el desarrollo de procedimientos arbitrales de consumo; por lo que las distancias se hacen cortas y dejan de ser un problema o elemento importante a considerar a la hora de someterse a una JAC u otra (sobre todo para personas jurídicas o entidades sin personalidad, obligados a relacionarse electrónicamente con las Administraciones Públicas).

se ha presentado la solicitud, le manifiesta su voluntad de someterse a aquella otra Junta (art. 7.3 RSAC).

IV. FOMENTO DEL ÁRBITRO ÚNICO

La potenciación de la figura del árbitro único responde a la necesidad de agilizar la resolución de los arbitrajes de consumo (indispensable para que las partes puedan acceder a la justicia) y a la "experiencia positiva" de su intervención[263], pero también —aunque no lo diga el Preámbulo del Real Decreto 713/2024— al empleo de menos recursos personales y económicos y, con ello, a la eficiencia. En caso de designarse a un árbitro único, éste deberá haberse acreditado a propuesta de la Administración Pública (art. 12.1 RSAC).

Dicha potenciación se lleva a cabo de tres formas[264], todas recogidas en el citado art. 12 RSAC, a saber: 1ª) La designación de árbitro único pasa a ser la regla general; 2ª) En principio un árbitro único elevará a laudo el acuerdo alcanzado por las partes; 3ª) Y ya no basta la mera oposición de las partes a la designación de un árbitro único para designar un órgano arbitral colegiado. Seguidamente trataré las aludidas formas de potenciación del árbitro único.

1) Designación de árbitro único como regla general

En primer lugar, la figura del árbitro único se fomenta elevando la cuantía de los arbitrajes de consumo en que debe conocer un órgano arbitral colegiado (de 300 euros se pasa a 600), de forma que cuando aquella sea inferior a 600 euros en principio conocerá del asunto un árbitro único, "salvo que la persona titular de la presidencia de la Junta Arbitral de Consumo decida designar un órgano colegiado, de forma motivada, y a la vista de la complejidad del asunto" (art. 12.1, letras b) RSAC)[265].

---

263 Así lo justifica el Preámbulo del Real Decreto 713/2024 (apartado III).

264 No me refiero a la posibilidad de que las propias partes hayan acordado que conozca de su litigio un árbitro único (contemplada en el art. 12.1.a) RSAC) porque la misma ya se establecía en el art. 19.1.a) ARDSAC.

265 El RSAC ha mejorado la regulación del PRDSAC porque este no exigía motivación ni indicaba los motivos por los que el presidente de la JAC podría decidir

A mayor abundamiento, aun siendo la cuantía superior a 600 euros, cuando a criterio del presidente de la JAC el asunto no sea complejo, también conocerá un árbitro único, indicando "expresamente tal circunstancia en el momento de la designación del órgano arbitral unipersonal" (art. 12.1, letra d) RSAC).

En consecuencia, en la práctica acabarán siendo pocos los casos en que se designe a un colegio arbitral tripartito.

Importa recordar que estamos ante normas procedimentales que se deben respetar y, en caso de no observarse, cabría instar la anulación del laudo al amparo del art. 41.1.d) LA, siempre y cuando —esto es crucial— se haya denunciado la infracción de la correspondiente norma durante el procedimiento arbitral (p. ej., al nombrarse a un árbitro único cuando debe conocer un colegio) tal y como exige el art. 6 LA, pudiendo alegarse en la audiencia [*vid.* STSJ de Cataluña —Sala de lo Civil y Penal— núm. 20/2018, de 5 de marzo (*Tol 6653432*), FD Cuarto, donde se citan otras resoluciones; STSJ de Cataluña —Sala de lo Civil y Penal— núm. 19/2023, de 23 de marzo (*Tol 9593598*), FD Cuarto; o la STSJ de Castilla y León —Sala de lo Civil y Penal— núm. 9/2024, de 20 de junio (*Tol 10168358*), FD Tercero].

2) *Elevación del acuerdo prearbitral a laudo por árbitro único como regla general*

La figura del árbitro único también se potencia permitiendo que el acuerdo alcanzado por las partes se eleve al laudo arbitral por un árbitro único, excepto si ya ha sido designado un órgano arbitral colegiado en el momento del pacto (art. 12.1, letra c) RSAC). Esta es una novedad crucial, al aclarar y permitir expresamente que los acuerdos a los que han llegado las partes, incluso en la "mediación" previa al arbitraje, pasen a tener fuerza ejecutiva al acogerse en el laudo[266]. En la misma línea el RSAC ya no hace referencia al regular

designar a un órgano colegiado; aunque, por analogía con lo dispuesto en el art. 19.1.b) ARDSAC, cabía pensar que podría hacerlo cuando el asunto fuese complejo aun siendo de cuantía inferior a 600 euros.

266 Recordemos que según el art. 43 LA, "el laudo produce efectos de cosa juzgada" y que es título ejecutivo *ex* art. 517.2, 2º LEC.

la terminación de las actuaciones y el laudo (art. 44), como sí hacía el ARDSAC en su art. 48.2, al posible laudo conciliatorio que incorpore el acuerdo alcanzado "durante las actuaciones arbitrales"[267]. De ello se desprende que cabe un laudo conciliatorio antes de que el órgano arbitral haya sido designado y/o "entre en escena".

Sobre esta segunda medida de fomento cabe efectuar las siguientes observaciones:

A) Hay que tener en cuenta que el Real Decreto 713/2024, aunque "mantiene la posibilidad de que las partes alcancen un acuerdo consensuado que ponga fin al litigio entre ellas, ya sea antes del inicio del procedimiento o durante este" como dice su Preámbulo (en este sentido, los arts. 36.2, 2º y 37.4 RSAC siguen contemplando la invitación a la empresa a proponer una solución que ponga fin al litigio[268]), ha eliminado toda referencia a la "mediación" previa al arbitraje. Ello me parece correcto porque técnicamente no es correcto hablar de mediación[269]. Pero es una pena que no se haya aprovechado el nuevo Reglamento regulador del SAC para implementar en él sistemas electrónicos de negociación automatizada o asistida[270].

---

267 Pese a esta previsión, ha habido JAC y autores que han defendido bajo la vigencia del ARDSAC la posibilidad de elevar el acuerdo alcanzado en la "mediación" dentro del arbitraje de consumo a laudo conciliatorio. Entre otros, ÁLVAREZ MORENO, M. T.: "Mediación y arbitraje de consumo", *cit.*, p. 373.

268 Aunque curiosamente el RSAC configura esta invitación como una posibilidad al decir que "se podrá invitar", sin especificar en qué casos puede no observarse tal invitación.
Por otro lado, es cierto que el ARDSAC, en su art. 37.3, a) se refería, de forma plural, a "la invitación a las partes para alcanzar un acuerdo a través de la mediación previa"; pero también lo es que en la práctica ha venido invitándose solo a la empresa a proponer un acuerdo.

269 MARCOS FRANCISCO, D.: "Sistema Arbitral de Consumo: algunas propuestas «inteligentes» de lege ferenda", *cit.*, pp. 123 y 124.
En este sentido, se deja atrás la "mediación" a que aludían otros preceptos del ARDSAC, hablándose de "facilitar una solución consensuada entre el consumidor o usuario que presenta una solicitud de arbitraje y el empresario reclamado siempre que se considere objetivamente posible, con el fin de evitar el inicio del procedimiento arbitral" como una de las funciones de las JAC (art. 6, letra f) RSAC).

270 MARCOS FRANCISCO, D.: "Sistema Arbitral de Consumo: algunas propuestas «inteligentes» de lege ferenda", *cit.*, pp. 123 a 125.

B) Por otro lado, a esta elevación de la solución alcanzada a laudo conciliatorio se refiere también el art. 36.3 RSAC, dejando claro que, para que ello sea posible, es necesario que la empresa que proponga la solución amistosa haya aceptado el arbitraje (exista convenio arbitral, en definitiva, sea en la forma que sea)[271]. Ahora bien, este mismo precepto recoge, en la línea de lo que el propio Preámbulo (apartado III) del Real Decreto 713/2024 adelanta, que excepcionalmente no se elevará el acuerdo a laudo en dos casos, a saber: cuando dicho acuerdo ya se haya cumplido o las partes, de común acuerdo, hayan rechazado o renunciado a dicha posibilidad[272] (no basta, pues, con que el empresario se niegue a la comentada elevación), "lo que viene recogido en el artículo 38".

C) En íntima relación, el art. 38 RSAC (bajo la rúbrica "elevación a laudo conciliatorio del acuerdo alcanzado entre las partes") dispone que "alcanzado un acuerdo entre las partes, existiendo convenio arbitral válido, el órgano arbitral designado procederá sin más trámite, salvo que considere indispensable la práctica de alguna actuación, a dictar el laudo conciliatorio, siempre que no sé alguna de las circunstancias previstas en el artículo 36.3", esto es, los aludidos dos casos excepcionales. Esta previsión incurre en un error importante, a saber: el contemplar la incorporación automática de todo acuerdo en el correspondiente laudo conciliatorio, sin posibilitar —como debería— al órgano arbitral la negativa a dicha incorporación cuando "aprecie motivos para oponerse" (en la línea del art. 48.2 *in fine*

---

271 Para el caso de que la empresa proponga una solución sin aceptar someterse a arbitraje de consumo, el art. 36.5 PRDSAC se limitaba a indicar que "se dará traslado al consumidor para la aceptación o rechazo de la propuesta, procediéndose al archivo de la solicitud", sin aclarar o indicar, como sería deseable, la forma en que debe aceptar la propuesta el consumidor (en este sentido Sánchez Moragas, F. X.: "¿Qué novedades aporta el nuevo proyecto de real decreto por el que se regula el Sistema Arbitral de Consumo, del gobierno español?", *cit.*) ni tampoco la necesidad de que, en caso de aceptarse, el/la secretario/a de la JAC levante acta del acuerdo, como correctamente señalaba la anterior normativa (art. 38.2 ARDSAC). El nuevo RSAC igualmente se limita a indicar que se dará "traslado al consumidor de cualquier propuesta del empresario para alcanzar una solución consensuada que resuelva de forma total o parcial el litigio" (art. 36.4).

272 Dichas salvedades no se preveían en el PRDSAC.

ARDSAC)[273], como podría ser que aquel atentara contra la ley, la moral o el orden público, siendo nulo conforme al art. 1255 CC y pudiendo, en su caso, anularse el laudo dictado al amparo del art. 41.1.f) LA.

3) *Ya no basta la mera oposición de las partes a la designación de un árbitro único*

Para acabar con las medidas de potenciación del árbitro único, la última consiste en que para que se designe y actúe un colegio arbitral ya no basta la mera oposición de las partes a que se designe un árbitro único que contemplaba el art. 19.2 ARDSAC, sino que *ex* art. 12.2 RSAC es necesario que dicha oposición observe una serie de requisitos (debe ser de común acuerdo entre las partes y motivada[274]) y que el presidente de la JAC la acepte, no pudiendo recurrirse su decisión. Estamos ante una previsión de poca aplicación o virtualidad práctica considerando la enorme dificultad de que ambas partes se pongan de acuerdo en que sea un órgano colegiado el que dirima su controversia y así lo justifiquen[275] y, sobre todo, considerando el desconocimiento de las partes sobre este posible pacto. Si verdaderamente se desea que esta previsión tenga aplicación, convendría empezar informando de esta posibilidad a las partes en los formularios que manejan las JAC y aquellas.

Esta última forma de potenciación es la menos importante teniendo en cuenta la poca o, mejor, inexistente virtualidad práctica que ha venido teniendo el art. 19.2[276] ARDSAC y que, siendo más exigente, cabe esperar tenga el art. 12.2 RSAC.

---

273 Repárese en que la propia LEC también fija límites a los acuerdos, no pudiéndose transigir "cuando la ley lo prohíba o establezca limitaciones por razones de interés general o en beneficio de tercero" (art. 19.1 *in fine* LEC).

274 También se exige que la oposición se efectúe "de forma expresa", lo que resulta inherente a la comentada oposición (de ahí que no lo exigiera el ARDSAC).

275 De ahí que el Informe del CGPJ sobre el Proyecto de Real Decreto por el que se regula el Sistema Arbitral de Consumo, aprobado por Acuerdo del Pleno de 25 de enero de 2024, hiciese constar que el CGPJ no alcanzaba a comprender la exigencia del mutuo acuerdo (pp. 22 y 38).

276 El nuevo RSAC también ha suprimido la posible oposición de mutuo acuerdo de las partes que contemplaba el art. 19.3 ARDSAC para los casos en que se

V. CRITERIOS DE ATRIBUCIÓN DE LA COMPETENCIA TERRITORIAL A LAS JUNTAS ARBITRALES DE CONSUMO

1) Los oscuros criterios de atribución de competencia en el anterior Reglamento

La atribución de la competencia para conocer de las solicitudes individuales de arbitraje de consumo estaba regulada en el art. 8 ARDSAC, con el siguiente tenor literal:

> "1. Será competente para conocer de las solicitudes individuales de arbitraje de los consumidores o usuarios, la Junta Arbitral de Consumo a la que ambas partes, de común acuerdo, sometan la resolución del conflicto.
>
> 2. En defecto de acuerdo de las partes, será competente la Junta Arbitral territorial en la que tenga su domicilio el consumidor, salvo lo previsto en el apartado siguiente.
>
> Si conforme a este criterio existieran varias Juntas Arbitrales territoriales competentes, conocerá el asunto la de inferior ámbito territorial.
>
> 3. Cuando exista una limitación territorial en la oferta pública de adhesión al Sistema Arbitral de Consumo, será competente la Junta Arbitral de Consumo a la que se haya adherido la empresa o profesional, y si éstas fueran varias, aquélla por la que opté el consumidor".

Los criterios de atribución que éste contemplaba, con carácter subsidiario y términos poco adecuados, se pueden sistematizar como sigue:

A) En principio era competente la JAC convenida por las partes.

B) En defecto de acuerdo, había que distinguir tres supuestos:

1°) Si la empresa reclamada no estaba adherida a ninguna JAC, era competente la JAC correspondiente al domicilio del consumidor y, si hubiera varias (p. ej., la JAC Regional de Madrid y la del Ayun-

---

solicitara la designación de otro árbitro acreditado —distinto al árbitro único designado— por motivos o razones de especialidad (para resolver el arbitraje en determinados sectores o materias); previsión que también carecía de aplicación práctica.

tamiento de Madrid[277]), la de inferior ámbito territorial (siguiendo con el ejemplo, esta segunda municipal).

2º) Si la empresa reclamada sí estaba adherida a una JAC en concreto, era esta la competente.

3º) Si la empresa reclamada estaba adherida a varias JAC, era competente la que eligiera el consumidor.

He dicho en "términos poco adecuados" porque, siendo cierto que frente a la regulación del Real Decreto 636/1993, de 3 de mayo, por el que se regulaba el SAC, la contenida en el ARDSAC mejoraba considerablemente, resultaba criticable porque:

– Planteaba alguna cuestión. P. ej., no aclaraba cuál era la JAC competente cuando, no estando el consumidor domiciliado en España, no existía acuerdo sobre la JAC competente ni la empresa reclamada estaba adherida al SAC con limitaciones territoriales (esto es, a una o varias JAC concretas). Ello debía aclararse, sobre todo teniendo en cuenta que la globalización conduce a que, cada vez más, haya más relaciones de consumo de carácter internacional (estando el consumidor domiciliado en un país y la empresa en otro) y, por ende, cabe esperar más arbitrajes internacionales[278].

– No matizaba si el acuerdo debía ser expreso o si cabía el tácito (aceptando la empresa el arbitraje de consumo en la JAC ante la que el consumidor hubiera presentado la solicitud) y, lo peor, permitía todo pacto entre empresa y consumidor sin limitación alguna, lo que podría conducir a abusos por parte de la empresa en contratos de adhesión, al imponer una determinada JAC (la correspondiente a su domicilio social, p. ej., aunque no tenga en dicho lugar establecimientos abiertos al público o desarrolle de otra forma su actividad

277 En Madrid existen además otras dos JAC municipales: la del Ayuntamiento de Alcobendas y la del Ayuntamiento de Alcalá de Henares.

278 Ante la falta de regulación cabía entender, por analogía con lo dispuesto en el art. 8.3 *in fine* ARDSAC (no estar adherido territorialmente a ninguna JAC equivale a estarlo a todas las JAC), que el consumidor podía elegir la JAC.

comercial). Ello no estaba en la línea del art. 54.2[279] LEC ni del art. 90.2[280] TRLGDCU.

2) *Los criterios de atribución de competencias en el nuevo Reglamento: ¿menos clarificadores?*

El RDSAC ha modificado los indicados criterios de atribución de la competencia territorial, regulados en su art. 7[281]. El tenor literal de este precepto es el siguiente:

> "1. Será competente para conocer de las solicitudes de arbitraje la Junta Arbitral en cuyo ámbito territorial tenga su domicilio el consumidor que presenta la solicitud de arbitraje o en cuyo ámbito territorial tenga su domicilio el empresario en caso de que el consumidor resida en otro Estado Miembro de la Unión Europea.
>
> 2. Si, conforme al criterio previsto en el apartado anterior, existieran varias Juntas Arbitrales territoriales competentes en razón del ámbito territorial en que el empresario desempeñe su actividad, conocerá el asunto la Junta de inferior ámbito territorial.
>
> 3. Una Junta Arbitral de Consumo distinta de la que resulte competente según los apartados anteriores resolverá el litigio cuando el consumidor haya manifestado en el convenio arbitral o manifieste en cualquier otro momento su voluntad de someter la decisión de la controversia a la Junta Arbitral de ámbito autonómico o local a la que se encuentre adherido el empresario. Esta elección solo será eficaz si la sede de la Junta Arbitral se

---

279 Dicho precepto, en relación con la posible determinación de la competencia territorial por las partes en los procesos civiles, precisamente señala para evitar situaciones abusivas que "no será válida la sumisión expresa contenida en contratos de adhesión, o que contengan condiciones generales impuestas por una de las partes, o que se hayan celebrado con consumidores o usuarios".

280 Esta norma dispone la abusividad de las cláusulas insertas en contratos de adhesión que establecen "la previsión de pactos de sumisión expresa a Juez o Tribunal distinto del que corresponda al domicilio del consumidor y usuario, al lugar del cumplimiento de la obligación o aquél en que se encuentre el bien si éste fuera inmueble". Son cláusulas, pues, nulas de pleno derecho que se tienen por no puestas (art. 83 TRLGDCU).

281 La rúbrica de este precepto ya no habla de "competencias para conocer de las solicitudes individuales de arbitraje" (rúbrica del art. 8 ARDSAC) porque, como he adelantado, los arbitrajes de consumo colectivos se eliminan en el RSAC. En consecuencia, todas las solicitudes de arbitraje de consumo son individuales. La nueva rúbrica es "Ámbito competencial de las Juntas Arbitrales de Consumo".

encuentra en la misma comunidad autónoma en la que el consumidor tiene su domicilio en el momento de presentar su solicitud".

Así, para determinar la competencia la nueva normativa ha decidido considerar y combinar tres elementos, a saber: el territorio del domicilio del consumidor (a él se refieren los apartados primero y tercero)[282], el ámbito territorial en que la empresa desarrolla su actividad (apartados segundo y tercero) y la voluntad del consumidor (tercer apartado). Los nuevos criterios, cuya regulación es bastante confusa (entre otros motivos por no aclarar su carácter subsidiario o concurrente), se pueden estructurar como sigue (parto del carácter subsidiario y de que el criterio contemplado en el tercer apartado es el principal[283]):

A) En caso de que la empresa reclamada esté adherida a una JAC autonómica o local y el consumidor resida en España, será competente tal Junta, siempre y cuando así manifieste su voluntad el consumidor en el convenio arbitral o en cualquier otro momento (lo que cabe pensar que en la práctica tenga lugar por el mero hecho de presentar la solicitud ante tal JAC o porque así lo haya indicado expresamente en la misma solicitud presentada) y siempre y cuando tenga su sede dentro de la Comunidad Autónoma en que dicho consumidor esté domiciliado en el momento de presentar la solicitud.

Con esta previsión podría pensarse que se da cobertura a aquellos no pocos casos en que el consumidor reclama contra una empresa

---

282 El PRDSAC apostaba claramente por este criterio. Aunque es verdad que priorizaba el acuerdo de las partes para determinar la competencia (art. 7.3), atendidas las características de éste (expreso, en un único documento y en soporte duradero) y la inexistencia de este tipo de acuerdos en la práctica, el único criterio real era el del domicilio del consumidor (art. 7.1 y 2). Para más detalles, *vid.* mi obra "Principales cambios del nuevo Proyecto de Real Decreto regulador del Sistema Arbitral de Consumo: ¿hacia un arbitraje de consumo más eficaz?", *cit.*, pp. 26-27.

283 Si consideramos que los criterios son subsidiarios, no parece tener sentido articular como principal el criterio previsto en el apartado primero del art. 7, dado que al venir constituido o tomar de base el domicilio del consumidor y estando todos los consumidores domiciliados en cierto territorio, siempre resultaría aplicable este criterio. Y parto del carácter principal del criterio fijado en el apartado tercero porque resulta lo coherente con la posible adhesión de las empresas a ciertas JAC *ex* art. 24.4 RSAC.

(en sectores tales como el de telecomunicaciones o energía) que está adherida a una JAC autonómica y el consumidor está domiciliado en municipios o, incluso, provincias distintas a aquellas en que tiene la sede tal Junta, pero dentro de la misma Comunidad[284].

B) En caso de no resultar aplicable el criterio anterior (pensemos en que la empresa reclamada no está establecida en España o, estándolo, no esté adherida o que, estando adherida, no concurren los anteriores requisitos: p. ej., que el consumidor no desee someterse a una JAC que no sea la de su domicilio aunque su sede esté en la Comunidad Autónoma en que esté domiciliado o, existiendo voluntad, la sede de la JAC no esté en la Comunidad Autónoma en que está domiciliado o que el consumidor no resida en España), es competente:

a) Si el consumidor reside en España, la JAC en cuyo ámbito territorial esté domiciliado dicho consumidor (art. 7.1 RSAC) y, si hubiera varias en dichos términos y la empresa reclamada desarrollara su

---

284 Así, por poner un ejemplo, podemos pensar en los consumidores domiciliados en Castellón o Alicante que se someten a la JAC de la Comunidad Valenciana para resolver conflictos con empresas como ENDESA ENERGÍA, S.A.U, FRANCE TELECOM ESPAÑA, S.A. o IBERDROLA GENERACIÓN, S.A.U., adheridas a la JAC Nacional y a las autonómicas. Dicho esto, como *supra* comenté (nota a pie 262), si partimos de que bajo la vigencia del nuevo Reglamento no son admisibles estas limitaciones territoriales, cabe preguntarse si la previsión del art. 7.3 únicamente debería ser aplicable a las adhesiones a JAC de ámbito autonómico o local cuando no existan otras JAC de inferior ámbito en su territorio (p. ej., cuando exista una adhesión a la JAC de la Comunidad Valenciana por parte de una empresa que desarrolla principalmente su actividad en la provincia de Valencia, dado que en esta provincia no existen otras JAC de ámbito inferior) o si también resulta aplicable a adhesiones al SAC a través de la JAC de superior ámbito territorial en los términos del art. 25.1 RSAC. Si partimos de esta segunda postura, debería permitirse que un consumidor se someta a cualquier JAC, de entre todas las existentes en el territorio en que la empresa adherida desarrolla principalmente su actividad, aunque no sea la correspondiente al domicilio de aquél (siempre que radique en la Comunidad Autónoma en que esté domiciliado y así lo desee). Pero si seguimos esta segunda postura tampoco tiene sentido dejar entrada a la autonomía de la voluntad cuando la empresa esté adherida y, sin embargo, no hacerlo si no lo está, dado que en este segundo caso rige el criterio de competencia de la JAC del domicilio del consumidor residente en España *ex* art. 7.1 y 2. Para garantizar la seguridad jurídica debería el RSAC aclarar qué postura se debe seguir.

actividad en el territorio de todas ellas, la de inferior ámbito territorial (art. 7.2 RSAC).

b) Y si el consumidor no reside en España, la JAC correspondiente al territorio del domicilio de la empresa (art. 7.1 RSAC *in fine*) y, si hubiera varias en dichos términos y la empresa reclamada desarrollara su actividad en el territorio de todas ellas, la de inferior ámbito territorial (art. 7.2 RSAC).

Hay que destacar la desafortunada redacción del art. 7.2, en virtud de la cual "si, conforme al criterio previsto en el apartado anterior, existieran varias Juntas Arbitrales territoriales competentes en razón del ámbito territorial en que el empresario desempeñe su actividad". Digo "desafortunada" por dos motivos: 1°) porque habla en singular de "criterio" cuando en realidad el primer apartado contempla dos criterios diferentes; por lo que no queda claro si se refiere a los dos o solo a uno de ellos; 2°) y porque es una *contradictio in terminis* hablar de la posible existencia de varias JAC de acuerdo con el criterio o los criterios considerados por el primer apartado (esto es, el domicilio del consumidor y de la empresa) y a la vez hablar de la posible existencia de varias JAC en función del territorio en que la empresa desempeña su actividad, ya que este último es un criterio diferente a los contemplados en el primer apartado. Cabe entender, pues, que, para aplicar la solución prevista en el segundo apartado, debe haber varias JAC competentes conforme a los criterios del art. 7.1 y, además, que en su territorio desarrolle su actividad la empresa reclamada: de ser así, será competente la JAC de inferior ámbito territorial. Pero entonces, ¿qué sucedería en el hipotético caso de que la empresa no desarrollara su actividad en el territorio de todas ellas? El nuevo Reglamento no aclara cuál sería entonces la JAC competente.

Dejando de lado el oscuro art. 7.2 RSAC y retomando el carácter subsidiario de los criterios del que parto, si se presenta una solicitud de arbitraje en la JAC territorial a la que se ha adherido la empresa pero no concurren los requisitos *supra* indicados (los que constan en el art. 7.3 RDSAC) para que tal Junta sea la competente (como son que el consumidor residente en España no esté domiciliado en la misma Comunidad Autónoma en que tenga la sede la JAC o no resida en España), el presidente de la JAC deberá trasladarla a la JAC competente conforme a los criterios indicados en a) y b) en el plazo de diez días hábiles desde la fecha de presentación (art. 33 RSAC).

Y, siguiendo mi forma de interpretar los confusos criterios —insisto en que parto del carácter subsidiario y no alternativo—, si se presentara una solicitud por un consumidor ante la JAC correspondiente a su domicilio (art. 7.1 RSAC), pero no coincidente con la JAC a la que está adherida la empresa reclamada, entiendo que el presidente de la Junta debería comprobar si se cumplen los requisitos para que pueda conocer esta otra JAC en los términos arriba indicados y, de ser el caso, deberá trasladarle la solicitud en el plazo de diez días hábiles desde la fecha de presentación (art. 33 RSAC). Si no se cumplieran tales requisitos, debería darse traslado de la solicitud a la empresa reclamada, como si no estuviera adherida al SAC, para ver si acepta someterse a un arbitraje de consumo en tal Junta.

Si partiéramos, sin embargo, de que los criterios son alternativos o concurrentes, ello implicaría que si el consumidor presenta la solicitud ante la JAC correspondiente a su domicilio en los términos del art. 7.1 y 2 RSAC y la empresa reclamada está adherida a otra JAC, debería la JAC ante la que se presenta la solicitud dar traslado de la misma al reclamado, como si de una empresa no adherida al SAC se tratara, para ver si acepta someterse al arbitraje *ad hoc* en tal Junta.

Dicho lo anterior, partamos de que los criterios son subsidiarios o alternativos, en el caso de que la empresa reclamada no esté adherida, no hay duda de que será competente la JAC correspondiente conforme al art. 7.1 y 2 RSAC, al no poderse aplicar el criterio contenido en el tercer apartado de tal precepto.

Así las cosas, lo que está claro es que la nueva regulación ha optado por desdeñar la regla prioritaria de la libertad de sumisión o la libre elección de las partes de la JAC que regía en el ARDSAC (art. 8.1) e, inclusive, parecía regir bajo la vigencia del citado y derogado Real Decreto 636/1993, de 3 de mayo, por el que se regulaba el SAC[285], siempre que las partes no eligieran una JAC cuyo acuerdo de constitución lo impidiera[286]. El elemento prevalente ha pasado a ser el domicilio del consumidor.

---

285 En este sentido, BADENAS CARPIO, J. M.: *El sistema arbitral de reclamaciones de consumo, cit.*, pp. 20-21.

286 En este sentido, resoluciones como la SAP de Granada (Sección 4ª) núm. 312/2003, de 27 de mayo (JUR 2003, 223187), según la cual: "El objeto sometido a arbitraje territorialmente se sitúa fuera del término municipal de Grana-

Desde mi punto de vista en el nuevo Reglamento se han clarificado y mejorado los criterios de atribución previstos en el ARDSAC. Y ello:

– Porque se ha dejado clara la competencia cuando el arbitraje es internacional y el consumidor reside en otro Estado Miembro de la Unión Europea.

– Porque impide la inclusión de convenios arbitrales abusivos (aunque hay que decir que en la práctica son muy pocos los casos en que la empresa predispone en sus contratos la sumisión a una determinada JAC, así como los casos en que ésta se pacta expresamente en un mismo documento entre la empresa y el consumidor).

– Y porque la nueva regulación está en la línea de las últimas reformas procesales (*vid.* art. 52.3[287] LEC) *pro consumatore.*

No obstante, dada la oscuridad e importantes dudas que plantea, resulta muy mejorable la redacción del art. 7 RDSAC.

---

da, pero (...) la Junta Municipal de Consumo de Granada no tiene un ámbito territorial de actuación limitado al municipio, pues la estipulación primera del acuerdo de constitución, específicamente dice que «entenderá, con carácter prioritario, de las controversias que se produzcan en la actividad de consumo, en su ámbito territorial» (...), lo que es congruente con la finalidad del arbitraje y la idea legislativa de extender su implantación como medio de contribuir a la solución de controversias, por lo que no vulnera dicho principio la posibilidad de conocer de controversias en materia de consumo que se sitúen fuera de su ámbito territorial, siempre que, como es el caso, las partes estén de acuerdo en ello" (FD Segundo).

287 En efecto, este apartado 3, añadido por la Ley 42/2015, de 5 de octubre, reza que "cuando las normas de los apartados anteriores no fueren de aplicación a los litigios derivados del ejercicio de acciones individuales de consumidores o usuarios será competente, a elección del consumidor o usuario, el tribunal de su domicilio o el tribunal correspondiente conforme a los artículos 50 y 51" (esto es, cuando el demandado es persona física, el de su domicilio *ex* art. 50.1 o conforme al art. 50.3 el del lugar donde desarrolle su actividad empresarial o profesional y, si tuviera establecimientos a su cargo en diferentes lugares, en cualquiera de ellos a elección del actor; y, cuando el demandado es una persona jurídica, *ex* art. 51.1 el del lugar de su domicilio o de donde la situación o relación jurídica a que se refiera el litigio haya nacido o deba surtir efectos, siempre que en dicho lugar tenga establecimiento abierto al público o representante autorizado para actuar en nombre de la entidad). Antes de dicha modificación no se permitía al consumidor optar por el juez correspondiente a su domicilio.

VI. ¿FOMENTO DEL USO DE LAS NUEVAS TECNOLOGÍAS?

1) La necesidad de una mínima regulación del arbitraje de consumo electrónico

El PRDSAC apostaba por las TIC, justificando así "la desaparición del arbitraje de consumo electrónico como especialidad, tal y como se recogía en los artículos 51 al 55 del Real Decreto, 231/2008, de 15 de febrero"[288]. Aunque el Preámbulo del Real Decreto 713/2024 nada dice al respecto, nada impide pensar que la normativa aprobada ha querido seguir los pasos de la proyectada y por ello ha suprimido dicho arbitraje *online*. De hecho, el propio RSAC garantiza a los consumidores un acceso sencillo al procedimiento arbitral de consumo, también "por medios electrónicos", y especialmente a personas con discapacidad (art. 31.2). Esta previsión es completamente coherente con la Propuesta de Directiva del Parlamento Europeo y del Consejo por la que se modifica la Directiva 2013/11/UE, cuyo Considerando 10 pergeña que "debe garantizarse que, cuando se ofrezcan herramientas digitales, estas puedan ser utilizadas por todos los consumidores, especialmente los consumidores vulnerables o aquellos con distintos niveles de alfabetización digital. (...)"[289].

Desde luego está muy bien fomentar los arbitrajes de consumo en la Red[290] y, en este sentido, eliminar el arbitraje de consumo electrónico como un arbitraje de consumo especial. Dicho fomento se encuentra en la línea de las últimas reformas legislativas, que potencian

---

288 *Vid.* p. 47 PRDSAC, dentro de la justificación.

289 En este sentido la Propuesta modifica el art. 5.2.b) de la Directiva 2013/11/UE acentuando "la necesidad de los consumidores vulnerables de tener acceso fácil a los procedimientos de resolución alternativa mediante herramientas inclusivas", y pasando a indicar aquel precepto que los Estados miembros deben garantizar que las entidades de RAL "ofrezcan procedimientos de resolución alternativa digitales a través de herramientas de fácil acceso e inclusivas".

290 En esta línea se encuentra la Orden CSM/837/2022, de 30 de agosto, por la que se aprueban las bases reguladoras y se efectúa la convocatoria correspondiente a 2022, de subvenciones destinadas a la digitalización y modernización de Juntas Arbitrales de Consumo, adscritas a Administraciones locales y autonómicas, en el marco del Plan de Recuperación, Transformación y Resiliencia (BOE núm. 210, de 1 de septiembre de 2022).

en gran medida el uso de los medios electrónicos[291] e, inclusive, el uso de inteligencia artificial. El uso de ésta en el SAC podría suponer un ahorro de tiempo y costes[292], lo que resulta básico o crucial en un sistema en que las reclamaciones suelen ser de escasa cuantía y versan sobre cuestiones sencillas[293]. Cuestión distinta es que llegar a plantear en la actualidad la sustitución de los seres humanos por *sofwares* en la toma de decisiones, sin ningún tipo de control por aquellos, es algo difícilmente defendible[294]. Basta con estar a distintas normas vigentes que vetan esta posibilidad e, inclusive, en lo que al ámbito de los ADR en consumo se refiere, a la citada Propuesta de Directiva por la que se modifica la Directiva 2013/11/UE, que pretende reformar su art. 5.2, letra c), para garantizar "el derecho a que una persona física revise el resultado del procedimiento si este se ha tramitado por medios automatizados"[295].

---

291 En este sentido pueden verse, p. ej., el Real Decreto-ley 5/2023, de 28 de junio, que entre otras medidas obliga a las personas físicas a presentar la declaración del IRPF de forma electrónica, o el Real Decreto-ley 6/2023, de 19 de diciembre, que introduce toda una serie de medidas de eficiencia digital y procesal en los procesos judiciales que implican el empleo de estos medios.

292 Toda una serie de propuestas sobre la aplicación de la inteligencia artificial en el SAC pueden verse en mi obra "Sistema Arbitral de Consumo: algunas propuestas «inteligentes» de lege ferenda", *cit.*, pp. 114-150.

293 Guzmán Fluja, V. C.: "Acceso a la justicia de los consumidores revisitado en el auge de la inteligencia artificial", en Romero Pradas, M. I. (dir.), *Hacia una tutela efectiva de consumidores y usuarios*, Tirant lo Blanch, Valencia, 2022, p. 883.

294 En este sentido, entre otros autores, González Fernández, A. I.: "La tutela de consumidores y usuarios en el ámbito europeo y las plataformas de resolución de conflictos", en Romero Pradas, M. I. (dir.), *Hacia una tutela efectiva de consumidores y usuarios*, Tirant lo Blanch, Valencia, 2022, p. 601; LLorente Sánchez-arjona, M: "Inteligencia artificial aplicada a la tutela de los derechos de consumidores y usuarios", en Romero Pradas, M. I. (dir.), *Hacia una tutela efectiva de consumidores y usuarios*, Tirant lo Blanch, Valencia, 2022, p. 896; Moreno Catena, V.: "Inteligencia artificial y resolución de conflictos de consumo", *cit.*, p. 850.

295 En igual sentido el citado Considerando 10 *in fine* adelanta que "los Estados miembros deben garantizar que las partes que así lo soliciten puedan contar con la revisión por una persona física del resultado de los procedimientos cuya tramitación se automatice"; y el nuevo art. 5.2.c) de la Directiva 2013/11/UE establece que los Estados miembros deben garantizar que las entidades de RAL "confieran a las partes el derecho a solicitar que el resultado del procedimiento de resolución alternativa sea revisado por una persona física cuando el procedimiento se haya tramitado por medios automatizados".

Pero lo que no estimo loable o adecuado en el RSAC es, como se ha hecho, eliminar toda regulación del arbitraje de consumo electrónico (incluyendo en él posibles sistemas de inteligencia artificial[296]), siendo necesario proporcionar un concepto y fijar sus bases y límites, salvaguardando todas las garantías de identidad de las partes, autenticidad de las comunicaciones y seguridad. Resulta crucial al efecto prever la existencia de sistemas electrónicos y aplicaciones tecnológicas habilitadas por el Ministerio y, en su caso, las JAC, así como el necesario uso de firma electrónica.

Así, ante la falta de regulación, podríamos incluso hablar de la posible realización de actuaciones en el seno del procedimiento arbitral por medios electrónicos carentes de garantías, como el correo electrónico[297]. Hay quien entiende que, dada la flexibilidad del arbitraje, siempre y cuando las partes hayan consentido la notificación del laudo por medios tales como el correo electrónico, dicho medio debe considerarse admisible y la notificación válidamente efectuada *ex* art. 37.7 LA (STSJ de Cataluña —Sala de lo Civil y Penal— núm. 40/2012, de 6 de junio [ECLI:ES:TSJCAT:2013:6227], FD Cuarto).

Es cierto que existe una flexibilidad en el arbitraje no presente en los procesos judiciales (y, en este sentido, el art. 5 LA permite a las partes acordar cómo practicar los actos de comunicación, in-

---

296 No hablo de cosas extrañas a la realidad. De hecho, "se ha solicitado por parte del IMC al organismo Informática del Ayuntamiento de Madrid (IAM) la inclusión en su cartera de proyectos de un desarrollo destinado a la automatización parcial, adaptación y mejora de los flujos de trabajo de los procedimientos de la JAC del Ayuntamiento de Madrid, con la finalidad de incrementar la agilidad de la tramitación de los expedientes arbitrales consiguiendo la automatización de determinadas tareas reiterativas" (*vid.* Memoria Anual de Actuaciones 2022 del Instituto Municipal de Consumo de Madrid, p. 31. Dicha Memoria se encuentra accesible en https://transparencia.madrid.es/FWProjects/transparencia/PlanesYMemorias/Memorias/InstitutoMunicipalConsumo/ficheros/MemoriaActividadesIMC2022.pdf [consultada el 13.09.24]).

297 Resulta, pues, crucial que, en la línea del art. 84.4 del Decreto Legislativo 1/2019, de 13 de diciembre, del Consell, de aprobación del Texto Refundido de la Ley del Estatuto de las personas consumidoras y usuarias de la Comunitat Valenciana, las JAC empleen "los medios electrónicos y telemáticos en la tramitación de los procedimientos arbitrales, siempre que se garantice la seguridad jurídica de los trámites" y, "los sistemas de comunicación por videoconferencia, siempre y cuando pueda acreditarse la identidad de las personas comparecientes".

cluidos las notificaciones). Pero si decidimos, como ya sabemos hace el art. 31.7 RSAC, dar prevalencia a la praxis de cada JAC sobre la mencionada normativa administrativa supletoria[298] (y, por ende, no exigimos observar las máximas garantías en las comunicaciones electrónicas), pueden plantearse situaciones problemáticas cuando se empleen medios carentes de garantías como el aludido, sin que las partes hayan consentido al respecto de su uso, en aquellos casos en que el destinatario del acto de comunicación (incluida la notificación del laudo) niegue haber recibido el correo electrónico, niegue haber accedido a su contenido o haber sido él quien haya acusado recibo[299]. En tales casos podría llegar a anularse el laudo con base en el art. 41.1.b) LA (por no haberse podido hacer valer derechos).

2) *El posible empleo de medios electrónicos en la celebración de la audiencia*

Por otro lado, el art. 41 RSAC, que trata la "audiencia", recoge una regulación similar a la del art. 44 ARDSAC, permitiendo la ce-

---

298 En el mismo sentido, dispone el art. 5.3 RSAC: "Las notificaciones de los actos administrativos dictados por la Junta Arbitral de Consumo se realizarán, conforme a lo dispuesto en los artículos 40 y siguientes de la Ley 39/2015, de 1 de octubre, del Procedimiento Administrativo Común de las Administraciones Públicas. *En el supuesto de que el acto que deba ser notificado no tenga carácter administrativo, la notificación se llevará a cabo conforme a la práctica de cada Junta Arbitral*" (la cursiva es mía).

299 De ahí que me parezcan oportunos formularios de solicitud de arbitraje como el de la Junta de Andalucía (*vid. supra*, nota a pie 198): a los consumidores personas físicas les da la posibilidad de optar por que las notificaciones se efectúen en papel en el lugar indicado o por que se efectúen por medios electrónicos mediante el sistema de notificaciones de la Administración Junta de Andalucía (para lo cual uno debe darse de alta y acceder con certificado electrónico u otros medios de identificación electrónica). Dichas garantías de identificación se acompañan de otra muy importante para que la comunicación electrónica pueda cumplir su finalidad de hacer llegar el acto a su destinatario, a saber: la advertencia de la conveniencia de "cumplimentar los datos relativos a correo electrónico y, opcionalmente, número de teléfono móvil para poder efectuar los avisos de puesta a disposición de la notificación electrónica". Dicha garantía, que es fundamental para los consumidores personas jurídicas y entes sin personalidad (que ya sabemos están obligados a relacionarse electrónicamente con las Administraciones Públicas), trae causa en lo previsto en el art. 41.6 de la citada Ley 39/2015.

lebración de vistas telemáticas —aquí sí que se da importancia a la observancia de las necesarias garantías— mediante medios que permitan la "identificación" de las partes. Sin embargo, la nueva regulación, a diferencia de la anterior, deja en manos del órgano arbitral la decisión sobre la forma de llevar a cabo la audiencia (la regulación ARDSAC no decía nada al respecto de a quién competía la decisión).

Parece que no casa muy bien la posibilidad que se concede a las partes de elegir la forma en que practicar las notificaciones (art. 32.2, c) RSAC) con que no puedan decidir la forma de celebrar las audiencias. Es cierto que con la nueva previsión se solucionan las posibles discrepancias entre las partes sobre la forma de celebrar las audiencias. Pero creo que habría sido mejor permitir el acuerdo de las partes y, ante la falta de coincidencia en este punto, tomar la decisión el órgano arbitral[300].

[300] Una vez más, traigo a colación el formulario de solicitud de arbitraje de la Junta de Andalucía (*vid. supra*, nota a pie 198), que permite al consumidor manifestar su preferencia acerca de si desea que la audiencia, en caso de celebrase, se desarrolle telemáticamente (siempre que ello sea técnicamente posible para la JAC), presencialmente o por escrito. De igual forma podría la empresa reclamada, al darle traslado de la solicitud, manifestar su preferencia y, en caso de coincidir con la del consumidor, darse cumplimiento a su voluntad.

BREVES CONSIDERACIONES FINALES

I. ¿SON ADECUADOS Y SUFICIENTES LOS CAMBIOS INTRODUCIDOS POR EL NUEVO REGLAMENTO?

Una vez analizadas las novedades introducidas por el RSAC, algunas de las cuales responden a exigencias de la Unión Europea y otras han sido introducidas *motu proprio* por el prelegislador español, lo concluyo realizando dos observaciones fundamentales que seguidamente desarrollaré, a saber:

1) Mientras algunos de los cambios introducidos redundan en la eficacia del SAC, no puedo decir lo mismo con respecto a otros.

2) El nuevo Reglamento, que acaba de nacer, deberá modificarse si ve la luz la Propuesta de Directiva del Parlamento Europeo y del Consejo por la que se modifica la Directiva 2013/11/UE, relativa a la resolución alternativa de litigios en materia de consumo, así como las Directivas (UE) 2015/2302, (UE) 2019/2161 y (UE) 2020/1828, para adaptarse a ella (al igual que deberá modificarse la Ley 7/2017, de 2 de noviembre). Desde luego, el RSAC no ha visto la luz en el momento más oportuno.

Con respecto a la 1ª observación, considero que las novedades que contribuyen a conseguir un SAC más garantista y efectivo son el fomento del árbitro único (la medida, sin duda, más eficiente), la posible inclusión en el laudo conciliatorio de los acuerdos alcanzados incluso antes de haberse iniciado el procedimiento arbitral, la inclusión del elenco de causas tasadas de inadmisión de solicitudes[301] (y, en particular, la previsión de ser suficiente acreditar el intento de haber contactado con la empresa para interponer la correspondiente reclamación previa), la reducción de muchos plazos coadyuvando a la celeridad del procedimiento (como son el plazo de que dispone el presidente de la JAC para trasladar la solicitud a la JAC competente *ex* art. 33[302], el plazo para aceptar el arbitraje y contestar al mismo *ex*

301 Sin perjuicio de que, como ya comenté, la posible inadmisión de solicitudes "infundadas" carece de sentido.

302 Se reduce de quince días a diez días hábiles.

arts. 36.2, 1° y 37.4, 1°[303] o el plazo para formular alegaciones en caso de reconvención o modificación de la solicitud inicial *ex* art. 40[304]) y la clarificación de si los días son hábiles o naturales[305].

Sin embargo, pienso que no redundan en su eficacia la supresión de las ofertas públicas de adhesión limitadas y la ausencia de regulación del arbitraje de consumo electrónico. Por mucho que el CGPJ haya entendido que es atinada la decisión de suprimir este arbitraje por haber quedado superado por la Ley 39/2015[306], en un sistema como es el SAC en que conviven y se aplican supletoriamente (Disposición final segunda del Real Decreto 713/2024) tanto las Leyes 39 y 40/2015, con su rigidez, como la Ley Arbitral, caracterizada en contra de dichas leyes por una enorme flexibilidad, y en que incluso se llega a dar prevalencia a la *praxis* de las JAC frente a lo dispuesto en la legislación administrativa (arts. 5.3 y 31.7 RSAC), lo más conveniente y garantista es regularlo, aunque sea mínimamente, para dejar claras las bases y límites.

También hubiera mejorado la transparencia del Sistema la necesidad de que todas las solicitudes de arbitraje de consumo debieran advertir expresa y claramente del carácter vinculante del laudo y la renuncia de acudir a la vía judicial. Y la seguridad jurídica también queda en entredicho con las oscuras y mejorables regulaciones de la posible modificación de la o las pretensiones ejercitadas inicialmente y de los nuevos criterios de atribución de la competencia territorial

303 Se reduce de quince días a diez días hábiles.

304 Se reduce de quince días a siete días hábiles.

305 No obstante, resulta llamativo que el RSAC haya decidido mantener los veintiún "días naturales" (art. 37.4 ARDSAC) del plazo para notificar la inadmisión de la solicitud (art. 35.3). Está claro que se deben mantener en principio los noventa días naturales para dictar y notificar el laudo por exigencias del art. 8.e) de la Directiva 2013/11/UE y, en su línea, el art. 20 de la Ley 7/2017; pero no parece tener mucho sentido que el resto de plazos de hayan fijado en días hábiles y se mantenga el aludido para el supuesto de notificar la inadmisión de la solicitud. En cualquier caso, repárese en que el nuevo RSAC ha decidido apartarse del cómputo de plazos en días naturales establecido en el art. 5.b) LA y acercarse a los plazos propios de la legislación administrativa (*vid.* art. 30.1 de la Ley 39/2015).

306 En este sentido *vid.* su Informe sobre el Proyecto de Real Decreto por el que se regula el Sistema Arbitral de Consumo, aprobado por Acuerdo del Pleno de 25 de enero de 2024 (pp. 34 y 41).

a las JAC, y al no exigirse que en los convenios arbitrales que se formalicen entre consumidores y empresas antes de surgir litigios se incluya expresamente que "no serán vinculantes para los consumidores los convenios arbitrales suscritos con un empresario antes de surgir el conflicto".

Y todo ello sin perjuicio de otros aspectos mejorables que se han ido indicando a lo largo del trabajo (así, podía haberse aprovechado el nuevo Reglamento para clarificar cuestiones oscuras pendientes de solucionar incluso desde la vigencia del primer Real Decreto regulador del SAC, como es el concepto de consumidor y empresa a sus efectos y si es posible exigir responsabilidad extracontractual en un arbitraje de consumo, y hacerlo conforme a la repetida Propuesta de Directiva) y de otros que, lamentablemente, tampoco ha atendido el RSAC, como es abordar una reforma o reorganización territorial del SAC[307] para que sea "conectado, coherente y eficiente"[308].

Y con respecto a la 2ª observación, será necesario modificar el Real Decreto 713/2024, en los términos que se han ido indicando a lo largo de este trabajo, para adaptarlo a las nuevas exigencias de la Unión Europea en caso de aprobarse la Directiva —actualmente Propuesta— que modifica la Directiva 2013/11/UE y, en este sentido, incluir la posibilidad de pretender exigir responsabilidad extracontractual en el SAC y la acumulación de asuntos similares contra una misma empresa en un solo procedimiento arbitral de consumo siempre que se haya informado a los consumidores de tal acumulación y no se hayan opuesto.

En este orden de consideraciones, para dar cabida a tales previsiones, podría modificarse el nuevo Reglamento en los siguientes términos:

A) El art. 1.2 pasaría a tener la siguiente redacción: "Mediante el arbitraje de consumo los órganos arbitrales resuelven de forma

---

307 En este sentido, Esteban De La Rosa, F.: "Cuestiones pendientes en la europeización del sistema español de arbitraje de consumo", *cit.*, pp. 316-317, quien aboga por reducir el número de JAC o establecer una Red de JAC que logre funcionar cohesionadamente como tal.

308 Escalona Rodríguez, D.: "La transformación del sistema español de arbitraje de consumo", *cit.*, p. 297. Este autor aboga por un Sistema estructurado únicamente en 19 JAC.

extrajudicial, con carácter vinculante y ejecutivo para las partes, los litigios, nacionales o transfronterizos, dirigidos a empresarios y que son sometidos a su decisión por consumidores o usuarios residentes en la Unión Europea al considerar que existe una vulneración de sus derechos precontractual, contractual o extracontractualmente reconocidos". En igual línea convendría modificar el art. 32.1 RSAC.

B) El art. 2 pasaría a tener la siguiente redacción:

"1. Podrán ser objeto de arbitraje de consumo las controversias surgidas entre consumidores o usuarios y empresarios a los que se refiere el artículo 1.2 que versen sobre materias de libre disposición de las partes conforme a derecho.

2. No podrán ser objeto de arbitraje de consumo las controversias que se refieran a servicios públicos de interés general, no económicos o prestacionales, facilitados por las administraciones públicas".

C) Y el art. 37.1, 2º pasaría a tener la siguiente redacción: "El presidente de la Junta Arbitral de Consumo podrá acordar la acumulación de dos o más solicitudes de arbitraje en un mismo procedimiento, siempre que se trate del mismo empresario reclamado e idéntica pretensión, dando traslado a las partes de su decisión y sin que exista oposición del consumidor en los cinco días hábiles siguientes".

II. MI PROPUESTA: CAMINEMOS HACIA UN ARBITRAJE DE CONSUMO OBLIGATORIO

De la misma forma que inicialmente el decaído Proyecto de Ley de Medidas de Eficiencia Procesal del Servicio Público de Justicia y en la actualidad el Proyecto de Ley Orgánica de medidas en materia de eficiencia del servicio público de justicia y de acciones colectivas para la protección y defensa de los derechos e intereses de los consumidores y usuarios, que está actualmente tramitándose en las Cortes[309], se decantan por el carácter imperativo de los ADR (o MASC,

[309] *Vid.* Boletín Oficial de las Cortes Generales. Congreso de los Diputados. XV Legislatura. Serie A: Proyectos de Ley, de 22 de marzo de 2024, núm. 16-1.

si se prefiere[310]) y, en este sentido, introducen la obligatoriedad de acudir a ellos como presupuesto de procedibilidad antes de demandar ante la jurisdicción civil:

1) Podría la normativa reguladora del SAC decantarse por introducir en la misma línea, como medida de fomento de este Sistema —no un arbitraje de consumo obligatorio, ya que dicho carácter, si mantenemos la naturaleza o esencia del arbitraje, sería inconstitucional, como reiteradamente ha dejado claro el TC[311]—, la presunción *ope legis* para la empresa o profesional de su voluntad de sometimiento a arbitraje de consumo, de forma similar a lo que sucede en los conflictos de transporte terrestre (en que hay una presunción de voluntad de sumisión al arbitraje gestionado por las Juntas Arbitrales del Transporte, salvo que expresamente cualquiera de las partes

---

310 Al respecto *vid.* BARONA VILAR, S.: "¡Los MASC existen! Son medios de acceso a la justicia", en BARONA VILAR, S. (coord.), *MASC, to be or not to be? Medios adecuados de solución de conflictos en la justicia*, Tirant lo Blanch, Valencia, 2024, pp. 15-48.

311 Téngase en cuenta al respecto la STC (Pleno) núm. 174/1995, de 23 de noviembre (BOE núm. 310, de 28 de diciembre de 1995), que rotundamente declaró la inconstitucionalidad parcial de la LOTT (resolviendo las cuestiones de inconstitucionalidad acumuladas núms. 2112/1991 y 238/1995 planteadas por la Sección 3ª de la AP de Burgos y el Juzgado de Primera Instancia núm. 36 de Barcelona). En concreto, la inconstitucionalidad se extendía a su art. 38.2, cuyo tenor literal disponía que "siempre que la cuantía de la controversia no exceda de 500.000 pesetas, las partes someterán al arbitraje de las juntas cualquier conflicto que surja en relación con el cumplimiento del contrato, salvo pacto expreso en contrario" (párrafo 1º). Tal precepto atentaba, según el TC, contra los art. 24.1 y 117.3 CE al establecer la LOTT para estos casos de cuantía inferior a la aludida un arbitraje institucional imperativo u obligatorio (pues, salvo pacto expreso en contrario, el convenio arbitral nacía *ex lege*) y, por tanto, al tener que contar con el consentimiento expreso de la otra parte para poder solicitar tutela de los órganos jurisdiccionales.
Mucho más reciente es la ya mencionada STC (Pleno) núm. 1/2018, de 11 de enero (BOE núm. 34, de 7 de febrero de 2018), que anula, por inconstitucional, el art. 76 e) de la Ley 50/1980, de 8 de octubre, de Contrato de Seguro, al prescindir de la voluntad de una de las partes (el asegurador) en el sometimiento a arbitraje de cualquier controversia que pudiese suscitarse con respecto al contrato de seguro. El tenor de dicho art. 76 e) era el siguiente:
"El asegurado tendrá derecho a someter a arbitraje cualquier diferencia que pueda surgir entre él y el asegurador sobre el contrato de seguro.
La designación de árbitros no podrá hacerse antes de que surja la cuestión disputada".

manifieste lo contrario; presunción cuya constitucionalidad ha declarado el Alto Tribunal[312]), con independencia de la cuantía de la controversia o cuando la cuantía de ésta no exceda de determinada cantidad (que podría fijarse en 15.000 euros[313]) o, si se prefiere, únicamente para resolver conflictos relacionados con servicios esenciales[314].

Fíjese en que hablamos del establecimiento de una voluntad de sumisión presunta únicamente para la empresa o profesional (no para el consumidor o usuario) en aras de respetar lo dispuesto en los

---

312 Recordemos la STC (Pleno) núm. 352/2006, de 14 de diciembre (BOE núm. 14, de 16 de enero de 2007); Sentencia que, resolviendo la cuestión de inconstitucionalidad planteada por la Audiencia Provincial de Barcelona, declara la constitucionalidad del párrafo 3º del art. 38.1 de la LOTT, en la redacción dada por la Ley 13/1996, de Medidas Fiscales, Administrativas y del Orden Social. Y es que, como señala la STC, "la redacción del precepto aquí cuestionado permite evitar el arbitraje y acceder a la vía judicial, ejercitando pretensiones frente a la otra parte, por la mera declaración unilateral del interesado, sin necesidad de pacto y de consentimiento de la otra parte" (FJ 3º). Dicha redacción era la siguiente: "Se presumirá que existe el referido acuerdo de sometimiento al arbitraje de las Juntas siempre que la cuantía de la controversia no exceda de 6.000 euros y ninguna de las partes intervinientes en el contrato hubiera manifestado expresamente a la otra su voluntad en contra antes del momento en que se inicie o debiera haberse iniciado la realización del transporte o actividad contratado". En la actualidad, tras la redacción operada por la Ley 9/2013, de 4 de julio, por la que se modifica la Ley de Ordenación de los Transportes Terrestres y la Ley 21/2003, de 7 de julio, de Seguridad Aérea, dicha cuantía ha pasado de 6.000 euros a 15.000 euros.
Al respecto resulta reseñable y discutible la interpretación que algunos tribunales están haciendo de tal art. 38 en contra de la institución arbitral. Así, resoluciones como el AAP de Zaragoza (Sección 5ª) núm. 41/2024, de 27 de marzo (*Tol 10146944*), FJ Segundo a Cuarto, consideran que, pese a dicha presunción, si surgida la controversia el acreedor decide acudir a la vía judicial, este hecho constituye una forma de destruir dicha presunción ("constituye un dato relevante sobre su deseo de expresar su voluntad en contra de aquella "presunción" legal") y, por ende, no debe prosperar la declinatoria interpuesta por el demandado.

313 Dicha cuantía, además de coincidir con la recogida en el art. 38 LOTT, es el límite en que se fija la determinación de los juicios verbales por la cuantía en el decaído Proyecto de Ley de Medidas de Eficiencia Procesal (*vid.* Título II, artículo 20, apartado cuarenta y cuatro).

314 Escalona Rodríguez, "La transformación del sistema español de arbitraje de consumo", *cit.*, pp. 294-295.

comentados art. 10.1[315] de la Directiva 2013/11/UE, art. 15.1[316] de la Ley 7/2017 y art. 57.4 TRLGDCU. Y es que, en efecto, partir de la existencia de un presunto convenio arbitral de sometimiento al SAC tanto para empresas como para consumidores no cohonesta bien con el principio de libertad para los consumidores consagrado por las citadas normas europea y españolas, en virtud del cual, por un lado, los consumidores podrán elegir la vía de resolución de conflictos a la que acudir una vez surja la controversia pese a que antes de dicho surgimiento hayan suscrito un convenio (como es el arbitral) que les impida acudir a la vía judicial para revisar la decisión; y, por otro

---

315 Recordemos que según dicho art. 10:
"1. Los Estados miembros velarán por que un acuerdo entre el consumidor y el comerciante de someter una reclamación a la apreciación de una entidad de resolución alternativa no sea vinculante para el consumidor cuando se haya celebrado antes de que surgiera el litigio y cuando tenga por efecto privar al consumidor de su derecho a recurrir ante los órganos jurisdiccionales competentes para la resolución judicial del litigio.
2. Los Estados miembros velarán por que, en los procedimientos de resolución alternativa que tengan por objeto resolver el litigio mediante la imposición de una solución, únicamente se dé a la solución carácter vinculante para las partes cuando estas hayan sido informadas con antelación de dicho carácter vinculante y lo hayan aceptado expresamente. Si las soluciones son vinculantes para el comerciante con arreglo a la normativa nacional, no se exigirá la aceptación del comerciante para cada caso concreto".

316 Nuevamente traemos a colación el tenor del art. 15:
"1. No serán vinculantes para el consumidor los acuerdos suscritos antes del surgimiento de un litigio entre un consumidor y un empresario con objeto de someterse a un procedimiento con resultado vinculante.
2. Para el empresario el acuerdo celebrado antes del surgimiento del litigio será vinculante si reúne las condiciones de validez exigidas por la normativa aplicable a dicho acuerdo. Este acuerdo no será necesario cuando el empresario se encuentre obligado, por ley o por su adhesión previa, a participar en dicho procedimiento.
3. El sometimiento del consumidor y del empresario al procedimiento ante una entidad de resolución alternativa de litigios de consumo cuya decisión sea vinculante requerirá, junto a la existencia de un acuerdo posterior al surgimiento del litigio, que en el momento de la prestación del consentimiento las partes sean informadas de que la decisión tendrá carácter vinculante, y de si la misma les impide acudir a la vía judicial, debiendo constar por escrito, o por otro medio equivalente, su aceptación expresa. Esta garantía de consentimiento informado no será de aplicación al empresario cuando se encuentre obligado, por ley o por su adhesión previa, a participar en dicho procedimiento".

lado, los consumidores deberán ser informados de la imposibilidad de dirigirse posteriormente a la vía judicial y, aun así, haber aceptado expresamente someterse al arbitraje.

Esta propuesta no está exenta de riesgos. Así, podría suceder que las empresas acabaran directamente excluyendo el SAC en sus condiciones generales de la contratación (como sucede con la empresa municipal de transportes valenciana EMT con respecto al arbitraje administrado por las Juntas Arbitrales del Transporte).

2) También podría la normativa reguladora del SAC decantarse, en vez de por la presunción anteriormente comentada, por introducir como medida de fomento de este Sistema, la obligatoriedad para las empresas[317] de acudir al mismo, si así lo desean los consumidores, para solventar cualesquiera conflictos de consumo (o, si se prefiere, los relacionados con los servicios esenciales o los que no superen determinada cuantía[318]), estableciendo la posibilidad de que las partes acudieran posteriormente a los tribunales para poder controlar o revisar el fondo del asunto resuelto en el SAC (el contenido del laudo). Dicho control judicial sería necesario para salvaguardar la doctrina del TC sentada en resoluciones como la STC (Pleno) núm. 119/2014, de 16 de julio [BOE núm. 198, de 15 de agosto de 2014]; STC (Pleno) núm. 8/2015, de 22 de enero [BOE núm. 47, de 24 de febrero de 2015] y STC (Pleno) núm. 1/2018, de 11 de enero [BOE núm. 34, de 7 de febrero de 2018][319].

Implantar esta segunda medida, que desnaturalizaría la propia institución arbitral (dado que se privaría al laudo de sus característicos efectos de cosa juzgada, desapareciendo el simple control formal del mismo al ejercitar la acción de anulación, prevista en principio

---

317 Entendemos que dicha obligatoriedad igualmente podría extenderse a los consumidores a la luz del art. 1 *in fine* de la Directiva 2013/11/UE.

318 En este sentido, fijando la cuantía en 3.000 euros, autores como GRAMUNT FOMBUENA, M.: "¿Arbitraje de consumo obligatorio?", *cit.*, pp. 613-616.

319 Hay autores como COLOMER HERNÁNDEZ que abogan, como opción más garantista para el derecho fundamental a obtener una tutela judicial efectiva, por implementar ambas medidas conjuntamente, esto es, "que junto a una presunción de voluntad de sometimiento *ope legis* se prevea que las partes puedan acudir a los tribunales para un control sobre el fondo de la decisión contenida en el laudo" (*vid.* "Hacia un arbitraje obligatorio de consumo: límites y posibilidades", *cit.*, p. 65).

para corregir errores *in procedendo* y no para revisar el fondo de la controversia), tendría el riesgo de conducir a la ineficiencia del SAC al acabar judicializándose muchos de los asuntos[320] y quedar en "papel mojado" las fundamentales características de agilidad y rapidez, antiformalismo; carácter vinculante, ejecutivo e irrecurrible del laudo; gratuidad o muy bajos costos, equidad, confidencialidad y, por ende, eficacia[321].

3) Ante los riesgos destacados de ambas propuestas y, especialmente, la reseñada desnaturalización del arbitraje, podría proponerse la solución de establecer un SAC obligatorio[322] para las empresas

---

320 En similar sentido, SÁNCHEZ MORAGAS, F. X.: "Los problemas de identidad, del arbitraje de consumo y su reubicación como ADR, ante la aparición de los nuevos métodos adecuados de solución de controversias", *cit.*, p. 8.

321 Para más detalles sobre dichas características puede verse MARCOS FRANCISCO, *El arbitraje de consumo y sus nuevos retos, cit.*, pp. 155 y ss.

322 Como se ha advertido, el arbitraje podría haberse entendido incluido en el art. 24.1 CE por parte del TC (NIEVA FENOLL, J.: "La obligatoriedad vs. voluntariedad en el sistema arbitral de consumo", *cit.*, p. 2). Quizás no se haya hecho por la falta de confianza en esta institución, culturalmente considerada —en países como España— de categoría inferior al proceso judicial. Y quizás fuese más fácil su inclusión o, al menos, la del SAC (y, por tanto, instaurar un arbitraje obligatorio, que finalizara con un laudo irrecurrible) si todos los procedimientos (judiciales y arbitrales) se automatizaran, al disiparse las diferencias entre ellos. No obstante, no es tarea fácil dado que resultaría imprescindible incluso una modificación de la normativa europea *supra* citada (Directiva 2013/11/UE).
Al respecto es reseñable que el TC portugués ha considerado que, aunque la obligatoriedad de acudir a arbitraje prevista en varias normas portuguesas (en el ámbito deportivo y de propiedad industrial) se basa fundamentalmente en que la Constitución de la República Portuguesa (art. 209.2) consagra los tribunales arbitrales y en que estos —aunque no son órganos soberanos como los órganos jurisdiccionales— son verdaderos tribunales (y, por ende, en principio tienen encaje en el art. 20.1 de la Constitución Portuguesa, que garantiza el derecho fundamental a obtener una tutela judicial efectiva —consagrado en el art. 24.1 de nuestra CE—, al igual que en el artículo 268.4 de dicha CRP, que es manifestación del principio de tutela judicial efectiva consagrado en el artículo 20.1 en el ámbito administrativo), los arbitrajes obligatorios son inconstitucionales si no se prevé la posibilidad de recurrir la decisión ante los tribunales estatales, que deben tener la última palabra (pueden verse las Sentencias del TC portugués (Pleno) 230/2013 y (Sección 3ª) 435/2016, accesibles en https://acordaosv22.tribunalconstitucional.pt/, consultada el 29.09.24). Pese a ello, los tribunales arbitrales de consumo portugueses —de los Centros de Arbitraje de Resolución de Conflictos de Consumo— (*vid.* https://cicap.pt/wp-content/up

(como he dicho *supra*, para resolver cualquier conflicto de consumo o, si se prefiere, los relacionados con servicios esenciales o los que no superen determinada cuantía), sin la posible revisión del contenido del laudo. La gran dificultad que encontraría esta propuesta es no ser acorde con la doctrina sentada por el TC, según la cual el arbitraje sólo es constitucionalmente admisible y respetuoso con los arts. 24.1 y 117.3 CE: 1) cuando derive de la libre autonomía de la voluntad de las partes manifestada en el correspondiente convenio arbitral; 2) o cuando, siendo obligatorio, sea posible revisar el contenido del laudo en vía judicial (entre otras, *vid.* la mencionada STC —Pleno— núm. 1/2018, de 11 de enero, FJ 3 y 4). Pero si tenemos en cuenta los cuatro votos particulares emitidos en esta Sentencia quizás podríamos pensar en un posible cambio de perspectiva en el pensamiento del Alto Tribunal.

En efecto, podría defenderse, en la línea de los votos particulares de los magistrados Xiol Ríos, Narváez Rodríguez y Enríquez Sancho[323], que estaría justificado limitar el derecho fundamental a

---

loads/2023/06/1183_2021-16-01-2023.pdf, consultada el 29.09.24) e, inclusive, los tribunales que conocen de acciones de anulación de laudos de consumo (*vid.* http://www.gde.mj.pt/jtrp.nsf/56a6e7121657f91e80257cda00381fdf/5e3b915e83cb7450802586930047e917?OpenDocument, consultada el 29.09.24), no parecen ver problemas de inconstitucionalidad en la irrecurribilidad de estos laudos, entendiendo que el art. 39.4 de la Lei nº 63/2011, da Arbitragem Voluntária, prevé la posibilidad de que las partes acuerden la recurribilidad del laudo (o, en su caso, lo prevea el Reglamento del Tribunal Arbitral al que se sometan) y, aun contemplándolo el Reglamento, no sería posible porque las leyes procesales no permiten recurrir las decisiones de valor inferior a 5.000 euros. Estimo que dicha argumentación es harto discutible, teniendo en cuenta que las empresas no han tenido opción de someterse al SAC portugués ni decidir libremente la irrecurribilidad del laudo.

323 No obstante, convengo con Schumann Barragán en que el planteamiento de los votos particulares es incorrecto en sus términos, dado que "debería defenderse la constitucionalidad del precepto única y exclusivamente en aquellos casos en los que el asegurado sea efectivamente un consumidor" (Schumann Barragán, G.: "Comentario a la STC 1/2018 de 11 de enero (Pleno) sobre la inconstitucionalidad del art. 73 e) de la Ley del Contrato de Seguro", *FORO. Revista de Ciencias Jurídicas y Sociales. Nueva Época*, vol. 21, núm. 1, 2018, p. 414). A mayor abundamiento, desde mi punto de vista, las cláusulas de sumisión a arbitraje incluidas en contratos de adhesión de seguros con consumidores deberían entenderse únicamente hechas con respecto al SAC, en una interpretación sistemática de nuestro ordenamiento jurídico. Y es que el art. 90.1 TRLGDCU

obtener una tutela judicial efectiva de las empresas en el mandato del art. 51 CE y en la protección de los consumidores como parte débil del contrato que se encuentra en situación de inferioridad[324] (debilidad a la que, por cierto, también apunta el voto particular del magistrado VALDÉS DAL-RÉ), pudiendo otorgarse a estos el derecho a elegir si desean acudir al SAC (en cuyo caso, las empresas estarían obligadas a pasar por este Sistema) o a otra vía de resolución de conflictos (incluida la judicial) tendente a reequilibrar su posición. Si así se entendiera y se regulara, quedarían salvados los problemas de inconstitucionalidad.

Pero tendríamos que plantearnos —cuestión que debería resolver el TJUE— si dicha regulación no vulneraría o se opondría a normativa de la Unión Europea, como el art. 47 de su Carta de los Derechos Fundamentales de la Unión Europea —jurídicamente vinculante desde la entrada en vigor del Tratado de Lisboa el 1 de diciembre de 2009— y el art. 1 *in fine* de la Directiva 2013/11/UE que, en la línea avanzada por su Considerando 45[325], reza que "la presente Directiva

---

reza que son cláusulas abusivas y, por tanto, nulas de pleno derecho, las que establezcan "la sumisión a arbitrajes distintos del arbitraje de consumo, salvo que se trate de órganos de arbitraje institucionales creados por normas legales para un sector o un supuesto específico": dado que para el sector de los seguros no han sido creados órganos arbitrales similares a las Juntas Arbitrales de Consumo o a las Juntas Arbitrales del Transporte, las cláusulas contractuales de sumisión a arbitraje no negociadas individualmente por consumidores sólo pueden reputarse válidas si la sumisión se entiende hecha al genérico SAC, con muchas más ventajas que el arbitraje común (entre ellas, una mayor rapidez en la resolución de los litigios y la gratuidad), que derivan de la propia normativa de la UE. Y repárese en que todo arbitraje sectorial que se cree deberá tener en cuenta las aludidas ventajas y garantías añadidas, que deberán ser observadas *pro consumatore* cuando una de las partes tenga esta condición.

324 Por su parte, GRAMUNT FOMBUENA no considera plausible un cambio en la jurisprudencia del TC (*vid.* "¿Arbitraje de consumo obligatorio?", *cit.*, p. 613). Sin embargo, se muestra a favor de estos votos particulares (GRAMUNT FOMBUENA, M. y BARCELÓ COMPTE, R.: "The definitive impetus for Access to justice: Mandatory consumer arbitration in Spain", *Maastricht Journal of European and Comparative Law*, vol. 29, 2022, p. 238).

325 Este Considerando dispone, en lo que ahora interesa destacar: "El derecho a la tutela judicial efectiva y el derecho a un juez imparcial forman parte de los derechos fundamentales establecidos en el artículo 47 de la Carta de los Derechos Fundamentales de la Unión Europea. Por consiguiente, los procedimientos de resolución alternativa no deben concebirse como sustitutivos de los procedi-

se entenderá sin perjuicio de la obligatoriedad de participar en este tipo de procedimientos prescrita en la legislación nacional, *siempre que esta no impida a las partes ejercer su derecho de acceso al sistema judicial*" (la cursiva es mía)[326].

Desde luego resulta necesario salvar las dificultades de adecuación de las normas nacionales a la Carta Magna, pero también a la citada Carta y normativa supranacional so pena de instaurar un arbitraje obligatorio a través de una norma que el TJUE acabe indicando que contraviene normativa de la Unión. Y lo cierto es que difícilmente pueda salvarse el aludido escollo a la luz de la precitada normativa y de resoluciones del mencionado Tribunal europeo como la Sentencia del Tribunal de Justicia (Sala Primera) de 14 de junio de 2017, Menini y otros, asunto C-75/16 (*Tol 6162808*), que a su vez cita la Sentencia de igual Tribunal (Sala Cuarta) de 18 de marzo de 2010, Alassini y otros, asuntos acumulados C-317/08 a C-320/08 (*Tol 9918621*), en la medida en que la exigencia impuesta a las empresas de acudir al SAC acabaría, en defecto de laudo conciliatorio, con una decisión impuesta (laudo) que les impediría ejercer su derecho de acceso al sistema judicial.

Así las cosas, y con independencia de por cuál de las tres propuestas nos decantemos, estimo que la mejor solución para un SAC eficaz

---

mientos judiciales y no deben privar a consumidores o comerciantes de su derecho a recurso ante los órganos jurisdiccionales. La presente Directiva no debe impedir a las partes ejercer su derecho de acceso al sistema judicial. (...)".

326 De ahí que el nuevo RSAC haya decidido eliminar, siguiendo la recomendación del Informe del CGPJ sobre el Proyecto de Real Decreto por el que se regula el Sistema Arbitral de Consumo, aprobado por Acuerdo del Pleno de 25 de enero de 2024, la previsión contenida en el art. 1.3 *in fine* del PRDSAC, en virtud de la cual la voluntariedad en la sumisión a arbitraje quedaba exceptuada "en los casos en que una norma con rango legal obligue al empresario a aceptar este medio de resolución de litigios en las relaciones con los consumidores, en cuyo caso, el empresario vendrá obligado a formalizar la correspondiente oferta de adhesión". Y es que dicho CGPJ advertía que esta previsión atentaba contra el art. 9 de la Ley 7/2017 (*vid.* pp. 14-15 y 36 del Informe), que no hace sino acoger el comentado art. 1 *in fine* de la Directiva 2013/11/UE. Tal art. 9, rubricado "voluntariedad", establece: "Ninguna de las partes tendrá la obligación de participar en el procedimiento ante una entidad de resolución alternativa de litigios de consumo, excepto cuando una norma especial así lo establezca. En ningún caso la decisión vinculante que ponga fin a un procedimiento de participación obligatoria podrá impedir a las partes el acceso a la vía judicial".

y eficiente es ir hacia un arbitraje de consumo obligatorio. Ello además acabaría con uno de los principales problemas del SAC, como es la falta de voluntad de las empresas para emitir ofertas públicas de adhesión y someterse a dicho Sistema. Dicho lo cual, y en honor a la verdad, para que dicha obligatoriedad fuese viable también serían necesarios mayores recursos humanos, económicos y técnicos porque el SAC actualmente no está preparado para ello[327].

[327] Sánchez Moragas, F. X.: "Los problemas de identidad, del arbitraje de consumo y su reubicación como ADR, ante la aparición de los nuevos métodos adecuados de solución de controversias", *cit.*, pp. 9-10.

BIBLIOGRAFÍA

Abellán Tolosa, L.: "El sistema arbitral de consumo", en Reyes López, M. J. (coord.), *Derecho privado de consumo*, Tirant lo Blanch, Valencia, 2005.

Álvarez Alarcón, A.: *El sistema español de arbitraje de consumo*, Instituto Nacional del Consumo, Madrid, 1999.

Álvarez Moreno, M. T.: "Mediación y arbitraje de consumo", en Santos Morón, M. J. y Mato Pacín, M. N. (coords.), *Derecho de consumo: visión normativa y jurisprudencial actual*, Tecnos, Madrid, 2022.

Badenas Carpio, J. M.: *El sistema arbitral de reclamaciones de consumo*, Conselleria de Sanitat i Consum, Valencia, 1993.

Barona Vilar, S.: "El laudo en el arbitraje de consumo", *Revista de la Corte Española de Arbitraje*, Vol. XIII, 1997, pp. 9-53.

Barona Vilar, S.: *Solución extrajurisdiccional de conflictos: Alternative Disputes Resolution (ADR) y Derecho Procesal*, Tirant lo Blanch, Valencia, 1999.

Barona Vilar, S.: "¡Los MASC existen! Son medios de acceso a la justicia", en Barona Vilar, S. (coord.), *MASC, to be or not to be? Medios adecuados de solución de conflictos en la justicia*, Tirant lo Blanch, Valencia, 2024.

Bercovitz Rodríguez-Cano, A.: "Comentario al artículo 1", en Bercovitz Rodríguez-Cano, A. y Salas Hernández, J. (coords.), *Comentarios a la Ley General para la Defensa de los Consumidores y Usuarios*, Civitas, Madrid, 1992.

Bercovitz Rodríguez-Cano, A.: "Marco histórico de la protección al consumidor: de los orígenes al siglo XXI", *Estudios sobre Consumo*, Instituto Nacional del Consumo, Madrid, núm. 65, 2003.

Bercovitz Rodríguez-Cano, A.: "La experiencia del arbitraje de consumo", en Tomillo Urbina, J. L. y Álvarez Rubio, J. (coords.), *El futuro de la protección jurídica de los consumidores: (actas del I Congreso Euroamericano de Protección Jurídica de los Consumidores)*, Civitas, 2008.

Bonachera Villegas, R.: "El Real Decreto 231/2008, la anhelada modificación del sistema arbitral de consumo", *Diario La Ley*, núm. 7045, 2008, edición electrónica.

Caballol Angelats, L.: *El tratamiento procesal de la excepción de arbitraje*, Bosch Editor, Barcelona, 1997.

Cabanillas Múgica, S.: "El Real Decreto Legislativo 1/2007, por el que se aprueba el texto refundido de la Ley General para la Defensa de los Consumidores y Usuarios y otras leyes complementarias", *Aranzadi Civil*, núm. 1, 2008, edición electrónica.

Carrasco Perera, A.: "Delimitación temporal, objetiva y territorial del arbitraje de consumo", en Florensa i Tomàs, C. E. (Ed.), *El arbitraje de consumo: una nueva dimensión del arbitraje de Derecho privado*, Tirant lo Blanch, Valencia, 2004.

CASADO CERVIÑO, A.: "El arbitraje de consumo", *Actualidad Civil*, núm. 4, 2006, edición electrónica.

CHILLÓN MEDINA, J. M. y MERINO MERCHÁN, J. F.: *Tratado de arbitraje privado interno e internacional*, Madrid, 1991.

COLMENERO GUERRA, J. A.: "La necesidad de una ley de resolución alternativa de conflictos en materia de consumo", *LA LEY Mediación y Arbitraje*, núm. 12, 2022, edición digital.

COLOMER HERNÁNDEZ, I. M.: "Hacia un arbitraje obligatorio de consumo: límites y posibilidades", en CACHÓN CADENAS, M. y PÉREZ DAUDÍ, V. (dirs.), *Proceso y consumo*, Atelier, Barcelona, 2022.

CONSEJO GENERAL DEL PODER JUDICIAL: Informe sobre el Proyecto de Real Decreto por el que se regula el Sistema Arbitral de Consumo, aprobado por Acuerdo del Pleno de 25 de enero de 2024.

CREMADES SAN-PASTOR, B. M.: "Comentario al Título II. Del convenio arbitral y sus efectos (Arts. 9 y 11 de la Ley 60/2003, de Arbitraje)", en DE MARTÍN MUÑOZ, A. y HIERRO ANIBARRO, S. (coords.), *Comentario a la Ley de Arbitraje*, Marcial Pons, Madrid, 2006.

DÍAZ ALABART, S.: "El concepto de consumidor en el arbitraje de consumo", en FLORENSA I TOMÀS, C. E. (Ed.), *El arbitraje de consumo: una nueva dimensión del arbitraje de Derecho privado*, Tirant lo Blanch, Valencia, 2004.

DÍEZ GARCÍA, H.: "Admisión e inadmisión a trámite de solicitudes de arbitraje de consumo", *Aranzadi Civil*, núm. 2, 2007, pp. 2489-2544, edición electrónica.

DÍEZ GARCÍA, H.: "Los principios de libertad y legalidad de la Directiva 2013/11/UE, de 21 de mayo (Directiva sobre resolución alternativa de litigios en materia de consumo) y su impacto en el sistema arbitral de consumo", en DÍAZ ALABART, S. (dir.), *Resolución alternativa de litigios de consumo a través de ADR y ODR: Directiva 2013/11/UE y Reglamento (UE) Nº 532/2013*, Reus, Madrid, 2017.

ESCALONA RODRÍGUEZ, D.: "La transformación del sistema español de arbitraje de consumo", en ESTEBAN DE LA ROSA, F. (dir.), *Justicia digital, mercado y resolución de litigios de consumo: innovación en el diseño de acceso a la justicia*, Thomson Reuters Aranzadi, 2021.

ESPLUGUES MOTA, C.: "Comentario al artículo 34. Normas aplicables al fondo de la controversia", en BARONA VILAR, S. (coord.), *Comentarios a la Ley de Arbitraje (Ley 60/2003, de 23 de diciembre)*, Thomson-Civitas, 2004.

ESTEBAN DE LA ROSA, F.: "Cuestiones pendientes en la europeización del sistema español de arbitraje de consumo", en ESTEBAN DE LA ROSA, F. (dir.), *Justicia digital, mercado y resolución de litigios de consumo: innovación en el diseño de acceso a la justicia*, Thomson Reuters Aranzadi, 2021.

FERNÁNDEZ ROZAS, J. C.: "Ámbito de actuación y límites del juicio de árbitros tras la Ley 60/2003, de Arbitraje", en FERNÁNDEZ ROZAS, J. C. (dir.), *La nueva Ley de Arbitraje*, Editorial CGPJ, Madrid, 1ª Ed., 2006.

GARCÍA FAURE, M. C.: "El arbitraje de consumo desde una perspectiva comparada: Derecho español, portugués y argentino", *Revista Internacional de Doctrina y Jurisprudencia*, vol. 15, 2017.

García Fernández, F.: "El arbitraje de consumo: experiencias en la Junta Arbitral del Ayuntamiento de Zaragoza", en Argudo Peris, J. L. y González Campo, F. A. (coords.), *Estado y situación de la mediación en Aragón 2018*, Comuniter, Gobierno de Aragón, 2019.

García Rubio, M. P.: "El arbitraje como mecanismo de solución de controversias en materia de consumo", *Revista de la Corte española de Arbitraje*, Vol. IX, 1993.

Gaspar Lera, S.: *El ámbito de aplicación del arbitraje*, Aranzadi, Pamplona, 1998.

González Fernández, A. I.: "La tutela de consumidores y usuarios en el ámbito europeo y las plataformas de resolución de conflictos", en Romero Pradas, M. I. (dir.), *Hacia una tutela efectiva de consumidores y usuarios*, Tirant lo Blanch, Valencia, 2022.

Gramunt Fombuena, M. y Barceló Compte, R.: "The definitive impetus for Access to justice: Mandatory consumer arbitration in Spain", *Maastricht Journal of European and Comparative Law*, vol. 29, 2022.

Gramunt Fombuena, M.: "¿Arbitraje de consumo obligatorio?", en Romero Pradas, M. I. (dir.), *Hacia una tutela efectiva de consumidores y usuarios*, Tirant lo Blanch, Valencia, 2022.

Guerra Pérez, M.: "Desafíos legales de las comunidades de bienes en procesos civiles", 23 noviembre 2021, accesible en https://blog.sepin.es/2021/11/capacidad-comunidades-bienes-procesos-civiles (consultada el 16.09.24).

Gutiérrez Sanz, M. R.: "Especialidades del convenio arbitral en materia de consumo", en *Cuadernos de Consumo*, núm. 27, 2006.

Guzmán Fluja, V. C.: "Acceso a la justicia de los consumidores revisitado en el auge de la inteligencia artificial", en Romero Pradas, M. I. (dir.), *Hacia una tutela efectiva de consumidores y usuarios*, Tirant lo Blanch, Valencia, 2022.

Guzmán Fluja, V. C.: "Consideraciones sobre el procedimiento arbitral de consumo: trámite de audiencia, reconvención, mediación y acumulación de procedimientos", en Pillado González, E. (coord.), *Resolución de conflictos en materia de consumo: proceso y arbitraje*, Tecnos, Madrid, 2009.

Hernández-gil Álvarez Cienfuegos, A.: "Comentario al Título I. Disposiciones generales (Arts. 1, 2, 4-8)", en De Martín Muñoz, A. y Hierro Anibarro, S. (coords.), *Comentario a la Ley de Arbitraje*, Marcial Pons, Madrid, 2006.

Herrero Perezagua, J. F.: *Jurisdicción y competencia en materia de consumidores*, Thomsom-Aranzadi, 2007.

Jiménez Batista, A.: "La variación sustancial de la demanda en la jurisdicción social", *IUSLabor*, núm. 2, 2019.

Lete del Río, J. M.: "Arbitraje de consumo", *Actualidad Civil*, núm. 30, 1998.

LLorente Sánchez-arjona, M.: "Inteligencia artificial aplicada a la tutela de los derechos de consumidores y usuarios", en Romero Pradas, M. I. (dir.), *Hacia una tutela efectiva de consumidores y usuarios*, Tirant lo Blanch, Valencia, 2022.

Lois Caballé, A.: *Derechos en materia de telecomunicaciones y cómo ejercerlos*, Juruá, 2024, en prensa.

LORCA NAVARRETE, A. M.: *La Nueva Regulación del Arbitraje de Consumo. Real Decreto 231/2008 de 15 de febrero, por el que se regula el Sistema Arbitral de Consumo*, Instituto Vasco de Derecho Procesal, 2008.

MALUQUER DE MOTES BERNET, C. J.: "Oferta pública de sometimiento al sistema arbitral", *Estudios sobre Consumo*, núm. 59, 2001.

MARCOS FRANCISCO, D.: *El arbitraje de consumo y sus nuevos retos*, Tirant lo Blanch, Valencia, 2010.

MARCOS FRANCISCO, D.: "Especialidades en la formulación del objeto del proceso arbitral de consumo: la pretensión, la reconvención y la modificación de las pretensiones", *Revista General de Derecho Procesal*, núm. 21, 2010, edición digital.

MARCOS FRANCISCO, D.: "Hacia un derecho de consumo uniforme en la Unión Europea", *Actualidad Civil*, núm. 12, 2012.

MARCOS FRANCISCO, D.: "Principales cambios del nuevo Proyecto de Real Decreto regulador del Sistema Arbitral de Consumo: ¿hacia un arbitraje de consumo más eficaz?", *Revista General de Derecho Administrativo*, núm. 66, 2024, edición digital.

MARCOS FRANCISCO, D.: "Sistema Arbitral de Consumo: algunas propuestas «inteligentes» de lege ferenda", *InDret*, núm. 1, 2024.

MARCOS FRANCISCO, D.: *El convenio arbitral de consumo y su control*, Thomson Reuters Aranzadi, Cizur Menor (Navarra), 2012.

MARÍN LÓPEZ, J. J.: "El arbitraje de consumo: primeros pronunciamientos judiciales", *Aranzadi Civil*, núm. 3, 1994, edición electrónica.

MARÍN LÓPEZ, M. J.: "Presente y futuro del arbitraje de consumo: 43 cuestiones controvertidas", *Revista de Derecho Privado*, Año núm. 90, Mes 9-10, 2006, pp. 3-76, edición electrónica.

MARÍN LÓPEZ, M. J.: "La nueva regulación del arbitraje de consumo: el Real Decreto 231/2008, de 15 de febrero", *Diario La Ley*, núm. 6905, 2008, edición electrónica.

MARÍN LÓPEZ, M. J.: "Análisis de la voluntad del sometimiento al mecanismo extrajudicial, el carácter vinculante de la solución alcanzada y el estatuto de la persona encargada de la decisión del conflicto", en *Retos y perspectivas de los sistemas de reclamación de los consumidores. Estatuto jurídico sobre la aplicación en España de la Directiva 2013/11/UE de resolución alternativa de conflictos de consumo*, ADICAE, Zaragoza, 2015.

MARÍN LÓPEZ, M. J.: "El concepto de consumidor vulnerable en el Texto Refundido de la Ley General para la Defensa de los Consumidores y Usuarios", *Revista CESCO de Derecho de Consumo*, núm. 37, 2021.

MINISTERIO DE SANIDAD Y CONSUMO. INSTITUTO NACIONAL DEL CONSUMO, *Arbitraje de Consumo, pronunciamientos judiciales*, Instituto Nacional del Consumo, Madrid, 1999.

MONTERO AROCA, J.: "Comentario al artículo 2. Materias objeto de arbitraje", en BARONA VILAR, S. (coord.), *Comentarios a la Ley de Arbitraje (Ley 60/2003, de 23 de diciembre)*, Thomson-Civitas, 2004.

MORENO CATENA, V.: "Inteligencia artificial y resolución de conflictos de consumo", en ROMERO PRADAS, M. I. (dir.), *Hacia una tutela efectiva de consumidores y usuarios*, Tirant lo Blanch, Valencia, 2022.

MUNNÉ CATARINA, F.: *El arbitraje en la Ley 60/2003. Una visión práctica para la gestión eficaz de los conflictos*, Ediciones Experiencia, 1ª Ed., 2004.

NIEVA FENOLL, J.: "La obligatoriedad vs. voluntariedad en el sistema arbitral de consumo", *LA LEY Mediación y Arbitraje*, núm. 4, 2020, edición digital.

OROZCO PARDO, G., y PÉREZ-SERRABONA GONZÁLEZ, J. L.: "Estudio crítico y propuestas de reforma del Arbitraje de Consumo", *Aranzadi Civil*, núm. 1, 2007.

PICATOSTE BOBILLO, V.: "Breves reflexiones sobre la legitimación activa en el arbitraje de consumo", *Revista Xuridica da Universidad de Santiago de Compostela*, Vol. 16, núm. 1, 2007.

PILLADO GONZÁLEZ, E.: "Régimen jurídico de la mediación de consumo tras la Ley 7/2017, de 2 de noviembre, por la que se incorpora al ordenamiento jurídico español la Directiva 2013/11/UE, del Parlamento Europeo y del Consejo, de 21 de mayo de 2013", *Revista General de Derecho Procesal*, núm. 48, 2019.

SALORIO DÍAZ, J. M.: *Arbitraje de consumo: sistema y procedimiento*, Thomson Reuters Aranzadi, Cizur Menor (Navarra), 2019.

SÁNCHEZ MORAGAS, F. X.: "¿Qué novedades aporta el nuevo proyecto de real decreto por el que se regula el Sistema Arbitral de Consumo, del gobierno español?", publicado el 2 de mayo de 2023 en https://es.linkedin.com/pulse/qu%C3%A9-novedades-aporta-el-nuevo-proyecto-de-real-por-se-f-xavier (consultada el 18.12.23).

SÁNCHEZ MORAGAS, F. X.: "Los problemas de identidad, del arbitraje de consumo y su reubicación como ADR, ante la aparición de los nuevos métodos adecuados de solución de controversias", *LA LEY mediación y arbitraje*, núm. 18, 2024, edición electrónica.

SCHUMANN BARRAGÁN, G.: "Comentario a la STC 1/2018 de 11 de enero (Pleno) sobre la inconstitucionalidad del art. 73 e) de la Ley del Contrato de Seguro", *FORO. Revista de Ciencias Jurídicas y Sociales. Nueva Época*, vol. 21, núm. 1, 2018.

SIGÜENZA LÓPEZ, J.: "Arbitraje de consumo: una posibilidad poco conocida, sumamente práctica y de claro interés para la ciudadanía", *Revista General de Derecho Procesal*, núm. 61, 2023 (edición digital).

SUÁREZ ROBLEDANO, J. M.: "El juez de control del arbitraje: anulación y revisión del laudo", en FERNÁNDEZ ROZAS, J. C. (dir.), *La nueva Ley de Arbitraje*, Editorial CGPJ, Madrid, 1ª Ed., 2006.

TASENDE CALVO, J. J.: "El arbitraje de consumo. Objeto y exclusiones. El arbitraje de arrendamientos urbanos y el de transporte", *Actualidad Civil*, núm. 37, 1997.

TORRES SÁNCHEZ, F.: "La conveniencia para el sistema arbitral de consumo, de ampliar el concepto de consumidor", en FLORENSA I TOMÀS, C. E. (Ed.), *El arbitraje de consumo: una nueva dimensión del arbitraje de Derecho privado*, Tirant lo Blanch, Valencia, 2004.

Verdera Server, R.: "Comentario al artículo 9. Forma y contenido del convenio arbitral", en Barona Vilar, S. (coord.), *Comentarios a la Ley de Arbitraje (Ley 60/2003, de 23 de diciembre)*, Thomson-Civitas, 2004.

Zaballos Zurilla, M.: "Propuesta de Directiva del Parlamento Europeo y del Consejo, de 17 de octubre de 2023, por la que se modifica la Directiva 2013/11/UE, relativa a la resolución alternativa de litigios en materia de consumo, así como las Directivas (UE) 2015/2302, (UE) 2019/2161 y (UE) 2020/1828 COM (2023) 649 final: principales novedades", *Revista CESCO de Derecho de Consumo*, núm. 49, 2024.

JURISPRUDENCIA

1) Tribunal de Justicia de la Unión Europea (por orden cronológico)

STJ (Sala Segunda) de 20 de enero de 2005, asunto C-464/01 (*Tol 4625934*)

STJ (Sala Cuarta) de 18 de marzo de 2010, asuntos acumulados C-317/08 a C-320/08 (*Tol 9918621*)

STJ (Gran Sala) de 21 de diciembre de 2016, asuntos acumulados C-154/15 y C-307/15 (*Tol 7984659*)

STJ (Sala Primera) de 14 de junio de 2017, asunto C-75/16 (*Tol 6162808*)

STJ (Sala Primera) de 26 de enero de 2017, asunto C-421/14 (*Tol 5940695*)

STJ (Sala Tercera) de 25 de enero de 2018, asunto C-498/16 (*Tol 6483457*)

STJ (Sala Quinta) de 8 de junio de 2023, asunto C-570/21 (*Tol 9594477*)

2) Tribunal Constitucional (por orden cronológico)

STC (Pleno) núm. 174/1995, de 23 de noviembre (BOE núm. 310, de 28 de diciembre de 1995)

STC (Pleno) núm. 352/2006, de 14 de diciembre (BOE núm. 14, de 16 de enero de 2007)

STC (Sala Segunda) núm. 106/2013, de 6 de mayo (BOE núm. 133, de 4 de junio de 2013)

STC (Pleno) núm. 119/2014, de 16 de julio (BOE núm. 198, de 15 de agosto de 2014)

STC (Pleno) núm. 8/2015, de 22 de enero (BOE núm. 47, de 24 de febrero de 2015)

STC (Pleno) núm. 1/2018, de 11 de enero (BOE núm. 34, de 7 de febrero de 2018)

STC (Sala Segunda) núm. 65/2021, de 15 de marzo (BOE núm. 97, de 23 de abril de 2021)

STC (Sala Segunda) núm. 50/2022, de 4 de abril (BOE núm. 113, de 12 de mayo de 2022)

STC (Sala Primera) núm. 79/2022, de 27 de junio (BOE núm. 181, de 29 de julio de 2022)

3) Tribunal Supremo (por orden cronológico)

STS (Sala 1ª) núm. 195/1979, de 25 de mayo (*Tol 1740839*)

STS (Sala 1ª) núm. 738/1997, de 31 de julio (*Tol 5156532*)

STS (Sala 1ª) núm. 105/1998, de 16 de febrero (*Tol 5157271*)

STS (Sala 1ª) núm. 355/1998, de 18 de abril (*Tol 5119860*)

STS (Sala 1ª) núm. 568/1999, de 18 de junio (*Tol 5121071*)

STS (Sala 1ª) núm. 1051/2000, de 18 de noviembre (*Tol 4974163*)

STS (Sala 1ª) núm. 891/2004, de 21 de septiembre (*Tol 501569*)

STS (Sala 1ª) núm. 336/2005, de 13 mayo (ECLI:ES:TS:2005:3060)

STS (Sala 1ª) núm. 963/2005, de 15 de diciembre (*Tol 795315*)

STS (Sala 4ª) de 10 de abril de 2014 (ECLI:ES:TS:2014:2366)

STS (Sala 4ª) de 22 de abril de 2015 (*Tol 5166980*)

ATS (Sala Especial de Conflictos de Competencia) núm. 7/2015, de 24 de abril (*Tol 4945566*)

STS (Sala 1ª) núm. 409/2017, de 27 de junio (*Tol 6199910*)

STS (Sala 1ª) núm. 198/2023, de 9 de febrero (*Tol 9398563*)

STS (Sala 1ª) núm. 1592/2023, de 17 de noviembre (*Tol 9789323*)

STS (Sala 1ª) núm. 1608/2023, de 21 de noviembre (*Tol 9796700*)

STS (Sala 1ª) núm. 1069/2023, de 21 de noviembre (*Tol 9797366*)

STS (Sala 1ª) núm. 59/2024, de 22 de enero (*Tol 9852329*)

4) Tribunales Superiores de Justicia (por CCAA y orden cronológico)

STSJ Cataluña (Sala de lo Civil y Penal) núm. 40/2012, de 6 de junio (ECLI:ES:TSJCAT:2013:6227)

STSJ Cataluña (Sala de lo Civil y Penal) núm. 5/2013, de 10 de enero (ECLI:ES:TSJCAT:2013:685)

STSJ Cataluña (Sala de lo Civil y Penal) núm. 40/2013, de 6 de junio (ECLI:ES:TSJCAT:2013:6227)

STSJ Cataluña (Sala de lo Civil y Penal) núm. 7/2016, de 11 de febrero (*Tol 5687149*)

STSJ Cataluña (Sala de lo Civil y Penal) núm. 31/2017, de 8 de junio (*Tol 6217941*)

STSJ Cataluña (Sala de lo Civil y Penal) núm. 20/2018, de 5 de marzo (*Tol 6653432*)

STSJ Cataluña (Sala de lo Civil y Penal) núm. 41/2021, de 22 de julio (*Tol 7921504*)

STSJ Cataluña (Sala de lo Civil y Penal) núm. 19/2023, de 23 de marzo (*Tol 9593598*)

STSJ Castilla y León (Sala de lo Civil y Penal) núm. 9/2024, de 20 de junio (*Tol 10168358*)

STSJ Comunidad Valenciana (Sala de lo Civil y Penal) núm. 13/2014, de 19 de noviembre (ECLI:ES:TSJCV:2014:10331)

STSJ Comunidad Valenciana (Sala de lo Civil y Penal) núm. 15/2014, de 2 de diciembre (ECLI:ES:TSJCV:2014:10352)

STSJ Comunidad Valenciana (Sala de lo Civil y Penal) núm. 3/2015, de 21 de enero (ECLI:ES:TSJCV:2015:615)

STSJ Comunidad Valenciana (Sala de lo Civil y Penal) núm. 12/2015, de 4 de mayo (*Tol 5559664*)

STSJ Comunidad Valenciana (Sala delo Civil y Penal) núm. 4/2017, de 7 de marzo (*Tol 6167032*)

STSJ Extremadura (Sala de lo Civil y Penal) núm. 1/2014, de 3 de julio (ECLI:ES:TSJEXT:2014:1129)

STSJ Galicia (Sala de lo Civil y Penal) núm. 38/2021, de 16 de diciembre (*Tol 8794666*)

STSJ Galicia (Sala de lo Civil y Penal) núm. 3/2022, de 13 de enero (*Tol 8822253*)

STSJ Galicia (Sala de lo Civil y Penal) núm. 7/2022, de 18 de enero (*Tol 8822254*)

STSJ Islas Baleares (Sección 1ª) núm. 7/2019, de 4 de diciembre (*Tol 7806131*)

STSJ Islas Baleares (Sala de lo Civil y Penal) núm. 5/2022, de 12 de diciembre (*Tol 9806985*)

STSJ Islas Canarias (Sala de lo Civil y Penal) núm. 1/2024, de 25 de enero (*Tol 9994315*)

STJS Madrid (Sala de lo Civil y Penal) núm. 29/2012, de 18 de julio (ECLI:ES:TSJM:2012:17476)

STSJ Madrid (Sala de lo Civil y Penal) núm. 49/2013, de 1 de julio (ECLI:ES:TSJM:2013:8238)

STSJ Madrid (Sala de lo Civil y Penal) núm. 24/2023, de 14 de junio (*Tol 9665707*)

ATSJ Madrid (Sala de lo Civil y Penal) de 25 de octubre de 2023 (*Tol 10126112*)

STSJ Madrid (Sala de lo Civil y Penal) núm. 7/2024, de 6 de febrero (*Tol 9909500*)

STSJ Murcia (Sala de lo Civil y Penal) núm. 2/2020, de 21 de febrero (*Tol 7921504*)

STJ País Vasco (Sala de lo Civil y Penal) núm. 10/2012, de 24 de octubre (ECLI:ES:TSJPV:2012:2486)

5) **Audiencias Provinciales** (por provincias y orden cronológico)

SAP Almería (Sección 3ª) núm. 94/2004, de 15 de abril (*Tol 422034*)

SAP Almería (Sección 2ª) 243/2004, de 11 de noviembre (*Tol 555118*)

SAP Almería (Sección 3ª) núm. 58/2006, de 4 de abril (*Tol 6310822*)

SAP Badajoz (Sección 3ª) núm. 247/2004, de 28 de julio (ECLI:ES:APBA:2004:760)

SAP Barcelona (Sección 1ª) de 6 de febrero de 2004 (*Tol 7620265*)

SAP Barcelona (Sección 14ª) núm. 471/2004, de 7 de julio (JUR 2004, 283492)

AAP Barcelona (Sección 15ª) núm. 243/2008, de 1 de julio (*Tol 7248031*)

SAP Barcelona (Sección 15ª) núm. 146/2024, de 2 de abril (*Tol 10039394*)

AAP Barcelona (Sección 15ª) núm. 75/2024, de 7 de junio (*Tol 10172263*)

AAP Bilbao (Sección 4ª) núm. 180/2023, de 14 de abril (*Tol 9856076*)

SAP Cádiz (Sección 3ª) de 18 de octubre de 2002 (ECLI:ES:APCA:2002:2677)

SAP Cádiz (Sección 5ª) núm. 20/2012, de 23 de enero (ECLI:ES:APCA:2012:40)

SAP Cuenca (Sección 1ª) núm. 207/2007, de 5 de diciembre (*Tol 7501050*)

AAP Gerona (Sección 2ª) núm. 113/2023, de 17 de mayo (*Tol 9727856*)

SAP Granada (Sección 4ª) núm. 312/2003, de 27 de mayo (JUR 2003, 223187)

SAP Guadalajara (Sección 4ª) núm. 125/1997, de 15 de mayo (AC 1997, 1008)

SAP Guadalajara (Sección Única) núm. 33/2003, de 12 de febrero (JUR 2003, 84777)

SAP Guipúzcoa de 12 de junio de 2000 (*Tol 206738*)

SAP Guipúzcoa (Sección 2ª) de 23 de julio de 2001 (ECLI:ES:APSS:2001:1297)

SAP Huelva (Sección 2ª) núm. 509/2020, de 15 julio (*Tol 8123610*)

SAP Huesca (Sección 1ª) núm. 255/2005, de 26 de octubre (*Tol 780909*)

SAP Islas Baleares (Sección 4ª) de 14 de diciembre de 1994

SAP Islas Baleares (Sección 4ª) núm. 429/2006, de 23 de octubre (*Tol 6181887*)

SAP Jaén (Sección 2ª) núm. 90/2004, de 23 de abril (*Tol 423056*)

SAP La Coruña (Sección 4ª) núm. 417/2001, de 12 de noviembre (JUR 2002, 64175)

SAP La Coruña (Sección 1ª) de 13 de junio de 2002 (JUR 2002, 215997)

SAP La Coruña (Sección 6ª) núm. 286/2003 (*Tol 845566*)

SAP Madrid (Sección 4ª) núm. 607/2005, de 30 de junio (*Tol 717471*)

SAP Madrid (Sección 21ª) núm. 59/2007, de 30 de enero (*Tol 1091171*)

AAP Madrid (Sección 18ª) núm. 208/2009, 28 septiembre (*Tol 6768411*)

SAP Salamanca (Sección 1ª) núm. 72/2007, de 19 de febrero (*Tol 7347194*)

SAP Santa Cruz de Tenerife (Sección 1ª) núm. 593/1999, de 26 de junio [AC 1999, 6952]

SAP Santa Cruz de Tenerife (Sección 1ª) núm. 320/2009, de 22 de junio (*Tol 6726860*)

SAP Tarragona (Sección 3ª) núm. 161/2009, de 14 de mayo (*Tol 1597088*)

SAP Tarragona (Sección 3ª) núm. 163/2009, de 14 de mayo (JUR 2009, 409905)

SAP Tarragona (Sección 3ª) núm. 170/2009, de 14 de mayo (JUR 2009, 409904)
SAP Valencia (Sección 8ª) núm. 115/2007, de 27 de febrero (*Tol 1140578*)
AAP Valencia (Sección 7ª) núm. 117/2020, de 19 de mayo (*Tol 8025347*)
AAP Valencia (Sección 7ª) núm. 63/2023, de 21 de febrero (*Tol 9549627*)
SAP Valladolid (Sección 1ª) núm. 155/2009, de 15 de junio (*Tol 1558775*)
AAP Zaragoza (Sección 5ª) núm. 41/2024, de 27 de marzo (*Tol 10146944*)